ized_by_Google

# COMÉDIES ET OPÉRETTES

Imprimerie D. BARDIN et Cie, à Saint-Germain en Laye. — 2555-83.

# COMÉDIE ET OPÉRETTES

PAR

ACHILLE EYRAUD

AVEC UNE PRÉFACE DE

M. SAINT-GERMAIN

PARIS
CALMANN LÉVY, ÉDITEUR
ANCIENNE MAISON MICHEL LÉVY FRÈRES
3, RUE AUBER, 3
—
1883
Droits de reproduction et de traduction réservés

*Nous avons réuni dans ce volume douze pièces de notre regretté ami Achille Eyraud, comédies, opérettes, monologues.*

*Sept de ces pièces ont été représentées sur différents théâtres de Paris; quelques-unes ont eu un grand nombre de représentations. Ce sont:* JEAN ET JEANNE, BRIN-D'AMOUR, LE RAT DE VILLE ET LE RAT DES CHAMPS, L'ÉTERNELLE COMÉDIE, MADEMOISELLE PIVERT *et la* PREMIÈRE CONFÉRENCE.

*Cinq autres sont inédites. On y retrouvera la gaieté et le talent d'observation qui ont fait le succès des premières; ce sont:* LA BOURSE ET LA MAISON, LE CHASSEUR AUX SECRETS, LE VEUF DU MALABAR, LA PROTÉGÉE DES FLEURS, *et enfin la* SECONDE CONFÉRENCE *(vis comicum), à laquelle l'inimitable talent de Saint-Germain assurera le succès obtenu par la première.*

*Les amis d'Achille Eyraud n'ont pas voulu seulement, en publiant ce volume, rendre hommage à un esprit aimable et sympathique, ils ont pensé que le public et les directeurs de théâtres feraient bon accueil à cette réunion d'œuvres légères et charmantes.*

AD. ROCHER.

# PRÉFACE

L'homme bon et charmant, l'écrivain spirituel et modeste qui a écrit les œuvres légères dont se compose ce volume, a, dans ses volontés dernières, exprimé le désir que j'en écrive la préface : c'est mon excuse auprès de ses lecteurs. Libre, j'aurais décliné cet honneur, dont, de plus dignes que moi se seraient chargés avec joie, et si je suis touché de cette dernière preuve d'amitié de notre cher et regretté Achille Eyraud, ce n'est pas sans une profonde émotion que j'obéis et que je m'acquitte.

Artiste dramatique, je voudrais avoir fait davantage pour lui, je n'ai interprété qu'une de ses œuvres, la moins importante peut-être, mais non la moins applaudie. La *Conférence de Pétillon* a fait son tour de France et a partout obtenu le même accueil : bravos et fous rires; elle n'a pas dit son dernier mot, Dieu merci ! on l'applaudissait hier, on l'applaudira longtemps encore, je m'en porte garant.

Eyraud était de ceux qu'on aime dès qu'on les connaît, et beaucoup de gens l'ont connu, c'est dire le nombre d'amitiés sur lesquelles il pouvait compter; quand, en récompense des services qu'il avait rendus au ministère de la justice, le gouvernement le nomma chevalier de la Légion d'honneur, il réunit dans un dîner ses amis les plus chers, — camaraderies d'enfance qui étaient devenues les affections sérieuses de l'âge mûr. — J'eus l'honneur, quoique entré l'un des derniers dans sa vie, de faire partie de ce dîner, dont j'étais certes la personnalité la moins saillante; chacun était heureux de sa promotion; chacun fêtait sans arrière-pensée le petit ruban rouge qui brillait à sa boutonnière, lui seul était préoccupé, un peu chagrin peut-être, et sa préoccupation, je veux la dire, car elle montrera ce qu'était cet homme de cœur : Il regrettait que son vieux père n'eût pas été décoré, sinon avant, du moins en même temps que lui.

Il aura pu du moins, et sans beaucoup attendre, avoir ce dernier bonheur et voir son désir réalisé.

Je vais dire aussi ce qu'était l'homme d'esprit très primesautier, très vif, critique sans fiel et sans méchanceté, ce qui est rare ; deux faits suffiront :

L'idée de sa *Conférence* ne lui était venue, non plus qu'à moi, c'est sur les conseils d'un de nos amis communs, Tétard, artiste dramatique aimé et sculpteur fantaisiste, qui m'engageait à tirer parti du rôle que je venais de créer dans *Bébé*, que je priai Eyraud de me faire une causerie sur le droit qu'il connaissait si bien ; en deux jours il écrivit une trentaine de pages pleines d'humour et de gaieté dont nous ne gardâmes que ce qui nous sembla le plus comique et le plus certain de faire de l'effet ; on sait le reste.

Une autre preuve de son goût et de son esprit aura en plus le mérite de terminer cette courte préface par une page écrite de sa main.

C'était à Saint-Germain-en-Laye.

Témoin d'un mariage qui réunissait dans un déjeuner cordial les mariés et leurs plus intimes connaissances, Eyraud venait d'entendre plusieurs convives payer leur écot en à-propos plus ou moins poétiques et plus ou moins tendres; il s'éclipsa quelques instants, le temps juste d'envoyer acheter une feuille de papier timbré et d'y improviser les lignes suivantes :

« A la requête du sieur **X**...

» En cours de présentation matrimoniale, etc., Je,
» Théodore-Théodule-Théotune Théodovic Jovial, huis-
» sier, demeurant au Temple, rue de Lhyménée, ayant
» obtenu le diplôme de capacité en droit, grâce aux ex-
» cellentes leçons de l'illustre Pétillon, déclare opérer
» une saisie sur la personne de mademoiselle Z..., sise
» en ce moment à Saint-Germain, pour être transférée
» ensuite chez M..., laquelle propriété saisie à la re-
» quête dudit, est bornée au sud par des pieds mignons
» et au nord par un charmant visage, éclairé de deux
» beaux yeux pleins de douceur. Ladite propriété ayant
» encore pour attributs un caractère des plus aimables
» et des plus sympathiques.

» De son côté, en compensation de la présente saisie,
» le requérant lui fait offre d'un esprit toujours en éveil...
» et d'un cœur qu'il déclare libre et franc de toute hypo-
» thèque sentimentale, à telle fin, que, sur le refus
» d'icelle de l'accepter, il se verrait contraint de le dé-
» poser à la Caisse des dépôts et consignations, à la dis-
» position de la susdite.

» En conséquence du présent exploit, qui sera inscrit
» au cahier des charges,—peut-être même, hélas! au ca-
» hier des mauvaises charges, si bonne que soit l'inten-

» tion du rédacteur. — J'ai donné assignation à la de-
» moiselle Z... de se fixer au domicile qu'il plaira élire
» au sieur X... pour s'y voir condamner au bonheur
» forcé... à perpétuité, — bonheur dont ils sont si dignes
» tous deux et que je leur souhaite du fond du cœur.

» .... Ainsi fait et dit, parlant à sa charmante per-
» sonne, et lui ai laissé copie du présent exploit dont le
» coût est un baiser.

» T.-T.-T.-T. JOVIAL. »

Et maintenant, lecteurs, si je vous ai mis en goût, continuez ce livre, certains de passer quelques instants dans la société d'un homme d'esprit, vous le verrez, et surtout d'un homme de cœur, je vous l'affirme.

SAINT-GERMAIN.

# JEAN ET JEANNE

OPÉRETTE

MUSIQUE DE M. ANCESSY

Représentée pour la première fois à Paris, sur le théâtre des *Folies-Nouvelles*, le 9 octobre 1855.

## PERSONNAGES

JEAN.......... M. Joseph Dupuis.
JEANNE....... M<sup>lle</sup> Elisa Volnay.
JACQUOT...... M<sup>lle</sup> Suzanne Senn.

---

Le théâtre représente une cour de ferme, close par une haie formée de branchages entrelacés et laissant un passage au milieu. — A droite, au second plan, une petite table et un escabeau. — Dans le fond, un paysage.

# JEAN ET JEANNE*

## SCÈNE PREMIÈRE

JEAN, aiguisant une serpe.

On entend le son du cor.

Ton, ton, tontaine, ton, ton... Ça doit être M. le vicomte qui revient de la chasse. (*Il regarde par la fenêtre à droite.*) Oui, c'est ben lui, avec son habit rouge et son cor... Il ne peut chasser qu'avec ça... Bon : le v'là qui va vers la tonnelle au bout du parc, et qui s'étend sur le banc de gazon en lisant un roman... Feignant ! Il paraît qu'il n'a rien attrapé, comme à son habitude. Du reste, c'est pas étonnant : avec sa casquette jaune, son habit rouge et le bruit de sa trompette, il effraye si tellement les lièvres, qu'ils s'ensauvent longtemps d'avance : c'est sa manière de chasser le gibier. N'importe ! il s'amuse diantrement. Et à Paris donc, où il passe l'hiver, monsieur fréquente le monde de haute futaie, et les thiâtres où l'on parle en italien. Mon Dieu ! s'amuse-t-il ! Il est de toutes les fêtes, et, deux ou trois fois l'an, il va

---

* C'est dans cette saynète que débuta Dupuis, au théâtre des Folies-Nouvelles. Le jeune artiste y montra les qualités qui, depuis, ont fait de lui l'un des meilleurs comiques de Paris. La pièce dépassa le chiffre très respectable, surtout alors, de trois cents représentations. — ALTAROCHE.

aux courses du clocher ; il saute des buissons, des murs, des fossés, tombe dedans, se casse la jambe... s'amuse-t-il, nom d'une serpe ! s'amuse-t-il !... Au lieu de ça, moi, je m'en... nuie à périr, surtout depuis que Jeanne est partie. Oh ! (*Il soupire.*) ça m'étouffe rien que de penser à elle... Nous étions pour nous marier, mais sa tante, qu'était donc la fermière d'ici, a voulu qu'elle aille à Paris faire ses études de fleuriste, et il y aura juste un an aux lentilles qu'elle a quitté le pays... je suis ben sûr qu'elle m'a gardé son cœur : les fleuristes sont connues pour la vertu..., aussi je suis ben tranquille. Mais c'est égal, j'aurai bigrement du plaisir à la revoir, car é va revenir pour l'héritage de sa tante Gibelou... nous l'attendons d'un jour à l'autre...

## SCÈNE II

### JACQUOT, JEAN

Jacquot tape sur l'épaule de Jean.

#### JEAN

Ah ! c'est elle !

#### JACQUOT

Qui donc ça, elle ? c'est moi, Jacquot.

#### JEAN

Malheureusement. Je t'avais pris pour Jeanne. Qu'est-ce que tu veux ?

#### JACQUOT

Je viens chercher une tasse de lait pour le vicomte, qui est éreinté de sa chasse.

#### JEAN

Tu en trouveras dans la biche. (*Jacquot va remplir la*

*tasse avec un grand pot. — A part.*) Une tasse de lait, mon Dieu!... ça boit du lait quand ça a du vin!

### JACQUOT

Eh ben, la Jeanne te tient donc toujours au cœur?

### JEAN

Oui-da, elle y est fièrement accrochée encore! Ce que c'est pourtant que d'aimer une femme!... Oh!
(Il pousse un soupir profond.)

### JACQUOT

Mais y a Gustin et Pouderoux et Trifouillat qui ont ben leur femme, sans être pour ça à soupirer comme des soufflets de forge.
(Il imite son soupir.)

### JEAN

Oh! c'est ben différent de moi avec *eusse*... ou plutôt d'*eusse* avec moi.

### JACQUOT

Comment donc ça?

### JEAN

Ils sont mariés.

### JACQUOT

Ça ôte donc l'amour, de se marier?

### JEAN

Bédam... c'est le meilleur remède qu'on ait trouvé encore.

### JACQUOT

Après ça, je ne m'y connais point, moi, et je ferais ben mieux d'aller porter le lait à M. le vicomte. (*En regardant le lait.*) Tiens, il y est venu une mouche. (*Il y trempe le bout de son doigt et le lèche.*) Il n'est pas mauvais.
(Il va sortir.)

JEAN, *l'arrêtant.*

As-tu bien ôté la mouche qu'était venue... c'est si gourmand, les mouches! Voyons. (*Il prend le bol de façon à y tremper les doigts, il les lèche ensuite.*) C'est-y gourmand, les mouches!

(Jacquot sort.)

## SCÈNE III

### JEAN

Il est ben heureux, ce Jacquot, de n'être pas toqué comme moi pour une fille du pays! (*Il soupire.*) Je ne sais pas comme ça m'est venu, mais ça y est. Pour y être, ça y est.

O ma chère Jeanne!
Reviens près de moi!   (*Bis.*)
Abrège un temps qui me condamne
A vivre, hélas! si loin de toi!   (*Bis.*)

Reviens, la campagne est si belle!
C'est le printemps : dans le vallon
Reparaît la feuille nouvelle,
Le bœuf a senti l'aiguillon,
Le blé revient dans le sillon,
Et dans les prés le papillon.   (*Bis.*)
La fleur revient dans la verdure,
La fauvette dans les lilas...
Quand tout revient dans la nature,
Pourquoi ne reviendrais-tu pas?

O ma chère Jeanne!
Reviens près de moi! Etc.

(On entend au dehors Jeanne chantant un air de polka.)

### JEAN

Oh! mais oui... Je reconnais sa voix... Suis-je t'y

content ! (*Il gambade.*) Vite un bout de toilette. (*Il prend une veste bleue.*) Un p'tit coup de brosse, (*Il se brosse avec la main.*) et un coup de peigne (*Il démêle ses cheveux à l'aide de ses doigts.*) avec frisure. (*Il les passe à ses lèvres et frise deux mèches de côté.*) Quelle chance tout de même que je m'aie lavé le visage la semaine dernière !

## SCÈNE IV
### JEAN, JEANNE

JEANNE, *paraissant; elle a un bonnet élégant, une collerette et une robe de soie.*

Bonjour, Jean.

JEAN, *allant la prendre par la main*

Bonjour, Jeanne, quelle joie de te revoir !... Oh ! mon cœur frappe dans mon estomac comme le battant d'une cloche... Tiens, tout à l'heure encore, je pensais à toi.

JEANNE

Vraiment ? Vous ne m'avez pas oubliée ?

JEAN, *à part avec surprise.*

Elle me dit vous... Ah !... (*Haut.*) Mais comme te... tu... comme vous v'là gentille !... Laissez-moi vous reluquer un peu. Vous avez des souliers !... c'est fini pour les sabots... et une robe de soie qui reluit et qui se gonfle comme un vrai ballon... C'était pas comme ça, votre robe du village... Ça tombait (*Faisant un geste vertical derrière Jeanne.*) à pic ! Ah ! vous avez ben épaissi, allez !

JEANNE

Et que s'est-il passé de nouveau au village pendant mon absence ?

JEAN

Dame ! pas grand'chose. Il y a Jean-Claude Gorju...

vous savez, ce richard qui a une maison de pierre à côté de la fontaine... Eh ben, il a changé son champ des Barigoules contre le champ des Condamines de Pierre Pignouf.

#### JEANNE

C'est tout ce que vous savez de nouveau ?

#### JEAN

Et puis, est-ce que vous n'avez pas remarqué deux fils de fer le long du chemin ?... C'est une machine qu'on a posée dernièrement pour envoyer les lettres... On appelle ça le *télégriphe électraque*. En fait de nouvelles du pays, il y a encore à vous dire que Jérôme Larfaillou s'a marié avec la Marguéritou.

#### JEANNE

Tiens... on se marie donc ici ?

#### JEAN

Pardienne ! voilà bientôt dix mois... Ils ont deux enfants...

#### JEANNE

Par exemple !

#### JEAN

Oui, mam'selle Jeanne, deux à la fois, il y a huit jours... Oh ! la Marguéritou, c'est une femme de bon rapport. Vont-ils être contents, et tout le village aussi, à c'te heure que vous voilà revenue pour toujours !

#### JEANNE

Pour toujours ?... Oh ! que nenni !

#### JEAN

Il le faudra pourtant ben pour faire valoir l'héritage que votre tante vous a laissé... Nous le ferons produire, soyez tranquille, reposez-vous sur moi.

#### JEANNE

Comment ! nous le ferons produire ?...

JEAN

Bédam ! puisque nous serons mariés.

JEANNE

Mariés !

JEAN, *riant.*

Bédam !

(Il lui donne en riant deux petits coups de poing. Jeanne rit aussi.)

JEANNE

Vous plaisantez...

JEAN

Que non certes que je ne plaisante pas... que non, que non !... Voyons, Jeanne, est-ce que j'étais pas votre promis et vous ma promise quand vous êtes partie pour Paris ?... A c't' enseigne que vous m'avez dit de vot' douce voix (*Il l'imite.*) : « Mon petit Jean, ma tante m'envoie à Paris pour faire mon apprentissage ; mais tu peux compter sur moi. » — Vous me disiez *tu* alors. — « Dès l'instant que je serai libre, je reviendrai, et nous nous marierons. » Eh ben, vous êtes libre, vous revenez, et nous ne nous marions point ?...

JEANNE, *avec indifférence.*

Que veux-tu ?

JEAN

Vous épouser, voilà ce que je veux. C'est-y possible que vous me rebutiez, moi qui n'ai pas décessé de m'occuper de vous un seul instant !

> Je pense à vous pendant la danse,
> Le dimanche après le sermon :
> Quand tous s'amusent, votre absence
> Me rend triste comme un oison,
> Cela dit sans comparaison.
> Je pense à vous dans le village,
> Et dans les bois, et dans les champs,

I.

Surtout quand, tels que des amants,
Je vois, au milieu du feuillage,
Se becqueter les moineaux francs.
Et la nuit, si quéqu'fois j'entends
De deux chats l'amoureux ramage,
Partageant des transports si doux,
  Je pense à vous,
Chère Jeanne, je pense à vous.

#### JEANNE

Mais, de mon côté, je ne vous ai pas oublié non plus, croyez bien ; j'ai toujours pour vous de l'amitié.

#### JEAN

Alors, c'est dit : nous nous marions... Hein ? hein ? Ce qui est promis est promis, je ne connais que ça.

#### JEANNE

A supposer, j'aurais été bien étourdie de m'engager si longtemps d'avance. Mais réfléchissez un peu... Votre éducation, mon cher, n'est plus en rapport avec la mienne... Vous êtes une nature inculte... un être primitif.

#### JEAN

Je suis un être primitif... Qu'est-ce que c'est que ça, mon Dieu?

#### JEANNE

Vous n'avez pas le moindre chic.

#### JEAN

Le chic !... Qu'est-ce que ça veut dire, encore ?

#### JEANNE

Je vais vous expliquer... Cela signifie le truc.

#### JEAN, *à part.*

Le truc!... Mon Dieu, parle-t-elle bien maintenant!... Elle parle si bien, que l'on ne la comprend plus du tout.

#### JEANNE

Avec ça, vous avez l'air tout saugrenu?... permettez-moi l'expression.

#### JEAN

Je vous la permets... d'autant plus que je ne sais pas ce qu'elle veut dire. (*A part.*) Saugrénu... (*Haut.*) Mais tout ça n'empêche pas que notre mariage...

#### JEANNE

Laissons cela.

#### JEAN

Cependant...

#### JEANNE

Encore!...

#### JEAN

Mais vous m'aviez...

#### JEANNE, *impatientée*.

Dieu! êtes-vous cauchemardant!

#### JEAN, *ébahi*.

Cauch... cauchémordant!... (*A Jeanne.*) Voyons, mam'selle Jeanne, pourquoi donc que vous ne voulez plus rien entendre?

#### JEANNE

Non, mon cher; nous sommes bons amis, restons bons amis; mais pas de mariage. Je vais affermer le bien que m'a laissé ma tante, et repartir pour Paris, où je retrouverai les plaisirs, les bals, les spectacles, toutes choses dont vous n'avez pas la moindre idée, mon pauvre Jean.

#### JEAN

Mais si, mais si... Nous en faisons des bals, le dimanche, au grand pré. Pour quant aux théâtres, je sais ben aussi ce que c'est.

#### JEANNE

Comment donc ça? Il n'y a pas de théâtre au village.

JEAN

Mais il y en a un à la ville. J'y étais allé à la dernière foire pour vendre un veau... nous étions là tous les deux depuis une heure, attendant les chalands, lorsque je finis par en piger un et lui embaster mon veau pour vingt écus ; il en valait tout au plus quinze... le veau... Je me dis alors : « Tu as fait un bon marché ; il faut, pour te récompenser, te régaler de la comédie... » Pour lors, j'y suis été, parce que je me l'avais promis, et qu'il faut toujours tenir sa promesse. (*A part.*) Je ne suis pas fâché de lui couler ça en passant. (*Haut.*) Je vis une grande salle quasiment comme une grange, avec du monde tout autour des murs, qui regardaient une grande toile en manière de rideau, avec des dessins et des glands d'or... Je croyais tout d'abord que c'était pour voir ça qu'on était venu, et je regrettais mes quinze sous, quand un comédien de la comédie se mit à frapper derrière (*Il simule.*) trois grands coups de sabot... (*Jeanne rit.*) En v'là un qui n'a pas le pied léger... et la toile s'a troussée...

JEANNE

Quelle comédie jouait-on?

JEAN

La comédie qu'on jouait, c'était une tragédie.

JEANNE

Qui s'appelait ?...

JEAN

And... André... *Andrémarque.*

JEANNE

Je ne la connais pas.

JEAN

C'est ben amusant, allez! Tous les comédiens ont une serviette à l'entour des épaules... faut croire qu'ils viennent de dîner... et ils débitent des *verses*... C'est une manière de parler qu'ils ont... ça se comprend pas si ben que l'autre, mais c'est plus distingué.

### JEANNE
Et qu'as-tu remarqué dans l'ouvrage ?

### JEAN
J'y ai rien compris du tout... puisque je vous dis que c'étaient des *verses*. Par malheur, il y a un comédien qu'a devenu fou tout à coup... il se démenait, et il criait : « *Je vois des ruisseaux de sang tout autour de moi ! — J'ai des serpents par-dessus la tête !...* » Et puis, plouf ! il a tombé, la toile avec, et on a parti. Par ainsi, vous voyez que je sais très ben ce que c'est que la comédie...

### JEANNE, *riant*.
Oui, certes.

### JEAN, *avec satisfaction*.
J'y suis allé pourtant qu'une fois ? mais, puisque c'est votre goût, nous irons souvent quand nous serons mariés, je vous en donne assurance... tous les matins, si vous voulez... Ça vous décide-t-il, hein ?

### JEANNE
Pas du tout ; ne songez plus à cela, je vous le répète. C'est impossible, vous n'avez pas le genre qui me convient.

### JEAN, *naïvement*.
J'ai le genre masculin, à ce que m'a dit le maître d'école... Qu'est-ce qu'il vous faut donc ?

### JEANNE
Si vous étiez allé comme moi dans le monde, à Mabile, à Asnières, au Château des Fleurs, vous auriez connu les lions, et vous auriez vu quelle différence avec vous !

### JEAN, *à part*.
Bon ! voilà qu'elle veut que je ressemble à un lion !

JEANNE

Regardez, par exemple, votre maître, M. le vicomte de Blastignac... Quel air distingué! quelles manières élégantes! Voilà comme j'aimerais un mari!

JEAN

Comment! vous trouvez ça distingué d'avoir une cravache à la main, un carreau sur l'œil, attaché après un bout de ficelle, et de parler toujours de ses chevaux? Si c'est ce qu'il faut pour vous plaire, j'ai vu assez souvent M. le vicomte, Dieu merci! eh ben, je tâcherai d'être comme lui.

JEANNE

Nous verrons alors.

JEAN, *saisi d'une idée et regardant si le vicomte est toujours dans le parc.*

Vous verrez bientôt... Ah! vous aimez les lions! (*Se rengorgeant.*) C'est bon, on deviendra un lion... Je sens déjà la crinière qui me pousse... Soyez tranquille... A revoir.

(Il sort par la droite.)

## SCÈNE V

JEANNE, seule.

Ce pauvre Jean!... je ne croyais pas le désoler à ce point... Il croit à l'amour : on est si naïf au village! Je ne suis pas sans affection pour lui, mais l'épouser, jamais! Puis-je d'ailleurs me passer de Paris?... Oh! Paris! Paris!

 Mon beau Paris, mon espoir et ma joie,
 Combien je t'aime, ô séjour enchanté!
 Séjour divin où le plaisir déploie
 Tout son éclat, toute sa liberté!

> Bals ravissants où fourmille
> Un essaim tumultueux,
> Joyeux soupers où pétille
> Le champagne impétueux,
> Langoureuses promenades
> Sous les marronniers touffus,
> Théâtres et mascarades,
> Quand me serez-vous rendus?
>
> Vive Paris! mon espoir et ma joie!
> Combien je t'aime, ô séjour enchanté!
> Séjour divin où le plaisir déploie
> Tout son éclat, toute sa liberté!

D'ailleurs, le vicomte de Blastignac, que j'ai vu au dernier bal de l'Opéra, m'a promis d'assurer mon bonheur. Il est là-bas qui lit au fond du parc... Il ne se doute pas que je suis si près de lui. Va-t-il être content de me revoir, lui qui paraissait si épris! Si j'allais le retrouver... Non, il vaut mieux lui écrire quelques lignes pour le préparer... (*Elle déchire une page de ses tablettes et écrit au crayon.*) « Mossieu. » Ah! mettons : « Mossieu le vicomte, » ça flatte ces gens-là. « C'est pour vous dire que me voilà revenue au village, à deux pas de votre château ; j'apporte l'assurance que vous en serez bien aise, d'après les charmants propos que vous m'avez tenus au dernier bal de l'Opéra, où nous nous sommes rencontrés, vous en mousquetaire, moi en laitière, sous les ophicléides, avec lesquels je vous prie d'agréer l'expression de ma civilité. » Faut-il deux *e* à la fin de civilité? Pauline! c'est du féminin, puisque c'est la civilité d'une femme... (*Appelant.*) Jacquot! (*Elle plie la lettre.*) Ça fera de l'effet, j'en suis sûre.

## SCÈNE VI

### JEANNE, JACQUOT

JACQUOT

Me v'là, mam'selle Jeanne. Quoi qu'y a pour votre service?

JEANNE

Veuillez porter ceci à M. le vicomte.

JACQUOT

Il l'aura en deux enjambées...
(Il sort et prend ses sabots à la main pour courir plus vite.)

JEANNE

Je vois d'ici sa joie... Il paraissait m'aimer tant!...
Elle regarde Jacquot qui s'éloigne. Jean revient par la gauche.)


## SCÈNE VII

### JEAN, costumé en dandy, JEANNE

Jean a relevé son col, a pris un chapeau, un gilet, un habit prétentieux, ainsi qu'une badine très courte. Il a un lorgnon sur l'œil.

JEAN, *à part.*

Si je ne lui plais pas cette fois!... Où donc qu'elle est? (*Il trébuche.*) Ce carreau me gêne horriblement pour voir.

(Il retire son lorgnon, puis le remet.)

JEANNE, *se méprenant.*

Monsieur... (*Se ravisant.*) Ah! ah! comment? c'est vous, Jean?...

JEAN, *contrefaisant un lion.*

Oui, c'est moi, chère petite.

(Il fait un rond de jambe par côté avec prétention.)

JEANNE, *riant.*

Comme vous voilà ficelé !

JEAN

A la dernière mode... (*Il marche en se dandinant.*) J'ai un gilet de Renard et un habit *Dusotchoix*. Sous peu, chère, je serai membre du club des Jockeys, (*Il se frotte le nez avec le revers de sa main.*) et je ferai courir...

JEANNE, *même jeu.*

Après vous... Vous êtes assez ridicule pour ça.

JEAN

Ne rions pas, follette ! oui-da, j'aurai une voiture *coupé* et des *bonnets* pur sang que je ferai courir sur les *truffes*, ensuite j'irai dans les bals, et j'y danserai la mazzurs-cachica.

(Il danse.)

JEANNE, *riant.*

Mais pourquoi vous êtes-vous affublé ainsi ?... Est-ce que vous allez au bal masqué ?

JEAN, *avec son ton naturel.*

Pourquoi ? pour vous plaire. Vous avez crétiqué mes habits, mes conversations ; vous m'avez dit que vous aimiez le genre du vicomte : alors, comme il est à lire au bout du parc, j'ai été me récrépir un peu... à seule fin de me faire aimer de vous.

JEANNE, *gaiement.*

Oui, vous avez pris la peau du lion ; mais le bout de l'oreille perce toujours.

JEAN, *naïvement, en touchant son oreille.*

Vous croyez ?... Ainsi je ne vous plais pas davantage ?

### JEANNE

Au contraire, jamais vous ne m'avez paru plus ridicule.

### DUO

#### JEAN

Faudrait-il que j'eusse
Le guignon d'échouer toujours?
Je n'ai donc pris tous ces atours
Que pour le roi de Prusse!

| JEAN | JEANNE |
|---|---|
| Oh! douleur extrême | Sa douleur extrême |
| Qui perce mon cœur! | Me touche le cœur; |
| La beauté que j'aime | Se peut-il qu'on aime |
| Cause mon malheur! | Avec tant d'ardeur? |

#### JEAN

C'en est donc fait, et je laisse
Ce beau gilet et cette veste aussi.

(Il quitte son costume.)

#### JEANNE

Vous avez bien raison, car ce n'est pas ainsi
Que vous gagnerez ma tendresse.

#### JEAN

Eh! puis-je, hélas! l'espérer désormais,
Quand vous nous quittez pour jamais?

#### JEANNE

Si j'adore Paris, si cet espoir m'anime
De retrouver tous ses plaisirs divers,
Ses spectacles et ses concerts,
Pouvez-vous donc m'en faire un crime?

#### JEAN

Non; mais auprès de nous, consultez votre cœur,
Ne goûteriez-vous pas un aussi grand bonheur?
Dites-moi, si le doux murmure
Du vent qui courbe les roseaux,
Le chant si joyeux des oiseaux
Et le bruit de nos clairs ruisseaux

Ne valent pas dans la nature
Les violons et pianos
Jouant avec ou sans mesure ?
  Et des beaux tapis
  L'étoffe de prix
  Est-elle aussi douce
  Que l'épaisse mousse
  De nos bois fleuris ?

Dites, n'est-il pas vrai ?

#### JEANNE

Non, j'aime mieux Paris !

| JEAN | JEANNE |
|---|---|
| Oh ! douleur extrême | Sa douleur extrême |
| Qui perce mon cœur ! | Me touche le cœur ; |
| La beauté que j'aime | Se peut-il qu'on aime |
| Cause mon malheur ! | Avec tant d'ardeur ? |

JEAN, *après s'être allé s'asseoir à droite de la table dans l'attitude d'un homme désespéré.*

Oh ! mon Dieu ! mon Dieu ! suis-je assez malheureux !

#### JEANNE

Voyons, un peu de courage, mon ami ; c'est pas gentil de se désoler comme ça.

#### JEAN

Eh ! comment voulez-vous que je ne me désole point ? Dans le temps, vous riiez, vous batifoliez avec moi, vous me pinciez le bras, vous me bailliez de grands coups de poing : vous m'aimiez, quoi ! A cette heure, vous faites mépris de moi... parce que vous êtes grande dame... Toutes ces belles robes, voyez-vous, ça vous serre tellement, que ça vous étouffe le cœur.

(Il se rassied et paraît absorbé dans le chagrin. Jacquot paraît et remet un billet à Jeanne.)

#### JEANNE

Un billet au crayon du vicomte? Cet empressement est de bon augure; je suis sûre que c'est charmant. (*Elle rit.*) « Il est possible qu'un mousquetaire ait rencontré une séduisante laitière au bal de l'Opéra sous les ophicléides; mais ce n'est pas ici, c'est au même bal que la laitière doit chercher, l'hiver prochain, le mousquetaire... sous la grosse caisse. » Comment! voilà ce qu'il m'écrit après m'avoir bombardée deux heures de tendres protestations!... Il me dédaigne... tandis que lui.. (*Se tournant vers Jean.*) Mon pauvre Jean...

#### JEAN

Oh! oui, votre pauvre Jean!... et vous n'en partez pas moins pour Paris... Mais savez-vous ce qu'il fera, votre pauvre Jean? il ira s'engager quand on n'aura plus besoin de lui... dès le lendemain de la noce de M. le vicomte.

#### JEANNE

Le vicomte se marie?

#### JEAN

Et ce ne sera pas long : on attend la future demain, tout sera bâclé dans quatre jours.

#### JEANNE

Ah!

#### JEAN

Et puis après, j'irai m'enrouler sur les drapeaux... je me ferai soldat... pour devenir militaire!

#### JEANNE

Mon Dieu, Jean, je n'ai jamais douté de votre cœur.

#### JEAN

Pourquoi donc me faites-vous douter du vôtre? Pourquoi me désespérez-vous en voulant retourner à Paris,

#### JEANNE

Eh bien! si je restais quelques jours ici, ça vous ferait-il bien plaisir?

#### JEAN

Si ça me ferait plaisir... c'est-à-dire que j'en sauterais comme un cabri!... et vous resterez au village... (*L'interrogeant d'un air inquiet.*) longtemps?

#### JEANNE

Je n'en sais rien encore ; mais un mois au moins.

#### JEAN

— Oh merci! je vous aimerai tant, tant, et tant, pendant ce mois-là, qu'il faudra ben que vous m'aimiez un peu à votre tour... et... nous danserons la bourrée ensemble dimanche qui vient?

#### JEANNE

Tu peux y compter.

JEAN, *à part, avec joie.*

Elle m'a tutéyé!... comme autrefois.

### FINALE

#### JEANNE

Comme autrefois, nous allons vivre,
Nous allons vivre dans ce mois,
Aller aux champs, et, le soir, suivre
La promenade dans les bois,
    Comme autrefois.

#### JEAN

Comme autrefois, Jeanne, à la danse,
Dimanche, je reprends mes droits,
Tant regrettés dans ton absence.
Dansons en mariant nos voix
    Comme autrefois.

#### ENSEMBLE

Comme autrefois.

JEAN, *gaiement et se tournant vers le public.*

« Le gros Firmin à la belle Julie
» Disait un jour : — Je t'aime à la folie ;
» Veux-tu mon bien, toi qui n'es que jolie,
» Veux-tu mon bien ? je t'épouse demain. »

(Il fait quelques pas de bourrée avec Jeanne.)

JEANNE, *même jeu.*

« — Mon gros Firmin, lui répondit Julie,
» J'aime François, François, mon beau cousin.
» Ton bien n'est pas, n'est pas ce que j'envie,
   » J'aime mieux rien
» Qu'un autre et tout son bien. »

ENSEMBLE

La, la, la, etc.

Ils dansent huit mesures de la bourrée. Le rideau tombe.)

FIN

# BRIN-D'AMOUR

## OPÉRETTE

MUSIQUE DE LOUIS HEFFER

Représentée pour la première fois, à Paris, sur le théâtre des *Folies-Nouvelles*, le 23 septembre 1857.

## PERSONNAGES

BRIN-D'AMOUR...     MM. Tissier.
RÉMY...........           Dupuis.
NICETTE........     Mlle Menneray.

# BRIN-D'AMOUR

---

La scène se passe auprès d'une ferme dont l'entrée est à droite du spectateur. — A gauche, une table ronde et deux escabeaux près d'un arbre. — Au fond, la campagne, et, à droite, un talus.

## SCÈNE PREMIÈRE

NICETTE, dans la coulisse, puis paraissant sur le talus après les quatre premiers vers.

Aux feux du jour naissant
Que la nature est belle !
Comme un réseau d'argent
La rosée étincelle.
C'est l'heure où le troupeau
Dont tinte la clochette,
Au son de la musette,
S'éloigne du hameau.

(Elle descend la scène.)

Déjà l'oiseau chanteur
S'éveille dans la plaine ;
Déjà du laboureur
J'entends la voix lointaine.
Un nuage vermeil
Flotte sur la montagne,

Et toute la campagne
S'inonde de soleil !

(Elle se dirige du côté de la ferme.)

## SCÈNE II

### RÉMY, NICETTE

RÉMY, *paraissant à gauche et chantant. Nicette s'arrête.*

Qu'ai-je entendu ? Ma Nicette fidèle
Revient... heureux moment!
Qu'il m'est doux (*bis*) d'écouter son chant !

REPRISE

Aux feux du jour naissant,
Etc., etc.

RÉMY, *s'approchant de Nicette.*

Bonjour, mamzelle Nicette.

NICETTE

Ah ! c'est vous, Rémy ?

RÉMY

Oui, c'est bien moi; vous avez deviné juste. Comme ça, vous v'là donc revenue de chez votre beau-frère du village ici près?... Il s'en fait temps, depuis dix jours !

NICETTE

Mon beau-frère a fini sa fenaison, il n'a plus besoin de moi.

RÉMY

Tant mieux, tant mieux !... Et les foins sont-ils beaux par là-bas ?

NICETTE

A peu près comme ici.

(Fausse sortie.)

RÉMY

Tant mieux, tant mieux ! Eh ben ? où allez-vous donc si vite ?

NICETTE

Je vas retrouver mon parrain.

RÉMY

Ah ! ben oui, votre parrain... il est sorti à la fine pointe du jour avec ses bœufs... Ils sont tous trois en train de labourer, à l'heure qu'il est. Ainsi donc, nous avons le temps de causer un brin, et de parler de l'attache que j'ai pour vous.

NICETTE

Vous m'aimez donc toujours ?

RÉMY, *avec passion.*

Oh ! c'est-à-dire que je m'abrutis à penser à vous tout le jour, et même la nuit quand je dors...

NICETTE

Rémy, les amoureux ne dorment pas.

RÉMY

Tiens ! pourquoi donc ?

NICETTE

Parce qu'ils sont inquiets, jaloux... qu'ils ont toujours la puce à l'oreille.

RÉMY

Ce n'est pas les puces qui me manquent. N'ayez crainte : nous allons faire un joli petit ménage. Ça tient toujours, n'est-ce pas ? C'est la semaine qui vient que nous allons nous faire unir : j'ai déjà porté mon extrait de naissance.

NICETTE

Pourquoi votre extrait de naissance ?

### RÉMY

On me l'a demandé, et on vous demandera aussi le vôtre, parce que, pour pouvoir nous marier, il nous faut d'abord prouver que nous sommes nés. Vous me ferez plaisir de porter le vôtre demain; vaut mieux plus tôt que plus tard, puisque vous devez m'épouser. Vous ne vous dédirez pas, au moins?

### NICETTE

Mais non... d'autant que vous êtes le seul garçon du village.

### RÉMY

Et vous la seule fille; ça fait que nous nous sommes choisis, et que nous allons nous marier; sans quoi nous risquerions de rester garçons toutes les *deusse*. Du reste, tout le monde trouve que ça corde parfaitement: vous êtes berger et moi bergère... ou plutôt c'est moi qui suis bergère et vous berger... enfin, vous comprenez... Pour ce qui est de l'induction, c'est encore tout pareil: vous avez été à l'école, moi mêmement.

### NICETTE

Vous? vous ne savez seulement pas lire.

### RÉMY

Oui; mais je suis été à l'école. C'est vrai que j'y suis été qu'une fois, parce que ça m'ennuyait. Mais n'empêche pas que lorsque nous serons mariés, vous allez voir comme je ferai votre bonheur, et le mien avec!

### COUPLETS

#### I

J'content'rai vos désirs,
Et votre âme joyeuse
Aura tous les plaisirs
Qui font un' femme heureuse.

Comm' nous allons nous en donner,
A moissonner !
De la forêt prochaine,
Chaqu' jour d' la s'maine,
Nous rapport'rons sur l' dos
De grands fagots.

II

Pour que j' sois l' plus coquet
A la fêt' du village,
Vous m' f'rez un beau gilet
De ce gentil corsage ;
Et puis je vous amènerai
Dans le grand pré ;
Là, nous r'gard'rons la danse,
Et, sans dépense,
Nicette, vous verrez
Comm' vous rirez !

A propos, je suis là à roucouler, et j'oublie une commission qu'on m'a donnée. Faut que j'aille tout de suite *sarcher* la sage-femme pour la Claudine qu'est en train de se propager. Paraît que ça presse.

(Bruit de tambour au fond.)

NICETTE, *montant au fond.*

Qu'est-ce donc ?

RÉMY

Ça ? je crois que c'est un tambour.

NICETTE

Mais que signifie ?... *

RÉMY

Ah ! c'est que vous ne savez pas... Il est de fait que depuis les dix grands jours que vous êtes restée chez votre beau-frère, il s'est passé bien du nouveau, allez !

* Nicette, Rémy.

NICETTE

Quoi donc?

RÉMY

Voici : il paraît que les soldats du roi sont en guerre par ici ; je ne sais pas pourquoi... ni *eusse* non plus... On appelle ça une guerre d'intestins... Ça tient à la *poule étique*. Eh ben! pour lors, on s'est un peu tarabusté près du village, et nous avons, depuis hier, des troupes du roi, des gardes françaises. Mais, grâce à Dieu, ils repartiront bientôt.

NICETTE

Tiens, tiens!... Et c'est-y gentil ces gardes françaises?

RÉMY

Voilà toujours les femmes! (*Il l'imite.*) *C'est-y gentil?*... (*A part.*) Soyons fin. (*Haut.*) C'est très laid, très laid, mamzelle Nicette : figurez-vous des gens qui ont de la farine plein les cheveux; des habits qui les coupent en deux. (*Il indique la ceinture.*) Avec ça qu'ils ont encore, pour les serrer plus fort, une espèce de sous-ventrière, ousqu'est attaché un grand sabre : voilà leur *pourtrait*. Et maintenant, à revoir, parce que je suis pressé.

(On entend fredonner Brin-d'Amour. Nicette monte au fond.)

NICETTE

Je crois qu'en voici un?

RÉMY, *la prenant par le bras.*

Alors, rentrez tout de suite. C'est des gens effrontés, qui jurent, qui pipent, qui boivent de l'eau-de-vie, qui battent les femmes; enfin, de vrais diables! Rentrez, rentrez!

(Il la pousse chez elle, à droite.)

## SCÈNE III

### Les Mêmes, BRIN-D'AMOUR

BRIN-D'AMOUR, *entrant de gauche.*

Dieu! la jolie poulette! (*Il va à Nicette.*) Eh bien! vous me fuyez, la belle enfant?

NICETTE

Je vas chez mon parrain.

BRIN-D'AMOUR

De grâce, un instant. (*Rémy vient au milieu.*) Est-ce que Mars ferait peur à Vénus?

RÉMY, *à Nicette.*

Venez, mamzelle. (*A Brin-d'Amour.*) Nous rentrons chez notre parrain.

(Il pousse Nicette.)

BRIN-D'AMOUR

Comment! (*Faisant pirouetter Rémy.*) * Tu peux rentrer si tu veux, pastoureau, je ne te retiens aucunement; mais vous, ça serait dommage... un si gentil minois!

(Il lui passe la main sous le menton.)

RÉMY, *à part.*

Bon! voilà qu'y regarde si elle a de la barbe, à présent!

BRIN-D'AMOUR

Dites-moi votre joli petit nom.

RÉMY

Rémy Patochard.

*Rémy, Brin-d'Amour, Nicette.

BRIN-D'AMOUR

Ce n'est point à toi que je m'adresse, butor !

NICETTE

Je m'appelle Nicette, pour vous servir.

RÉMY, *en colère.*

Ça m'asticote de le sentir là, ça m'asticote.

NICETTE, *à Rémy.*

Eh bien ! Rémy, et votre commission chez la sage-femme ? ça presse...

RÉMY

C'est vrai... oui... j'y vas \*. (*Bas à Nicette.*) Et vous, rentrez, mamzelle Nicette ; faut se méfier ; c'est de vrais diables, que je vous dis.

NICETTE

Des diables ?... Mais je ne lui vois pas de cornes.

RÉMY

C'est égal : il y a beaucoup de gens qui en ont, et que ça ne se voit pas du tout. Méfiez-vous ! (*Haut.*) Moi, je cours ben vite au village, chez la sage-femme. (*A part.*) Cristi, que ça m'asticote ! (*Fausse sortie.*)

BRIN-D'AMOUR

A propos, Rémy Fa-sol ?

RÉMY, *revenant.*

Rémy Patochard.

BRIN-D'AMOUR

Comme il me serait infiniment agréable de déjeuner sous cet ombrage, (*Il indique le bosquet.*) et que tu vas passer devant l'auberge du *Canard Amoureux*... apporte-moi z'à ton retour un déjeuner quelque peu *sustantiel.*

---

\* Brin-d'Amour, Rémy, Nicette.

#### RÉMY

Que non pas, par exemple !

#### BRIN-D'AMOUR

C'est comme ça que vous entendez ici l'*hostipalité !*... Ah ! ben !...

#### NICETTE

Voyons, Rémy, faut pas donner mauvaise opinion du pays ; faut être empressé avec les étrangers... (*Le tapotant sur la joue.*) Soyons gentil.

#### BRIN-D'AMOUR, *même jeu, de l'autre côté.*

Mais oui, qu'il est ben gentil... le petit.

#### RÉMY

Alors, c'est pour vous faire plaisir... (*A Nicette.*) à vous ! (*A part.*) pas à toi, brigand !

#### BRIN-D'AMOUR

Tu demanderas un perdreau z'aux truffes, pour deux.

#### RÉMY

Mais vous êtes seul !

#### BRIN-D'AMOUR

Mamzelle me fera l'honneur d'accepter simultanément.

#### NICETTE

Oh ! non, merci, monsieur le soldat.

#### RÉMY

Non, merci, monsieur le soldat ; nous n'acceptons pas simultanément... Alors je demanderai pour un ?

#### BRIN-D'AMOUR

Pour deux ! Quand il y en a pour deux, il y en a pour un. Et du dessert... dépêche !

#### RÉMY

Je ne sais pas si j'en trouverai.

### BRIN-D'AMOUR

Du dessert, imbécile : des biscuits, des quatre-mendiants.

### RÉMY, *en montant.*

Oui, monsieur le tapin.

### BRIN-D'AMOUR

Appelle-moi Brin-d'Amour : c'est mon nom !

### RÉMY

Brin-d'Amour ?

### BRIN-D'AMOUR

Voyons, marche, et ne manque pas d'aller à l'auberge !

### RÉMY

Mais... (*Brin-d'Amour remue la poignée de son sabre.*) Ce n'est pas votre sabre qui me fait peur, au moins ! J'y vas parce que je le veux bien.

(*Même jeu de Brin-d'Amour. Rémy recule effrayé et sort.*)


## SCÈNE IV

### BRIN-D'AMOUR, NICETTE

### BRIN-D'AMOUR

Cet olibrius est véritablement *caucase*.

### NICETTE

C'est mon prétendu.

### RÉMY, *revenant.*

Si j'y vas, c'est que ça me fait plaisir, entendez-vous ? (*Il sort.*)

### BRIN-D'AMOUR

Ah ! vous vous mariez ? En ce cas, recevez mes compliments... de condoléance. *(Il l'embrasse.)* Vous permettez?

NICETTE

Mais, monsieur?

BRIN-D'AMOUR

Ça se fait dans les compliments. N'importe, il n'est point beau votre prétendu... Ce n'est pas précisément l'Apollon du *Réverbère*. Et vous aimez ça?

NICETTE

Pardine, quand on se marie, faut ben aimer son homme.

BRIN-D'AMOUR, *à part.*

Petit mouton!

NICETTE

D'ailleurs, c'est un brave garçon.

BRIN-D'AMOUR

Possible... mais l'air fièrement nigaudinos.

NICETTE

C'est vrai qu'y ne peut pas être aussi instruit que vous.

BRIN-D'AMOUR

Oh! je le crois sans peine!... Savez-vous que tel que vous me voyez, j'ai z'été en résidence au château de Versailles, ousque j'ai pris l'habitude de parler le beau langage de la cour, et il n'est pas piqué des z'hannetons le langage de la cour, nom d'une pipe! Aussi bien, ça m'a valu d'arriver à un grade un peu z'huppé, je m'en flatte.

NICETTE

Colonel?

BRIN-D'AMOUR

Mieux que ça... tambour. Et je n'en changerais pas pour tout au monde!

NICETTE

Vraiment ?

BRIN-D'AMOUR

C'est comme j'ai l'honneur...*

AIR

Métier charmant,
Où la gloire abonde,
Et qui fait du bruit dans le monde :
En est-il un plus beau vraiment?

I

Je marche avant le capitaine,
Avant les adjudants-majors ;
Je marche à la tête du corps,
Et si le commandant le mène
Sur son cheval bien fièrement,
Moi je mène le commandant,
Et je le mèn' tambour battant,
    Ra pataplan !
    Plan, plan !

II

Quand l'horizon blanchit à peine,
Aux premiers rayons du matin,
Pour réveiller le camp, soudain
J' prends ma baguette souveraine.
C'est moi le premier qu'on entend :
C' qui prouve encor conséquemment
Que j' suis le coq du régiment !
    Ra pataplan,
    Plan, plan !

Vous le voyez, Nicette, grade superbe !... Et je n'aurais rien à désirer si Cupidon ne m'avait point percé le cœur d'une de ses flèches *macérées*.

---

* Nicette, Brin-d'Amour.

NICETTE

Qui ça, Cupidon ?

BRIN-D'AMOUR

C'est le fils à Vénus.

NICETTE

Qu'est-ce que c'est que Vénus ?

BRIN-D'AMOUR

C'est la mère à Cupidon.

NICETTE

Je ne connais que Rémy.

BRIN-D'AMOUR

Ce n'est pas la même chose ; il ne peut même pas vous donner la moindre idée de Cupidon. Ah ! si c'était un effet de votre part de l'oublier et d'avoir l'incondescendance d'écouter mes soupirs !

NICETTE

C'est impossible puisque j'épouse Rémy... Et, d'ailleurs, je n'aimerai jamais un soldat.

BRIN-D'AMOUR

Comment donc ?

NICETTE

Des hommes emportés, méchants, qui battent les femmes !

BRIN-D'AMOUR

Pas le moindrement, je vous assure. Je ne bats jamais que le tambour, et si...

## SCÈNE V

### RÉMY, NICETTE, BRIN-D'AMOUR

RÉMY, *accourant avec un panier de provisions.*
Voilà ! voilà !

BRIN-D'AMOUR

On vous remercie de la peine. (*A part.*) Mais le diable t'emporte ! (*Il va vers la table.*)*

NICETTE, *à Rémy*

Et votre commission pour la Claudine... avez-vous trouvé la sage-femme ?

RÉMY

Non ; mais j'ai trouvé son frère, et je l'ai envoyé à la place : c'est toujours de la famille, ce sera tout comme. (*Bas à Nicette.*) J'ai à vous dire une affaire importante.

NICETTE

Eh bien ! parlez.

RÉMY, *désignant Brin-d'Amour.*

Quand il ne sera plus là.

BRIN-D'AMOUR, *à part.*

Qu'ont-ils donc à *suchotter* ? (*Rémy tousse en se voyant observé.*) Tu es bien enrhumé, Chapotard !

RÉMY, *avec embarras.*

Non pas... c'est que je tousse... à cause de l'air qui vient par la porte.

BRIN-D'AMOUR, *découvrant le plat.*

Qu'est-ce que c'est que ça ? Je t'avais demandé un perdreau z'aux truffes...

RÉMY, *prenant le boudin, qu'il dépose ensuite en se léchant les doigts.*

Voici : seulement, n'en ayant pas, on a remplacé le perdreau par un boudin, et les truffes par des pommes de terre... A part ça, c'est la même chose.

BRIN-D'AMOUR, *en colère.*

Tonnerre !... Et les quatre-mendiants ?

---

* Brin-d'Amour, Rémy, Nicette.

RÉMY

Je n'en ai trouvé que trois... Faut-il les aller chercher?

BRIN-D'AMOUR

Et le vin?

RÉMY

Quel vin? Vous ne m'aviez pas dit...

BRIN-D'AMOUR

Tu veux donc que je meure de soif, et que j'étouffe en mangeant?

RÉMY

Par exemple! (*A part.*) Certainement que j'en serais pas fâché.

BRIN-D'AMOUR

Va donc chercher le liquide.

NICETTE

C'est pas la peine... Il y en a chez mon parrain : je vas vous en apporter...

RÉMY, *à part.*

Bonne occasion pour lui dire mon secret! (*Haut, à Nicette.*) Je vous aiderai, mamzelle.

NICETTE, *le repoussant.*

Je n'ai pas besoin. Faites compagnie à monsieur.

(Elle sort.)

## SCÈNE VI

BRIN-D'AMOUR, RÉMY

RÉMY, *d'un air mécontent.*

Ah!

BRIN-D'AMOUR, *l'imitant.*

Ah!... tu peux te vanter d'être aimable!

RÉMY

Je m'en vante !

BRIN-D'AMOUR

Tonnerre !... si tu étais sous ma coupe dans le régiment !... Tu es t'heureux d'avoir eu un bon numéro.

RÉMY

Moi ? par exemple ! J'ai attrapé le numéro un ! Mais on m'a trouvé malpropre pour le service militaire.

BRIN-D'AMOUR

Tu m'as l'air pourtant pas mal constitué.

RÉMY

Oh ! pour ce qui est du constitutionnel, c'est pas sa faute... Je ne suis point parti rapport à ce que mon père étant mort sans enfants... je me suis trouvé fils de veuf... Mais à cette heure... je ne le suis plus... vu que ma mère est décédée, il y a six mois, en accouchant de mon frère ainé.

BRIN-D'AMOUR, *riant.*

En voilà un qui a l'intelligence épaisse !

RÉMY

C'est ce qui vous trompe... Tout le monde dit, au contraire, que j'en ai pas épais. (*A part.*) Hein ? comme je lui rive son clou !

## SCÈNE VII

### Les Mêmes, NICETTE

NICETTE, *allant déposer sur la table une bouteille et un verre.*

Je vous apporte une bouteille du bon coin.*

RÉMY, *prenant la bouteille et la montrant à Brin-d'Amour.*

C'est vrai, il y a des araignées ! Voyez-vous, militaire,

---

* Nicette, Rémy, Brin-d'Amour.

toutes les fois que vous verrez des araignées après une bouteille, vous pouvez dire que c'est du bon coin. Faut croire que ça aime le bon vin, les araignées.

### BRIN-D'AMOUR
Je suis vraiment confus de vos attentillions...

### RÉMY
Vous êtes bien bon.

### BRIN-D'AMOUR, *écartant Rémy et allant vers Nicette* *.
Ce n'est pas à toi que je parle. (*A Nicette.*) Comment vous remercillier? (*Il l'embrasse.*) Ça se fait pour remercillier.

### RÉMY, *l'arrêtant.*
Ah! mais?

### BRIN-D'AMOUR
Je te dis que ça se fait. (*Il le pousse.*)

### RÉMY, *à part.*
Oh! si j'avais du courage... et un sabre! Gredin!

### BRIN-D'AMOUR
Puis-je espérer momentanément que vous serez assez gentille pour me faire celui d'accepter un biscuit, un simple biscuit... ça ne tire point à inconséquence. (*A Rémy.*) Va chercher un verre pour mademoiselle Nicette.

### RÉMY
Et un pour moi. (*Il s'irrite en voyant que Brin-d'Amour fait la cour à Nicette.*) Oh! je suis t'y agacé!

(*Il entre à droite.*)

### BRIN-D'AMOUR, *présentant un escabeau à Nicette.*
Là, je vous en prie, seyez-vous, ça se fait encore, ma bergerette, ça se fait à la cour... où tout le monde a un tabouret. (*On entend un bruit de verres cassés.*) Eh bien! que y a-t-il?

---

* Nicette, Brin-d'Amour, Rémy.

RÉMY, *entrant avec deux verres à la main.*

Ce n'est rien... Vous savez, mademoiselle Nicette, qu'il y avait des verres sur la planche ; comme je les prenais, il y en a quelques-uns qui m'ont fait l'effet comme si qui tombaient. Mais il en reste.

(Il en dépose deux.)

BRIN-D'AMOUR, *regardant les verres.*

Bien ! il y a des araignées... C'est encore du bon coin, à ce qu'il paraît. (*A Rémy.*) Essuie-moi ça, Cabochard.

(Il mange.)

RÉMY

Patochard ! (*Il mouille le verre avec sa salive et l'essuie avec son mouchoir. — A part, en observant Brin-d'Amour.*) Mange-t-il, le sans-cœur ! (*A Brin-d'Amour en lui donnant le verre.*) Voilà qui est fait.

BRIN-D'AMOUR

Maintenant, à boire.

(Il verse à boire à Nicette. Rémy se sert lui-même.)

TRIO

ENSEMBLE

Remplissons notre verre :
Des soucis de la terre
C'est le tombeau vermeil.
O charme sans pareil !
O liqueur douce et chère !
Le vin c'est la santé,
La fierté, la gaîté, la bonté,
Et...
Remplissons notre verre,
Etc., etc...

BRIN-D'AMOUR
A votre santé, ma charmante.

RÉMY, *à Nicette.*

A la vôtre pareillement.

NICETTE

Recevez mon remercîment.

BRIN-D'AMOUR

Et voulez-vous que je vous chante
Une chanson du régiment ?

NICETTE

Oui, vraiment.

RÉMY

Non, vraiment :
Ces chansons-là sont trop gaillardes.

(A Nicette.)

Croyez-moi, soyons sur nos gardes ;
Je crains pour not' pudeur... ne lui permettons pas.

NICETTE

Vous entendez ?

BRIN-D'AMOUR

Soyez contente ;
Je choisis la plus innocente :
C'est la chanson d' *la Femme à Nicolas.*

ENSEMBLE

Écoutez
Écoutons } la chanson d' *la Femme à Nicolas.*

CHANSON

I

Voulez-vous, ma chère femme,
Vous promener avec moi ?
Je vous promets, sur ma foi,
Deux baisers remplis de flamme.
     Voulez-vous ? (*Bis.*)
— Non, non, non, mon bonhomme,

Non, non, je ne veux pas ;
Non, non, non, je ne veux pas ;
Non !
Et voilà comme
Répond la femme à Nicolas.

### II

Venez, je vous en supplie,
Mon doux bibi, mon p'tit cœur ;
D'un ineffable bonheur
Vous aurez rempli ma vie.
Venez-vous ? (*Bis.*)
— Non, non, non, mon bonhomme,
Non, non, je n'irai pas ;
Non, non, non, je n'irai pas ;
Non !
Et voilà comme
Répond la femme à Nicolas.

### I

Si tu ne viens pas, mâtine,
De mon bâton, sur ton dos,
Je fais au moins dix morceaux.
Gare au roulement, coquine !
Partons-nous? (*Bis.*)
— Oui, oui. cher petit homme,
Oui, oui, je suis vos pas ;
Oui, oui, oui, je suis vos pas ;
Oui !
Et voilà comme
Faut prendr' la femme à Nicolas.
(On entend un roulement de tambour.)

#### BRIN-D'AMOUR

Voici la ronde du colonel. Probablement qu'on va nous donner l'ordre du départ.

#### NICETTE

Ah !

BRIN-D'AMOUR

Alors pour lors, si je ne vous revoyais pas, mamzelle Nicette, recevez...

(Il veut l'embrasser, Rémy le retient.)

RÉMY, *lui tapant sur l'épaule.*

Ah! mais tâchez de revenir, monsieur Grain-d'Amour; votre camp est à deux pas.

BRIN-D'AMOUR, *à part.*

Tiens! c'est lui qui m'engage... c'est singulier! (*Haut.*) Alors pour lors, je tâcherai moyen de faire en sorte... Mais au *casse qu'où* je n'aurais pas celui de vous revoir... recevez l'expressillion...

(Il embrasse Nicette.)

RÉMY, *le retenant.*

Dites donc, vous?

BRIN-D'AMOUR

C'est pour les adieux... c'est le tableau final.

RÉMY

Alors, permettez que moi-même.

(Il veut embrasser Brin-d'Amour.)

BRIN-D'AMOUR, *le repoussant.*

Allons donc!

RÉMY

Tâchez de revenir, hein?

BRIN-D'AMOUR

Certainement; à bientôt, mademoiselle Nicette. A revoir, Crapochard.

(Il sort.)

RÉMY, *remontant.*

Patochard!

## SCÈNE VIII

### NICETTE, RÉMY

RÉMY

Dites donc, Nicette, vous ne savez pas?

NICETTE

Quoi?

RÉMY

Il nous arrive un événement bien fameux pour moi et pour vous... Nous allons avoir une dot superbe... une dot de roi... deux cents t'écus?

NICETTE

Vraiment?

RÉMY

C'est comme je vous dis. J'ai trouvé tout à l'heure au *Canard Amoureux* quelques officiers des ennemis au tambour. Comme je leur ai conté qu'il était ici, ils m'ont dit que les gardes françaises devaient partir aujourd'hui, et que si nous pouvions savoir par le tapin en question le chemin qu'ils prendriont, eux autres pourriont préparer une petite *emmuscade*. Tout ce que j'ai à faire, c'est de leur y donner le renseignement.

NICETTE

Oh! ce serait affreux!

RÉMY

Comment, affreux! deux cents t'écus! un fameux sac!... je les refuserais?... Oh! que non pas? C'est-à-dire que je vas tout de suite aller à la rencontre du garde française, pour lui soutirer la chose.

(Il monte la scène.)

NICETTE

Attendez! (*A part, comme saisie d'une idée.*) Oui, c'est

le seul moyen d'empêcher une pareille trahison! (*Haut à Rémy.*) Voyons, réfléchissez encore.

RÉMY

C'est tout réfléchi : deux cents t'écus!

NICETTE, *feignant de se laisser convaincre.*

Je ne dis pas!... c'est un beau denier.

RÉMY

Ça vaut du bien au soleil. (*A part.*) Elle y viendra... On est fin ou on ne l'est pas.

NICETTE

Après tout, nous ne sommes d'aucun parti dans cette guerre...

RÉMY

Absolument d'aucun.

NICETTE

Et pour une petite trahison...

RÉMY

Oh! mon Dieu, une toute petite trahison de rien du tout.

NICETTE

Nous serions heureux!

RÉMY

Comme des coqs sans pattes!

NICETTE

Comment?

RÉMY

Comme des coqs sans pattes... je n'en ai jamais vu, mais c'est un mot qui se dit... Je vas ben vite trouver le tapin.

NICETTE, *l'arrêtant.*

Vous ne réussirez pas?

RÉMY

Tiens, pourquoi donc?

NICETTE

Parce qu'avec vous, ben sûr que M. Brin-d'Amour se défiera... Vous avez l'air fin naturellement...

RÉMY

Ça, c'est vrai.

NICETTE

Et puis, il sait que vous êtes allé à l'auberge où sont les officiers ennemis...

RÉMY

C'est encore vrai.

NICETTE

Au lieu qu'il n'aurait pas tant de motifs de soupçon si un autre lui demandait...

RÉMY

Mais, oui-da... vous, par exemple.

NICETTE

Il est certain qu'il ne se défierait pas du tout d'une femme.

RÉMY

Eh ben! c'est entendu. M. Brin-d'Amour reviendra sûrement : vous lui demanderez, hein? (*Nicette fait un signe affirmatif. — A part.*) J'en fais tout ce que je veux... (*Haut.*) Moi, je vas me retirer à l'écart; vous me ferez signe dès lors qu'il vous aura dit la chose, pour que j'aille avertir à l'auberge.

NICETTE

Quel signe faudra-t-il faire?

RÉMY

Mon Dieu! la première chose venue. (*Il réfléchit.*) Ah! vous savez qu'il n'y a que deux chemins pour partir de ce village : (*Montrant la droite.*) Celui de Blavosy, (*Montrant la gauche.*) et celui de Chantillac. Vous viendrez par ici. (*Il va vers le fond de la scène.*) S'ils doivent aller à Blavosy, vous tiendrez votre mouchoir de la main droite, (*Indiquant avec son mouchoir.*) de cette manière : — Ça, c'est la main droite. S'ils passent par Chantillac, vous le tiendrez de la main gauche, ainsi : (*Montrant sa main gauche.*) Ça c'est la main gauche, parce que l'autre c'est la main droite. Alors, j'irai de suite à l'auberge pour donner la nouvelle.

NICETTE

C'est entendu.

RÉMY

Et je vous apporterai les deux cents t'écus ; de manière qu'en m'épousant, Nicette, vous pourrez vous vanter d'avoir un joli magot. (*A part.*) On est fin !

(Il sort.)

## SCÈNE IX

NICETTE, puis BRIN-D'AMOUR

NICETTE, *seule.*

Quelle indignité ! Oh ! maintenant je déteste Rémy. Heureusement je puis tout empêcher.

BRIN-D'AMOUR, *entrant par la gauche.*

Je reviens prendre congé, ma belle enfant.

NICETTE

Et j'en suis bien contente, car ça me permet de vous prévenir d'un danger.

BRIN-D'AMOUR

Un danger !... Parlez, Nicette.

NICETTE

A une condition pourtant, c'est que vous ne ferez aucun mal à Rémy. Voyez-vous, c'est un garçon sans ma-

---

* Nicette, Brin-d'Amour.

lice, dont on fait tout ce qu'on veut, tout ça parce qu'il est un peu...

BRIN-D'AMOUR

Un peu bête... il l'est extrêmement. Eh bien! je vous promets de ne pas lui ôter z'un cheveu de la tête.

NICETTE

En ce cas, je vas tout vous dire : vous devez partir aujourd'hui, n'est-ce pas?

BRIN-D'AMOUR

Dans un quart d'heure, nous filons vers Chantillac.
(Il indique la gauche.)

NICETTE

Chut! voilà justement ce que veulent savoir les ennemis : ils l'ont dit à l'auberge.

BRIN-D'AMOUR

Ah! les brigands! et ils ont chargé le Patachard de la commission! C'est donc ça qu'il voulait me faire revenir... Je me doutais bien aussi qu'il y avait anguille *sous cloche*. Mais vous n'avez pas voulu tremper... C'est bien ça! Vous êtes une femme d'honneur dont à laquelle on doit s'incliner devant!

NICETTE

Maintenant, c'est pas tout : il faut faire aller vos ennemis sur une route opposée à celle que vous prendrez, pour que vous soyez en sûreté.
(Elle monte et agite son mouchoir de la main droite.)

BRIN-D'AMOUR

Bonne idée !... vous nous avez sauvés, mon enfant; et à présent que la mèche est *éventrée*, nous pourrons partir sans danger.

NICETTE, *tristement*.

C'est vrai, vous allez partir...

BRIN-D'AMOUR

Ah! mon Dieu, oui... Il n'y a point à *tortillière*, il faut vous *quittère*... Cristi! que ça me fait donc de la peine!... Mais vous, ça vous est bien plus inférieur qu'à moi... vu que vous allez épouser le Tapochard que vous aimez.

NICETTE, *d'un air de doute.*

Je l'aime ?...

BRIN-D'AMOUR

Vous me l'avez dit... Tandis que pour moi vous n'avez pas la moindre *vieilléléité*.

NICETTE

Je...

BRIN-D'AMOUR

Vous me l'avez dit encore.

NICETTE, *avec embarras et timidité.*

Dam... peut-être ben que je me trompais.

COUPLETS

I

Je détestais les militaires,
Je leur croyais mille défauts :
On m' disait qu'ils étaient sévères,
Joueurs, débauchés et brutaux.
Oh! maintenant, je vous l'atteste,
Contre eux je n'ai plus de courroux.
Je ne sais pas qui je déteste,
Mais... ben sûr que ça n'est pas vous.

II

J'aimais le berger du village,
C' pauvr' Rémy qu' vous connaissez;
Je lui trouvais l'air doux et sage,
Le cœur bon, les soins empressés;
Ce sentiment n'est plus le même,
Un autr' le remplace aujourd'hui :
Je n' puis nommer celui que j'aime;
Mais... ben sûr que ça n'est pas lui.

BRIN-D'AMOUR, *avec chaleur.*

Comment donc! j'aurai le bonheur et la *fucilicité!* Alors, je n'y vas pas par quatre chemins : Voulez-vous entrer au régiment? vous serez vivandière pour commencer, et plus tard... cantinière! moi, je vous offre mon cœur, ma main, mes baguettes et ma peau d'âne. Ça y est-il?

(Nicette lui tend la main. On entend fredonner Rémy.)

NICETTE

Ah! voici Rémy.

(Brin-d'Amour remonte la scène pour le voir et revient se placer à gauche.)

## SCÈNE X

### BRIN-D'AMOUR, RÉMY, NICETTE

RÉMY, *entrant avec un sac d'argent, à Nicette.*
Voilà le magot! J'ai fait la commission.

BRIN-D'AMOUR, *lui tapant sur l'épaule.*
Eh bien! je viens te faire mes adieux, puisque tu le désirais tant... (*Il lui serre la main. Rémy cherche à dissimuler le sac et à le faire prendre à Nicette.*) Mon cher ami, mon bon Patéchaud.

RÉMY

Patochard!... Aïe! vous me serrez comme un étau.

BRIN-D'AMOUR

Tonnerre!

RÉMY.

Aïe!... (*Il tombe sur ses genoux. — Bas à Nicette.*) Prenez le sac...

(Il se relève.)

BRIN-D'AMOUR

Je sais tout... et le reste avec! On est venu m'avertir de l'auberge... et ton affaire est claire, et pas plus tard qu'aujourd'hui, tu vas comparaître devant la balance de *Thémistocle* ; puis après, couic, pendu !

NICETTE, *pleurant.*

Couic, pendu !

NICETTE, *à Brin-d'Amour.*

Mais, vous m'avez promis...

BRIN-D'AMOUR, *à Nicette.*

Soyez tranquille... Histoire de l'effrayer un tant soit *peutte*.

RÉMY

Grâce ! je n'y reviendrai plus, Pendu... couic ! (*Portant la main à son cou.*) Ça m'étrangle rien que d'y penser.

FINAL

BRIN-D'AMOUR

Je veux bien consentir à te laisser la vie,
En l'honneur de Nicett' qui m'accorde sa main.

RÉMY, *avec surprise.*

Quoi ! vous refuseriez, ma Nicette chérie,
Mon cœur et mes écus ?...

NICETTE, *avec un geste de refus.*

Gardez-les, je vous prie.

BRIN-D'AMOUR, *prenant le bras de Nicette.*

Nous allumons demain
La chandell' de l'hymen.

RÉMY *à part, avec énergie.*

Oh ! la femme ! quelle nature !
C'est la douceur, la trahison...
C'est de la confiture
Ousqu'on trouv' du poison !

BRIN-D'AMOUR

Mais toi, Balochard, sers la France,
Et dans nos rangs fais-toi soldat :

Brin-d'Amour, Nicette, Rémy.

Tu tâcheras, par ta vaillance,
De *reparer* ton indigne attentat.

### RÉMY

Eh bien ! c'est dit, je me ferai soldat.

(A part.)

Puis, je pourrai, près d'elle,
Montrer mes charmes scélérats,
Et me la rendre moins cruelle...
En est fin, ou l'on ne l'est pas !

### ENSEMBLE

### RÉMY

Partons gaîment,
Puisque l'honneur l'ordonne.
Le clairon sonne,
La gloire nous attend !

### BRIN-D'AMOUR

Partons gaîment,
Nouveau fils de Bellone.
Le clairon sonne,
La gloire nous attend !

### NICETTE

Partons gaîment,
Puique l'amour l'ordonne.
Le clairon sonne,
Le bonheur nous attend !

En ce moment suprême,
Vallon, reçois nos adieux.
Près { de celui / de celle } qu'on aime,
La patrie existe en tous lieux.

Partons gaîment,
Etc., etc.

## FIN

# LE RAT DE VILLE

ET

# LE RAT DES CHAMPS

OPÉRETTE

MUSIQUE DE GERMAIN LAURENS

Représentée pour la première fois, à Paris, sur le théâtre des *Fantaisies-Parisiennes*, le 18 septembre 1880.

PERSONNAGES

MARGOTON. . . . . . . . . . . . .   M<sup>mes</sup> DENA BEL.
ANITA. . . . . . . . . . . . . . . . .   JEANNE BERNARD.
MARTINSEC. . . . . . . . . . . .   MM. GUYON.
LE B<sup>on</sup> DE VAUX-BRÉZÉ. . .   CHARVET.

# LE RAT DE VILLE

ET

# LE RAT DES CHAMPS

Un petit salon élégant, porte au fond et portes latérales. — A droite, une psyché et au fond une table couverte d'un tapis. — A gauche, un piano et un canapé.

## SCÈNE PREMIÈRE

### ANITA

ANITA, *elle s'exerce à danser devant une glace.*

Une, deux, trois... du ballon !... je ne pourrai donc jamais attraper cette pirouette. Il faut pourtant que je sois prête après-demain pour le nouveau ballet où j'ai le rôle de la princesse Azurine. Qui est-ce qui m'aurait dit, il y a deux ans, quand j'étais au village, que j'aurais un jour un costume de princesse ! Dieu ! que je voudrais donc avoir du succès, d'abord pour vexer Léontine que l'Administration a toujours favorisée à mes dépens... parce qu'elle fait des mamours au régisseur ! — Chipie ! (*Bruit de sonnette.*) On sonne... si matin ! Serait-ce un créancier ?... Qui est là ?

(Elle va ouvrir.)

MARGOTON, *elle patoise et fait vibrer les* r.

C'est moi... Margoton...

ANITA, *avec joie.*

Margoton ! ma bonne petite payse.

(Elle la fait entrer.)

## SCÈNE II

### ANITA, MARGOTON

MARGOTON

Pardon, madame, je me suis trompée.

ANITA

Eh bien! tu ne me reconnais donc pas?

MARGOTON

Attendez donc. Qui vous!... toi... oui, c'est bien toi. (*Elles s'embrassent.*) Oh! mais c'est que t'as de si beaux affiquets... et une si belle chambre! Dieu! la belle chambre!... Y a des rideaux!... un tapis par-dessus le plancher qu'on dirait qu'on marche dessus de la mousse... (*Regardant le piano ouvert.*) et encore une commode qui a des dents, et du d'or partout!...

ANITA

Ce n'est rien ça... j'aurai encore bien mieux dans quelques jours. Mais quel bon vent t'amène à Paris?

MARGOTON

Voici, ma pauvre Anne.

ANITA

D'abord, si ça t'était égal de m'appeler Anita, ça m'irait infiniment mieux.

MARGOTON

Ah! ben, est-ce que tu ne t'appelles pas Anne, Anne Guéritou de tes noms de père-z-et mère?

ANITA

J'ai pris celui d'Anita.

MARGOTON

Tiens! pourquoi donc?

ANITA

Ça a bien plus de cachet, ma chère.

MARGOTON

Plus de cachet? Quoi que c'est donc ça, mon Dieu?... Enfin! j'en reviens à mon histoire. Pour lors donc, je suis pour me marier avec Jean-Pierre Larfaillou, tu sais, ce grand blond qui fait si bien les manches de fouet?

ANITA

Oui, je me rappelle, vaguement.

MARGOTON

Oh! y a que lui au monde pour faire des manches de fouet, avec des images qu'il taille avec son couteau, que c'en est gentil tout plein!

ANITA, *souriant*.

C'est un artiste!

MARGOTON

Eh ben, v'là déjà six mois qu'il me suivait partout, derrière mes moutons ou bien derrière mes vaches, et pis qu'il me pinçait le menton, et pis qui...

ANITA

Et pis quoi?

MARGOTON

Enfin bref, qu'il me faisait la cour en plein.

ANITA

Pour se marier?

MARGOTON

Cette bêtise! Est-ce qu'on fait la cour pour autre chose?... Et c'était bien gentil, va!

COUPLETS

I

Le soir, quand l'ombr' d' la montagne
Tombait plus grand' dans le vallon,
Nous revenions, par la campagne,
Riant et chantant tout le long.

Auprès du ruisseau qui murmure,
Si parfois l'on se reposait,
Il me cueillait un' fleur, un' mûre,
Et d' coups de poing m'asticotait :
(Elle donne des petits coups à Anita qui rit.)
    Toc, toc, toc! (*Bis.*)
    Et voilà comme
Tout gentiment il me battait!

I

Puis, lorsqu'il allait à la foire,
Il m' rapportait un tas d' bijoux :
Des sabots, des boutons d'ivoire,
Et des ciseaux de treize sous!
Mais ce qu' j'aimais mieux d' mon p'tit homme,
C'est l' gros baiser qu'il ajoutait :
Ça complétait si ben la somme !
Alors, d'bonheur, mon cœur battait.
    Toc, toc, toc! (*Bis.*)
    Et voilà comme
Tout doucement mon cœur battait!

Au bout de quelque temps, j'ai *consentu* à la chose, et nous allons nous marier.

ANITA

Mon compliment, ma chère; mais ça ne m'explique pas ton voyage.

MARGOTON

Pour lors, dame, il a voulu me faire ses cadeaux suivant l'accoutumance ; et, comme il est occupé à faire les foins, il m'a donné de quoi pour venir acheter des bijoux à mon idée, et en même temps voir mon *onque*, rapport à son consentement.

ANITA

Pourquoi son consentement ?

MARGOTON

Parce que je suis sa *pipille*.

ANITA

Dis-moi, pipille, as-tu déjà fait tes emplettes?

MARGOTON, *ouvrant un mouchoir de couleur dans lequel se trouve une boîte de carton.*

Oui, ma bonne Anne.

ANITA

...nita!

MARGOTON

Nita. — Et je repars ce soir au pays.

ANITA

Voyons un peu.

MARGOTON, *ouvrant sa boîte.*

Tiens!

ANITA, *regardant avec un sourire.*

Ah! ah!

MARGOTON

Hein? c'est-y gentil! Ah! dame aussi, il y en a pour beaucoup d'argent! Larfaillou fait bien les choses. Il m'a donné cinquante francs!

ANITA, *riant.*

Une chaîne en imitation... une bague en cornaline... un collier de jais... avec un beau morceau de cristal au milieu.

MARGOTON

C'est du diamant.

ANITA

Oui, un diamant de la famille des bouchons de carafe. (*Lui rendant la boîte d'un air dédaigneux.*) Mais, ma chère, c'est du *toc*.

MARGOTON

Du toc! Comment, tu trouves pas ça *suparbe?*

ANITA

Tiens, ma fille en voilà des bijoux! (*Elle va chercher dans un tiroir de sa toilette un écrin qu'elle ouvre.*) Ce qu'on peut appeler des bijoux, des vrais. Regarde un peu.

MARGOTON, *regardant avec une admiration naïve.*

Ouiouiou ! Que c'est biau ! que c'est donc biau ! ça brillotte comme du feu.

ANITA

C'est une rivière de diamants.

MARGOTON

Une rivière ! Et moi qui n'ai pas seulement un tout petit ruisseau ! C'est ça qui a dû coûter gros, trrr !

ANITA, *souriant.*

C'est à supposer.

MARGOTON

Comment, tu ne te mémores point le prix que t'as payé ?

ANITA

Que j'ai payé. Ah ! ben ! si tu crois que c'est...
(Elle se désigne.)

MARGOTON

Hein ?

ANITA

Rien. Tu admires donc mon petit luxe ?

MARGOTON

C'est-à-dire que je n'en reviens pas, mais pas du tout ! Ces bijoux..., ces affiquets... ces meubles... cette chambre... mazette ! comme t'es donc devenue cossue !

ANITA

Eh bien ! si tu veux, tu en auras autant, toi aussi.

MARGOTON

Moi ? allons donc ! tu veux rire

ANITA

Non, ma chère, laisse ton Larfaillou, et reste près de moi. Si tu savais combien est charmante la vie que je mène !

MARGOTON

Comment ?

RONDEAU

ANITA

La joyeuse existence !
Gaîté, loisir, insouciance,
Plaisir, folie et brouhaha,
Tout le bonheur n'est-il pas là ?
Sous des rideaux de satin rose,
Dans un demi-jour séduisant,
Le matin ma tête repose,
Et s'abandonne vaguement
Aux douceurs d'un rêve charmant.
A midi, ma bonne m'apporte
Le déjeuner et le journal,
Et puis, d'une toilette accorte
Je revêts l'éclat triomphal.
Au bois ! au bois ! que l'on attelle !
L'heure est venue, il faut partir.
On me connaît : je suis toujours fidèle..
Du moins aux lieux où règne le plaisir.
   Clic ! clac !
   Flic ! flac !
  Les chevaux hennissent,
   Frémissent,
   Bondissent,
  Légers et bouillants :
  C'est l'éclair qui passe ;
   L'espace
   S'efface
  Sous leurs pieds ardents.
  La brillante foule !
  Cavaliers fringants,
  Coupés élégants ;
  C'est comme une houle
  Qui gronde et qui roule
  Ses flots écumants !
  Mais du jour qui sombre,

S'étend déjà l'ombre
Au fond des vallons !
Quittons le bois sombre.
A table ! Et buvons!
Là, brille la joie.
Le vin qui flamboie
Exerce sur nous son charme vainqueur ;
L'esprit s'électrise,
Tout se poétise,
Le champagne attise
Les feux du regard et les feux du cœur.
La joyeuse existence !
Gaîté, loisir, insouciance !
Plaisir, folie et brouhaha,
Tout le bonheur n'est-il pas là !

MARGOTON

Tu as bien raison de le dire. Quelle différence avec le village !

ANITA

Eh bien ! si tu le veux, cette vie brillante sera la tienne, Je te conduirai dans le monde : à Mabille, au Skating, etc... C'est là qu'on t'appréciera, ma chère, qu'on t'offrira des appartements comme celui-ci, une voiture, des chevaux...

MARGOTON

A moi ? mais ça ne se peut pas : mais quoi donc que je pourrais donner pour payer tout ça ?

ANITA

On te l'offrira gratis.

MARGOTON

Et qui donc ça, mon Dieu ?

ANITA

Qui ? un marquis... un baron... peu importe.

MARGOTON

Allons donc, c'est un conte.

ANITA

Pas du tout.

MARGOTON

Quoi donc que j'aurai à faire pour ça?

ANITA

Presque rien : lui dire qu'il est beau, gentil, lui donner des noms d'oiseaux, l'appeler (*Tendrement.*) mon canard... mon coco!

MARGOTON, *l'imitant.*

Mon coco!... C'est pas malin, ça.

ANITA

Quand je te le dis.

MARGOTON

C'est égal, j'aimerais mieux l'état que t'as, entrer au théâtre. Qué que tu y fais?

ANITA

Moi? Je suis un rat, un simple rat.

MARGOTON, *avec une surprise naïve.*

Un rat?

ANITA

Oui, une danseuse, si tu aimes mieux. On nous a donné le nom de *rat* parce que nos petits pieds trottinent sur le plancher de la scène, et que nos petites dents pointues grignotent les billets de mille.

MARGOTON

Ah! ben donc, je veux être un rat... Je sais danser aussi... surtout la bourrée. (*Esquissant un pas de bourrée et faisant claquer ses doigts.*) Tra la la.

ANITA, *riant.*

Oui, ma fille, tu es un petit rat des champs... mais cette danse n'est pas du tout celle des ballets. En attendant que tu l'aies apprise, tu peux être reçue figurante. Je te présenterai aujourd'hui même au régisseur.

MARGOTON, *faisant vibrer l'r.*

Ben vrai?

ANITA, *la contrefaisant.*

Ben vrai.

MARGOTON, *sautant de joie.*

Oh! je suis t'y contente!

ANITA

Seulement tu vas d'abord quitter cette vilaine robe... (*Elle va chercher une robe élégante dans le cabinet à droite.*) et prendre celle-ci.

(*Elle la déshabille, place la robe de Margoton dans le cabinet à gauche et lui en met une de soie.*)

ANITA

La toilette, vois-tu, l'excentricité, la vie de luxe et de plaisir, c'est le plus sûr moyen d'avoir la vogue au théâtre.

MARGOTON

Je croyais qu'il fallait étudier.

ANITA, *tout en habillant Margoton.*

Il faut étudier... les modes, voilà tout; adopter les plus fringantes et se montrer dans les foules de la haute volée. Autrefois les débutantes passaient par le Conservatoire, on l'a remplacé par le bois de Boulogne.

(*Après qu'on lui a mis la jupe, Margoton revêt le corsage qu'elle place de travers.*)

ANITA, *riant.*

Mais non... C'est l'opposé. (*Elle le passe dans le vra sens.*)

MARGOTON, *faisant des efforts pour le boutonner à la taille.*

Ahi donc!... Je ne pourrai jamais me boucler là dedans. (*Elle y parvient.*) Enfin! (*Marchant avec gêne dans son long vêtement.*) Oh! la belle robe! comme ça fait frou-frou. Et quelle queue!... Ça ratisse toute la chambre.

(*Elle se dandine et s'embarrasse dans la traîne qu'elle rejette d'un coup de pied.*)

#### ANITA

Maintenant, donne-toi un petit air provocant... tu n'as pas de galbe... pas de *chien*.

#### MARGOTON

Dame! je ne l'ai point amené.

#### ANITA

Tiens, regarde un peu. (*Elle joue de l'éventail en marchant. Margoton prend l'éventail, en joue gauchement et se dandine d'un bout de la scène à l'autre en relevant d'un brusque coup de pied la traîne qui l'embarrasse. — Anita rit.*) Bravo! tu es épatante! (*Margoton ne cesse de se mirer dans la glace. — Anita regarde la pendule.*) Maintenant, c'est l'heure de mon déjeuner, nous allons becqueter un morceau ensemble, n'est-ce pas, ma bichette?

#### MARGOTON

Ça va. (*Elles transportent près du divan la table qui est recouverte d'un tapis.*) Oh! la belle nappe!

#### ANITA, *mettant le couvert.*

C'est un tapis de Turquie, ma chère.

#### MARGOTON

Nous allons bien nous ébaudir, pas vrai?

#### ANITA

Nous allons nous ébaudir! Ah! voilà un mot paysan

#### MARGOTON

Et comment qu'on dit dans le beau langage?

#### ANITA, *d'un air doctoral.*

On dit : *nous la casser*.

#### MARGOTON

Mais je veux rien casser du tout. Tu te gausses de moi.

#### ANITA

Encore un mot du pays! On ne doit pas dire : *tu te gausses*, mais bien : *tu me la fais à l'oseille.*

(Elle met le couvert.)

#### MARGOTON

A l'oseille?... mais...

#### ANITA, *sévèrement.*

Je te répète qu'on doit parler ainsi. Oui ou non, veux-tu que je fasse ton éducation?

#### MARGOTON, *repentante.*

Oui, ma bonne petite Anne.

#### ANITA, *la reprenant.*

...ita...

#### MARGOTON

Ita. Excuse-moi. J'apprendrai bien ma leçon. (*Elle cherche à se rappeler.*) Tu me la fais... aux épinards.

#### ANITA

A l'oseille donc!

#### MARGOTON

A l'oseille donc!

#### ANITA

Voyons, à table!

(Elles s'asseyent.)

#### MARGOTON

Tiens, pourquoi que t'as mis des couteaux?

#### ANITA, *gaiement.*

La question est bonne.

#### MARGOTON

Tu sais bien qu'on n'en met pas cheux nous, puisque chacun a son eustache dans sa poche.

#### ANITA

Ici, on ne met pas les eustaches dans les poches.

(On frappe.)

## SCÈNE III

### Les Mêmes, MARTINSEC

MARTINSEC, *costume excentrique de gandin. Air fat et fatigué. Il est très myope et regarde sans cesse de très près avec son lorgnon.*
Bonjour, mignonne.

#### ANITA
Tiens, le petit Martinsec! Vous arrivez bien, vous allez prendre un verre de champagne avec nous.

#### MARTINSEC
J'accepte avec plaisir. Mais tout d'abord, ma chère amie, recevez mes félicitations sur le dernier pas que vous avez dansé à l'Opéra. Ah! j'en suis toqué!... parole! vous y êtes adorable, délirante! (*Il s'approche pour s'asseoir et salue Margoton, qu'il regarde de très près.*) Madame, j'ai bien l'honneur...

MARGOTON, *faisant gauchement plusieurs révérences.*
M'sieu!... Bonjour, m'sieu. (*Il s'assied sur le divan et lorgne Margoton. A Anita qui vient à gauche.*) Quoi qu'il a donc à vous reluquer comme ça sous le nez?

#### ANITA
Il est myope.

MARGOTON, *sans comprendre.*
Myope!
(*Elle se taille un gros morceau de pain et mange une côtelette qu'elle tient à la main.*)

ANITA, *s'asseyant à droite auprès de Martinsec et versant du champagne.*
Voilà bien longtemps qu'on ne vous a vu, mon cher. Que diable faites-vous donc?

#### MARTINSEC
Ne m'en parlez pas, je mène une vie im...pos...sible!

Et avec ça, j'ai une déveine... Pas plus tard qu'hier, j'ai perdu soixante louis à Chantilly, avec *Princesse*, que je faisais courir.

MARGOTON

Vous faites courir les princesses, vous?

MARTINSEC, *à Margoton qui s'efforce de comprendre.*

Elle a dépassé *Lovelace* de deux têtes. Mauvaise affaire, du reste, que Lovelace... il *billarde* et se dérobe à toute minute. C'est un *selling-horse*.

MARGOTON

Hein? quoi donc c'est?

MARTINSEC

Un selling-horse.

MARGOTON

Quéque ça veut dire, mon Dieu?

MARTINSEC

Dame! vous savez bien. Ça veut dire qu'il ne brille pas au *steimbock*... (*Etonnement de Margoton.*) sur le *turf* du *steeple-chase*, si vous aimez mieux.

MARGOTON, *à part.*

Mais j'aime pas mieux du tout.

(Elle boit, et prend une autre côtelette qu'elle dévore, ainsi que son pain, sans se servir du couteau.)

MARTINSEC

Le soir, j'ai soupé chez le petit Cervisac, il y avait Popeline, Cascadinette, Flora-Mouchette, Taffetas, Nini-Tape-à-l'œil, avec des costumes impossibles. (*A Margoton*) Nous avons ensuite taillé un bac.

MARGOTON

Hein?

MARTINSEC

Je dis que nous avons taillé un bac... un petit bac...

MARGOTON

Ah! je sais... pour passer l'eau.

MARTINSEC

Qu'est-ce qu'elle chante?

(Il la regarde de très près avec son lorgnon.)

MARGOTON, *à part, se levant.*

Quoi que j'ai donc sur moi pour qu'il me reluque ainsi? (*Elle regarde son épaule.*) Mais je n'ai rien du tout. (*Donnant un coup sur la poitrine de Martinsec.*) Ah çà! dites donc, vous! Est-ce que vous croyez que parce que vous êtes *myoche* de votre état, ça vous donne le droit...

(Elle le frappe et le secoue.)

MARTINSEC

Oh! là! oh! là! Laissez donc. (*A part.*) Elle est impossible!

ANITA, *riant.*

Voyons, mes amis, encore un verre de champ!

MARGOTON

Mais ça me fait le cinquième. Je vas devenir un rat gris. (*Divaguant et riant.*) Il me semble que déjà tout tourne, tout saute à l'entour de moi... mes idées s'emberli... berlililifico... berlili... Enfin j'y renonce. (*Buvant.*) Vive la joie! (*Elle tape sur sa coiffure qui se met de travers.*) Le maître d'école dira ce qu'il voudra... et aussi le bedeau... et aussi le garde champêtre. (*Faisant un pied de nez et levant un peu la jambe.*) V'là ce que j'y fais au garde champêtre!

ANITA, *qui a versé à boire à Martinsec.*

Voyons, amène ton verre, et buvons...

(Elle verse.)

MARGOTON, *tendant son verre.*

C'est dit. (*En frappant un coup sur la table.*) Et nom d'une trique! faut nous la casser!

(Ils se lèvent et descendent la scène, levant leurs verres qu'ils font sonner, au refrain, avec le bout du couteau.)

## CHŒUR

Tin, tin, tin !
Vive le vin !
Fleuve de joie
Où le bonheur fait voile et le chagrin se noie,
Tin, tin, tin !
Pour rendre heureux notre destin,
Vive le vin !

### I

ANITA, *le verre à la main.*

Près de lui tout s'éclaire et brille :
La joue, à son reflet vermeil,
S'empourpre et, dans l'œil qui scintille,
Il met un rayon de soleil.
Son éclat chasse les nuages
Que produit un esprit chagrin :
Adieu, soucis, sombres images,
Et créanciers... Vive le vin !
Tin, tin, tin,
Etc.

### II

MARGOTON, *s'avançant vers le milieu de la scène.*

Qui donc nous vient vanter l'eau claire
De nos rochers, de nos ruisseaux,
Et du lait la mousse légère,
Et nos chansons et nos troupeaux ?
Des moutons j'aime les clochettes,
Tintinant le long du chemin ;
Mais j'aim' bien mieux leurs côtelettes :
A bas le lait, vive le vin !

*S'adressant aux autres personnages.*

Ensemblement !

#### CHŒUR

Tin, tin, tin,
Etc.

(On entend tousser dans le fond.)

#### ANITA

Ciel! le baron de Vaux-Brézé, le vieux boursier... Je reconnais son catarrhe. (*A Martinsec.*) Vite, mon petit, cachez-vous là! (*Elle le conduit dans le cabinet à droite. On frappe.*) Quelle tuile! (*Elle va ouvrir et parle très haut à Vaux-Brézé, qui tend l'oreille.*) Entrez donc, cher baron, que vous êtes donc gentil d'être venu me voir! Quelle aimable surprise!

(Le baron se rengorge.)

#### LE BARON

Comme elle m'aime!

#### MARGOTON, *à part.*

Un baron!... C'est-il pas à ces gens-là qu'elle m'a dit qu'il fallait donner des noms d'oiseaux?

## SCÈNE IV

#### MARGOTON, LE BARON, ANITA

LE BARON, *saluant Margoton, assise sur le divan et mangeant toujours.*

Madame!... (*Margoton rend gauchement le salut.*) Je suis bien le vôtre. (*Saluts réciproques.*)

#### MARGOTON, *se levant.*

Moi itou, m'sieu, moi itou.

#### LE BARON

Hein?...

#### ANITA

Répète. Il est sourd, celui-là.

MARGOTON, *criant à l'oreille du baron.*

Moi itou, monsieur Vaux-Brûlé!

LE BARON, *blessé.*

De Vaux-Brézé! madame.

MARGOTON

C'est ben ça que je voulais dire. (*Le câlinant.*) Mon jacquot! mon petit jacquot!

LE BARON.

Jacquot? Que signifie? Me prenez-vous pour un perroquet?

ANITA, *à l'oreille du baron et montrant la table.*

Avez-vous déjeuné?

LE BARON *.

Oui, merci. (*Il tousse.*) Satané catarrhe! (*Il sort de sa poche de derrière une boîte qu'il ouvre et qu'il présente à Anita.*) Vous offrirai-je une pastille de réglisse? Elles sont à la vanille. (*Anita accepte. — A Margoton.*) Et vous, mademoiselle, prendrez-vous une pastille?

MARGOTON

Plutôt deusse! (*Elle prend une grosse pincée de pastilles qu'elle met dans sa bouche. — Se grattant le gosier.*) C'est bon ça!

(*Le baron en prend une et remet la boîte dans sa poche.*)

LE BARON, *offrant un bouquet à Anita.*

Veuillez accepter aussi ces fleurs... votre image.

ANITA, *à part.*

Un bouquet de quinze sous! (*à l'oreille du baron*) Merci. (*Se reculant et parlant à mi-voix, tout en faisant des gestes gracieux au baron.*) Vieux sourd! vieux cancre...

LE BARON, *avec un sourire de remerciement.*

Trop aimable, en vérité.

---

* Anita, le baron, Margoton.

(*Margoton retire la boîte de la poche du baron et croque les pastilles une à une.*)

ANITA, *à l'oreille du baron.*

Vos fleurs sont gentilles, mais j'aurais préféré... ce que vous savez.

LE BARON

Hein? quoi donc?

ANITA, *idem.*

Ce collier de perles, dans un écrin rouge... que je vous ai montré sur le boulevard.

LE BARON

Très bien!... un buvard...

ANITA, *à part.*

Ah! celui-là, quand on lui demande quelque chose, il devient plus sourd que jamais. (*Haut.*) Un collier dans un écrin rouge.

LE BARON

J'entends bien... relié en maroquin rouge.

ANITA, *à part.*

Quel pot! (*A mi-voix.*) Vieux poêlon rouillé...
(*Margoton retourne la boîte et tape sur le fond pour montrer qu'il ne reste plus rien, puis la remet dans la poche du baron.*)

ANITA, *criant.*

Vous m'avez encore promis de changer ce mobilier.

LE BARON

Le *Mobilier?* Il a monté de vingt francs. (*Il tousse, prend sa boîte, l'ouvre, y puise machinalement. S'apercevant qu'elle est vide et s'adressant à Margoton.*) Hum! petite friponne, c'est vous qui m'avez pris...

MARGOTON

Non, c'est le rat.

LE BARON, *à Anita.*

J'ai profité de cette occasion pour vendre mon *Mobilier* ainsi que mes *Turcs.*

MARGOTON

Vous vendez des Turcs ?
(Anita va vers le fond et range les chaises qui entouraient la table.)

LE BARON, à *Margoton.*

Et j'ai acheté, en échange, des *Clippers américains.* (*Se frottant les mains.*) Une bonne affaire !

MARGOTON, *lisant.*

Une bonne affaire !... des... comment donc ça ? des *Clisters américains.* Vous vous gaussez, dites donc. (*Elle lui donne des coups de poing et frappe sur la poche de l'habit.*) Tiens, c'est dur. Quoi qu'il y a donc là sous votre veste ?

(Elle tape sur la poche.)

LE BARON, *à mi-voix.*

Chut ! C'est l'écrin que désire Anita. Je veux lui en faire la surprise, et le déposer en secret dans son cabinet de toilette.

(Il se glisse dans le cabinet à droite.)

MARGOTON, *effrayée et allant vers la gauche.*

Et l'autre qui est là !

ANITA

Ah ! mon Dieu ! (*On entend du tapage dans le cabinet. Bruit de porcelaine cassée. Le baron et Martinsec paraissent en se colletant et criant.*) Monsieur ! Monsieur ! quelle audace ! etc.

(Musique à l'orchestre.)

MARGOTON, *effrayée.*

Qu'est-ce qui va arriver, mon Dieu ! je me sauve.

(Elle entre dans le cabinet à gauche.)

LE BARON

Monsieur ! comment vous trouviez-vous ici ?

MARTINSEC.

Fort mal, monsieur !

LE BARON, *à Anita.*

Eh quoi, madame ! vous osez vous jouer ainsi de moi !

ANITA

Ah ! je me trouve mal !

(Elle tombe sur un fauteuil à droite.)

LE BARON, *à Martinsec avec colère.*

Vous, monsieur...

MARTINSEC

Moi aussi.

(Il s'affaisse sur le piano qui rend un son.)

LE BARON

Vous me rendrez raison, monsieur. Sortons !

MARTINSEC

Sortons !

(Ils sortent en se bousculant et après s'être trompés de chapeau ; celui du baron est beaucoup trop grand pour la tête de Martinsec.)

## SCÈNE V

ANITA, puis MARGOTON

ANITA, *se levant brusquement dès qu'ils sont sortis.*

Enfin ! les voilà partis... un duel... tant mieux !... ça me posera. Eh bien, où donc est ma payse ?... Je pense bien qu'elle n'est pas sortie avec eux. (*Appelant.*) Margoton... Margoton !

MARGOTON, *montrant sa tête par la porte entre-bâillée du cabinet de gauche.*

Hein ? est-ce qu'ils y sont encore ?

ANITA, *souriant.*

Non. Tu peux entrer. (*Margoton descend la scène, tout en regardant avec inquiétude dans le salon. Elle a sa robe de paysanne.*) Tiens, tu as repris ton costume du village.

MARGOTON

Oui, je retourne au pays. On n'est pas assez tranquille par ici. Quel tapage ils ont fait! Qu'est-ce que c'était donc que ce petit pâlot qui me trouvait im...pos...si.. ble.

(Elle imite son accent et sa façon de lorgner.)

ANITA

Un de mes adorateurs.

MARGOTON

Et le baron?

ANITA

Un autre de mes adorateurs.

MARGOTON

Ah çà! tout le monde a donc la clef de ton cœur?

ANITA

Personne n'a la clef.

MARGOTON

Alors, c'est une porte qui ne ferme qu'au loquet.

ANITA

Voyons, ma mignonne, tu ne veux donc pas goûter l'indépendance, à la vie de plaisir?

MARGOTON

Oh! le plaisir!... m'est avis que ce n'est point à la ville qu'on le trouve.

COUPLETS*

I

Mes bell's dam's de la grand'ville,
Comm' je vous plains de tout mon cœur!
Des carrosses la longue file
Vous fait un bruit à faire peur :

---

* Ces couplets peuvent être supprimés à la représentation.

Et qué cohue et qué chaleur !
Cheux nous, par contre, on trouv' l'ombrage,
L'herbe et la mousse pour s'étaler ;
Dans nos chemins jamais d' tapage,
Hors les moigneaux qui viennent piailler.
Courir les champs, et, dans nos âmes,
N'avoir ni regret, ni désir :
   Voilà le plaisir, mesdames,
     Voilà le plaisir !

## II

A vos bijoux, à vos dentelles,
De vos écus va l'pus meilleur,
Et pour paraître les plus belles,
Vous m'ttez vot' frimousse en couleur,
Et vos cheveux vienn' d' chez le coiffeur.
   *(Indiquant par gestes.)*
Nous n'portons pas de... cardoline,
De fauss' dents, de faux estomacs,
Pas de coton qui fass' l'échine,
   *(Montrant son visage.)*
Et ces couleurs n' s'achètent pas.
Quand de not' teint on voit les flammes,
L'baiser aux lèvr's ça fait venir :
   Voilà le plaisir, mesdames,
     Voilà le plaisir !

    MARGOTON, *tendant la main à Anita.*

Pour lors, ma bonne Anita, je te dis adieu.

      ANITA

Vraiment ?

      MARGOTON

Oui, je retourne aux champs, et vais épouser Jean-Pierre...

    ANITA, *souriant.*

Tu es décidément pour le *conjungo*...

MARGOTON, *avec sentiment*.

Mon pauvre petit Jean-Pierre que j'ai failli abandonner vilainement. Mais je partirai ce soir, et, dans huit jours, nous serons *conjugués* ensemble.

ANITA

Allons, bonne chance. (*Bruit à la porte.*) Qu'est-ce donc?

(Martinsec et le baron paraissent en se faisant des politesses.)

## SCÈNE VI

Les Mêmes, MARTINSEC, LE BARON

LE BARON

Mais entrez donc, cher monsieur, puisque tout est arrangé.

MARTINSEC

Après vous, je vous prie.

LE BARON

Non, vraiment. (*Ils entrent tous les deux ensemble.*) — A Anita.) Chère amie, monsieur m'a parfaitement expliqué sa présence chez vous, et je n'ai absolument rien à dire, puisqu'il est votre professeur...

MARTINSEC, *après avoir fait des signes d'intelligence à Anita.*

De danse.

(Il bat un entrechat.)

ANITA, *à part, riant.*

Ah! très bien! (*Haut.*) En effet, monsieur est mon professeur de danse.

LE BARON

Pardonnez mes soupçons.

ANITA, *lui tendant la main gauche que le baron embrasse.*

Soit, mais n'y revenez plus!

(Elle tend en cachette l'autre main à Martinsec qui l'embrasse en même temps.)

LE BARON, *à Anita.*

Et maintenant pour fêter la réconciliation, offrez donc un verre de champagne. (*Pendant qu'Anita verse le vin au fond.*) Enchanté d'avoir fait votre connaissance, monsieur le professeur.

(Il lui serre la main.)

MARTINSEC

Moi de même, cher monsieur Vaux-Piqué...

LE BARON

De Vaux-Brézé, monsieur !
(Ils prennent chacun un verre et descendent la scène.)

ENSEMBLE

Tin, tin, tin,
Vive le vin !
Fleuve de joie
Où le bonheur fait voile et le chagrin se noie !
Pour rendre heureux notre destin,
Vive le vin !

MARGOTON, *au public.*

L'auteur, s' défiant de sa veine,
Pour puiser son sujet ce soir,
A bonne source, à La Fontaine,
S'est adressé, rempli d'espoir.
Si donc nous avons su vous plaire,
Applaudissez à tour de bras,
Disant, d'une humeur débonnaire :
Montrons-nous *à bons rats bons chats.*

ENSEMBLE

Tin, tin, tin,
Vive le vin !
Etc.

FIN

# L'ÉTERNELLE COMÉDIE

COMÉDIE EN UN ACTE

## PERSONNAGES

BLANCHARD.......... MM. Paul Menehnd.
ADOLPHE........... Desclée.
BENOIT............ Rica.
PÉRITOINE......... Lelonh.
THOMAS PÉRITOINE.. Vouret.
RENARDOT.......... Bahier.
ARISTEUS.......... Varannes.
CÉCILE............ Mmes Cassothy.
HERMINIE.......... Marie Blanc.
Un Domestique..... M. Lagarde.

La scène se passe dans un salon.

# L'ÉTERNELLE COMÉDIE

Une porte au fond et deux latérales. A droite et à gauche deux guéridons. Sur celui de gauche tout ce qu'il faut pour écrire ; sur l'autre un album. Au fond une bibliothèque.

## SCÈNE PREMIÈRE

BLANCHARD, CÉCILE. Cécile brode une tapisserie.

#### BLANCHARD

Non, mon enfant, Adolphe n'est pas le mari qui te convient... Celui qu'il te faut, c'est M. Thomas Péritoine, qui vient d'être reçu médecin.

#### CÉCILE

Je ne l'aime pas, mon père...

#### BLANCHARD

J'ai encore M. Renardot à te proposer... un digne homme, rempli d'un zèle ardent pour les saines doctritrines, écrivain distingué d'ailleurs... auteur d'un livre : *les Bienfaits de l'Inquisition*, dont on a fait le plus grand éloge... dans les journaux de son parti. A Dieu ne plaise, ma chère Cécile, que je veuille le moins du monde contrarier ta liberté. Dans un acte aussi important que le mariage, c'est à toi surtout qu'appartient le droit de décider : ainsi, choisis librement... entre les deux que je te propose.

#### CÉCILE

Je vous remercie, mon père, de cette condescendance que vous montrez pour ma volonté ; et ce m'est une assurance que vous souscrirez au choix que j'ai fait de mon cousin.

#### BLANCHARD

Jamais.

#### CÉCILE

Mais puisque je le préfère à tous, puisqu'il m'aime et que je... et que nous nous aimons.

#### BLANCHARD

Belle raison, ma foi! Il m'aime, je l'aime, nous nous aimons... je l'aimerai, il m'aimera... Comme si le mariage n'était qu'une conjugaison !

#### CÉCILE

Je pense que c'est plus amusant.

#### BLANCHARD

Non, Cécile. C'est une chose grave, et l'on ne se marie pas pour son plaisir. Certainement, ton cousin est un charmant garçon, doux, aimable, affectueux, mais ce n'est pas un jeune homme sérieux comme le docteur Péritoine ou M. Renardot. (*Adolphe entre par la droite.*) Adolphe ne connaît pas un mot de la vie, il a l'imagination futile et ne s'occupe que des lectures les plus frivoles.

## SCÈNE II

### Les Mêmes, ADOLPHE

#### ADOLPHE

Merci, mon oncle.
(Il a un volume de Molière à la main.)

BLANCHARD

Ah ! te voilà ?

ADOLPHE

Oh ! de grâce ne vous gênez pas, je serais désolé de vous arrêter dans votre panégyrique... continuez...

BLANCHARD

Certainement. Oui, je blâmais avec raison ton caractère léger, ton manque de sérieux dans les choses de la vie.

ADOLPHE

Comment ! vous aussi, mon oncle, vous professez le culte des hommes sérieux ? Oh ! je sais bien que c'est la mode. Aujourd'hui, la jeunesse, l'esprit, l'enjouement, tout cela est supprimé. A vingt ans, on pose en homme blasé, on dédaigne la danse et la conversation des femmes, on se tient gravement dans un coin de salon, pour causer gravement avec des hommes graves, à la tête chenue, montée sur une haute cravate blanche et enchâssée dans un vaste faux col ; on parle commerce, bourse, politique, places, dignités... que sais-je ! Et vous appelez cela des gens sérieux ! Je les appelle, moi, des gens cupides, futiles, vaniteux, et si c'est là votre idéal, j'avoue humblement que je n'y parviendrai jamais.

BLANCHARD

Cependant il ne faut pas toujours errer dans les nuages ; nous marchons sur la terre, et au lieu d'étudier le monde, les affaires, tu passes tes jours à lire des frivolités (*Indiquant le volume que tient Adolphe.*), des comédies...

ADOLPHE

Des comédies de Molière, mon oncle !

BLANCHARD

Ce sont toujours des comédies. Qu'on aille les voir représenter pour prendre quelque distraction après ses affaires, rien de mieux, c'est une heureuse diversion qui détend les nerfs. Mais peut-on en faire son occupation continuelle, au lieu de lire… (*Montrant quelques ouvrages de la bibliothèque.*) les traités d'économie politique, la philosophie de l'histoire… le *Manuel du financier*…

ADOLPHE, *riant.*

Ou l'*Art d'élever les actionnaires et de s'en faire* 20,000 *francs de rente.*

BLANCHARD

Enfin des ouvrages sérieux !

ADOLPHE

Eh bien ! mon oncle, quoi de plus réellement sérieux qu'un livre qui nous apprend la vie et nous dévoile le cœur humain ? quoi de plus important, de plus pratique, que les admirables conseils contenus à chaque page dans ces chefs-d'œuvre de Molière qui ont soulevé ce débat ?

BLANCHARD

Sans doute, je rends hommage au génie de Molière ; mais quelles leçons peut-on en tirer aujourd'hui ? Notre société est-elle celle de son temps, et les ridicules qu'il a mis en scène ressemblent-ils en rien à ceux de notre époque ?

ADOLPHE

Ils sont les mêmes, mon cher oncle, car en dessinant ceux qu'il a observés, Molière en a reproduit l'élément commun à tous les temps, et buriné le trait impérissable. Si bien que la série de ses caractères ressemble moins à une suite de portraits qu'à une galerie de ces statues symboliques par lesquelles les sculpteurs de l'antiquité aimaient à représenter les passions humaines.

BLANCHARD

Dis-moi pourtant si nous avons des médecins avec des chapeaux pointus et des apothicaires avec des bouillons… *ejusdem farinæ.*

ADOLPHE

Il est vrai que les chapeaux de nos médecins ne sont plus taillés en pointe, mais ils sont démesurément larges. L'excentricité n'a fait que changer de forme, et n'a pas quitté le chapitre des chapeaux.

BLANCHARD

Voyons, nos docteurs parlent-ils latin ?

ADOLPHE

Non... mais ils parlent grec. Tous les termes de leur science sont tirés de cette langue.

BLANCHARD

Enfin, peut-on nier que notre société ne soit complètement modifiée et transformée, depuis la vapeur, les chemins de fer ?...

ADOLPHE

Les chemins ont pu changer, mais le voyageur est resté le même.

(On entend sonner.)

BLANCHARD, *avec impatience.*

Allons, bien ! une visite !

ADOLPHE

Il faut en prendre votre parti, car votre retour de la campagne, depuis hier seulement, vous en attirera plusieurs. Et, à ce propos, mon bon oncle, pour vous démontrer jusqu'à l'évidence la vérité de ma thèse, je vous prie de comparer les faits et gestes de vos visiteurs avec vos souvenirs de Molière, et vous serez convaincu que leurs travers sont précisément ceux-là mêmes qu'il a dépeints.

BLANCHARD, *d'un air de doute.*

Oh ! oh !

CÉCILE, *se levant.*

Voyons, mon père, faites l'épreuve.

**BLANCHARD**

Soit !

**CÉCILE**

Pour moi, j'esquive les visites.

**BLANCHARD**

Mais pourtant il serait convenable...

**CÉCILE**

Franchement, c'est par trop ennuyeux, et j'ai en horreur les conversations monotones et guindées de gens qui ne viennent que par esprit de convenance et qui sont aussi impatients de se retirer que vous l'êtes vous-même de les voir partir. Adieu, petit père ; si l'on demandait à me voir, vous saurez que je vais avoir la migraine ; au revoir, mon cousin.

(Elle sort par la gauche.)

**UN DOMESTIQUE**, *annonçant*.

M. le comte de la Villebardière...

**BLANCHARD**

Faites entrer.

(Le domestique sort.)

**ADOLPHE**

Voici, pour commencer, un bourgeois gentilhomme... autrefois M. Benoît tout court... marchand de vin qui a fait fortune et s'est retiré... dans la noblesse.

## SCÈNE III

ADOLPHE, BENOIT, BLANCHARD

**BENOIT**

Serviteur, monsieur Blanchard.

**BLANCHARD**

Bonjour, monsieur Benoît.

BENOIT, *blessé.*

Benoît !

BLANCHARD

Pardon j'oubliais... monsieur le comte de la... de la Villebardière.

BENOIT

Vous pouvez m'appeler ainsi... car je viens de recevoir le titre de comte palatin... Ça m'a coûté gros... mais je suis comte !

ADOLPHE

Recevez mes compliments.

BENOIT

Je suis même en instance auprès du prince de Monaco pour obtenir le titre de marquis.

ADOLPHE, *bas à Blanchard.*

Il deviendra bientôt grand mamamouchi...

(On s'assied.)

BENOIT

Je vais en ce moment dans un des plus opulents hôtels du faubourg Saint-Germain.

BLANCHARD

Ah !

BENOIT

Oui, je fréquente beaucoup les hôtels du faubourg... nous y parlons de nos espérances...

ADOLPHE

Vous êtes donc maintenant légitimiste ?

BENOIT

Puisque me voilà comte, je prends les opinions de ma caste... noblesse oblige. Mais amitié oblige aussi, et je n'ai pas voulu passer devant votre maison sans vous présenter mes civilités à votre retour de la campagne.

BLANCHARD

Vous êtes trop aimable.

#### BENOIT

J'y ai passé moi-même quelques jours... au château de la Taupinière... chez le baron de la Taupinière, avec sa tante la comtesse de la Tabletterie. Je vais même la prendre de ce pas pour l'accompagner au sermon du père Ambroise, qui doit prêcher contre les spectacles.

#### BLANCHARD

C'est fort bien.

#### BENOIT

Nous irons ensuite au Théâtre-Italien assister au début d'un *primo-basso cantante* qu'on dit très remarquable.

#### BLANCHARD

Vous alliez donc le sacré au profane?

#### BENOIT

Parfaitement. La comtesse n'y manque jamais : le jour à l'église, le soir au spectacle.

#### BLANCHARD

Je m'étonne pourtant...

#### ADOLPHE

Oh! mon Dieu! il n'y a peut-être au fond de tout cela ni dévotion ni amour de théâtre, mais une occasion de faire deux toilettes.

#### BLANCHARD

Mais vous, monsieur Ben... monsieur le comte, quel agrément y trouvez-vous ?

#### BENOIT

Aucun. La musique m'ennuie... la musique italienne surtout... je préfère infiniment celle de l'opérette... elle a plus de bouquet... Et puis, j'avoue que je n'aime pas énormément les pièces où je ne comprends rien... Mais que voulez-vous? Noblesse oblige... on se doit à ses aïeux.

#### ADOLPHE

Vous avez donc des aïeux?

#### BENOIT

Beaucoup... Un savant, premier secrétaire de la société héraldique, a dressé ma généalogie, et il a découvert que j'avais eu des ancêtres aux croisades.

#### BLANCHARD

Bah ! je ne m'en serais jamais douté.

#### BENOIT

Ni moi non plus. Voyez pourtant à la souche de l'arbre... (*Il se lève, deploie un grand parchemin et désigne un nom.*) Godefroy ! Tableau précieux qui prouve l'antiquité de ma race ! Ça m'a coûté gros !... mais quand on a le moyen...

#### ADOLPHE

Je suis sûr que s'il avait poursuivi ses recherches, votre savant vous aurait trouvé des ancêtres parmi les guerriers du siège de Troie...

#### BENOIT

C'est précisément ce qu'il m'a proposé ; il m'a même parlé d'un nommé Thersite avec qui j'aurais un air de famille ; mais il eût fallu y mettre le prix... D'ailleurs, les croisades me suffisent pour le moment... on doit être modeste... (*A Blanchard, montrant le parchemin.*) Comment trouvez-vous mes armoiries?

#### BLANCHARD

Très belles.

#### BENOIT

N'est-ce pas ?... Trois tours de gueules, sur champ d'argent, avec pas mal de merlettes... et en bas, une devise en grec : *Audaces fortuna juvat !*...

#### BLANCHARD

Comment... en grec? *Audaces !*...

#### BENOIT

Oui... Ça ne se comprend pas très bien... mais je la

ferai changer pour celle-ci : *A bon vin, pas d'enseigne..* C'est au moins en français... cela signifie noblesse incontestable... de premier cru... *A bon vin, pas d'enseigne !*

ADOLPHE

Et puis, c'est un souvenir du passé dont vous êtes si honorablement sorti, de votre ancien état de marchand de vin...

BENOIT

Comment! mon ancien état de marchand de vin?... Sachez, monsieur, que je n'ai jamais été marchand de vin, jamais.

ADOLPHE

Cependant...

BENOIT

J'ai été directeur général d'une société œnophile. Et encore si peu de temps que c'est à peine si je m'en souviens.

LE DOMESTIQUE, *annonçant.*

Monsieur le docteur Péritoine père et monsieur le docteur Péritoine fils.

(Blanchard fait signe de les introduire ; le domestique disparaît.)

BENOIT

Ce sont mes voisins... Il y a longtemps que je ne les ai rencontrés : quand on fréquente le faubourg...

## SCÈNE IV

Les Mêmes, M. PÉRITOINE, THOMAS PÉRITOINE

M. PÉRITOINE, *à Blanchard.*

Mon cher Blanchard. (*Il salue, s'adressant à Benoît.*) Comment allez-vous, mon cher Benoît ?...

BENOIT, *à part, d'un air mécontent.*

Benoît! (*Haut.*) Très bien!... (*Péritoine va causer avec Blanchard.*) (*A part.*) Benoît! (*Furieux.*) Benoît!

THOMAS, *à Benoît, à part, après avoir serré la main d'Adolphe.*

Bonjour, monsieur le comte...

BENOIT, *avec empressement, serrant la main à Thomas.*

Bonjour, cher ami... Comment vous portez-vous?

### THOMAS

Assez bien. .

### BENOIT

Et quoi de nouveau, mon bien-aimé disciple d'Hippocrate? avons-nous passé notre thèse?

### THOMAS

Il y a deux jours. Veuillez me permettre de vous adresser l'hommage...

(Il lui remet une brochure épaisse.)

BENOIT, *lisant le titre.*

*Prophylaxie de la céphalalgie...* Je la lirai, mon ami, je la lirai avec le plus vif intérêt.

### THOMAS

Merci de votre bienveillance; c'est un modeste travail... Remarquez qu'il a cent quatre-vingt-huit pages, monsieur le comte.

BENOIT, *à part.*

Monsieur le comte! Il est charmant... il sera mon médecin... (*Haut.*) Adieu, messieurs, je suis attendu au faubourg, chez la comtesse de la Tabletterie...

(Il salue d'un air de protection.)

ADOLPHE, *à Blanchard pendant que Benoît prend congé de M. Péritoine et de Thomas.*

Et bien! mon oncle, n'est-ce pas M. Jourdain? vous allez avoir maintenant MM. Diafoirus père et fils.

## SCÈNE V

BLANCHARD, ADOLPHE, M. PÉRITOINE, THOMAS PÉRITOINE. Ces deux derniers ont des chapeaux larges et des cheveux longs; M. Péritoine parle d'un ton grave et composé.

M. PÉRITOINE, *bas à Thomas.*

Voyons, Thomas, demande des nouvelles de mademoiselle Cécile... puisque nous avons décidé que tu devais l'aimer.

THOMAS

Ah! c'est vrai. (*A Blanchard.*) Comment se porte mademoiselle Cécile?

BLANCHARD

Fort bien... (*Se reprenant.*) Non... elle a un peu la migraine.

THOMAS

Ah! je suis désolé! (*Avec empressement.*) Si mes soins...

BLANCHARD

Merci... ce ne sera rien.

ADOLPHE, *à part.*

Surtout s'il ne s'en mêle pas.

M. PÉRITOINE, *s'asseyant.*

Je viens, mon cher Blanchard, vous présenter mon fils, docteur depuis deux jours, et qui désire vous faire hommage de sa thèse. (*A Thomas.*) Voyons, Thomas...

THOMAS, *présentant sa thèse.*

Permettez-moi, monsieur, de vous offrir cet opuscule...

M. PÉRITOINE

Cent quatre-vingts pages!...

THOMAS

Cent quatre-vingt-huit, papa.

BLANCHARD

Je vous félicite, monsieur...

(Il fait asseoir ses visiteurs.)

M. PÉRITOINE

Sa réception a sonné pour moi l'heure de la retraite... Dès à présent, je me retire et lui cède mon cabinet ainsi que mon fonds de malades... Je suis sûr qu'il ne me fera pas regretter.

THOMAS

Oh si, papa!..

M. PÉRITOINE

Et je prends la liberté de vous le recommander pour vous et pour vos amis.

ADOLPHE, *bas à Blanchard.*

Pensez-y surtout pour vos ennemis.

(Il feuillette un album.)

M. PÉRITOINE **

« D'ailleurs, je connais trop sa docilité et sa modestie
» pour n'être pas certain qu'il écoutera les conseils de
» ma vieille expérience.

BLANCHARD

» Modeste et savant... mais c'est un phénix, et je
» vous félicite, monsieur, d'avoir un garçon pareil.

M. PÉRITOINE

» Monsieur, ce n'est pas parce que je suis son père,
» mais je puis dire que j'ai sujet d'être content de lui.
» Il n'a jamais été un de ces étudiants éveillés, ardents
» discoureurs, se passionnant pour la poésie, la littéra-
» ture, la politique et autres billevesées. On l'a toujours

---

* Adolphe, Blanchard, Péritoine, Thomas.
** Le passage guillemeté peut se supprimer à la représentation.

» vu, au contraire, placide et positif, ne s'occupant
» strictement que de son affaire, et ne mettant jamais
» les pieds ni à la Sorbonne, ni aux conférences, ni au
» théâtre. Il professait le plus froid dédain pour les bro-
» chures, les romans et les pièces de comédie, ne lisait
» jamais un seul journal, et ne prenait part à aucune
» préoccupation du moment. Bon! disais-je en moi-
» même, cette indifférence glaciale, cette absence com-
» plète de toute passion est l'indice d'un esprit positif,
» d'une intelligence pratique, et un gage certain qu'il
» saura réussir dans le monde. Aussi, commence-t-il à
» être recherché partout. N'ayant aucune opinion per-
» sonnelle, il plaît à tous les partis et se range toujours
» à l'avis de quiconque parle avec lui ; ce qui est le meil-
» leur moyen de se faire la réputation d'un homme qui
» juge bien. Mais, sur toute chose, ce qui me plaît en
» lui, et en quoi il suit mon exemple, c'est qu'il n'a ja-
» mais voulu rien comprendre ni écouter au sujet des
» prétendues doctrines de notre temps sur le progrès
» des institutions, les bienfaits de l'association, et autres
» absurdes utopies. »

THOMAS, *se levant*.

Dans la thèse que j'ai eu l'honneur de vous présenter, j'ai soutenu, monsieur, le système de mon professeur pour traiter la céphalalgie, contre celui du docteur Trocanter.

ADOLPHE

Il me semble pourtant avoir entendu dire que le système du docteur Trocanter procurait plus de guérisons.

THOMAS

C'est vrai, mais il est moins logique.

(Il se rassied.)

M. PÉRITOINE

La logique avant tout! Et d'ailleurs, quand une des

sommités de la science a inventé un système, ce à quoi lesdites sommités s'ingénient tous les jours, l'honneur médical lui ordonne de persister quand même.

ADOLPHE

Il est seulement fâcheux que les malades fassent les frais de ces expérimentations.

PÉRITOINE

La science ne vit que d'expérimentations.

ADOLPHE

Et c'est le contraire pour le malade.

M. PÉRITOINE

Quant à vous, mon cher Blanchard, je vois à la nuance purpurine de votre épiderme que l'air des champs vous a été salutaire...

(Adolphe feuillette un album.)

BLANCHARD

Assez, docteur, assez; cependant j'éprouve parfois, la nuit, des palpitations...

PÉRITOINE

Ah! sentez-vous en même temps des oppressions dans la région précordiale?...

BLANCHARD

Comment?...

PÉRITOINE

C'est-à-dire, en langue vulgaire, dans le côté gauche de la poitrine?

BLANCHARD

Oui, de fortes oppressions.

PÉRITOINE

Éprouvez-vous aussi une douleur lancinante... dans le muscle coraco-brachial?

BLANCHARD

Quel caraco?

PÉRITOINE

C'est le muscle qui s'attache à l'apophyse coracoïde (*Indiquant le bras à la jointure de l'épaule.*) Ici...

BLANCHARD

Je comprends maintenant.. Oui, une douleur assez vive. (*Il se lève ainsi que ses visiteurs.*) Voulez-vous me tâter le pouls et voir ma langue?

(Il leur montre sa langue.)

PÉRITOINE

Non, vieille méthode. Le *facies*! — Voyons, Thomas, que dis-tu du *facies* du sujet?*

THOMAS

Je dis que le *facies* de monsieur est nervoso-bilioso-anémique.

BLANCHARD

D'après le docteur Caron, je serais bilioso-lymphatique.

PÉRITOINE

Vous avez donc consulté le docteur Caron?

BLANCHARD

Rassurez-vous, mon ami, je ne l'ai pas consulté... c'est lui qué j'ai rencontré dans une soirée, et qui dans la conversation m'a dit...

PÉRITOINE

A la bonne heure... Vous me devez votre confiance entière...

THOMAS

Unique, absolue, exclusive...

PÉRITOINE

Et vous m'appartenez à la vie... à la mort.

BLANCHARD, *se tournant vers Thomas.*

Mais...

---

* Péritoine, Blanchard, Thomas; Adolphe va et vient dans le fond en observant.

THOMAS

A la mort.

PÉRITOINE

Voyons, Thomas.

THOMAS

Je disais donc que le facies dénote un tempérament nervoso-bilioso-anémique. (*Passant la main sous la perruque.*) La palpation de la région crânienne indique une chaleur anormale.

BLANCHARD

Ça vient de ma perruque... que vous avez dérangée.
(*Il cherche à la remettre en place.*)

PÉRITOINE

Maintenant, nous allons procéder à la percussion et à l'auscultation.
(Blanchard se place de profil, Péritoine frappe sur sa poitrine et Thomas écoute, l'oreille sur son dos.)

BLANCHARD

Oh! là! là!

PÉRITOINE

Qu'entends-tu, Thomas?

THOMAS

J'entends des coups.

BLANCHARD, *à Péritoine.*

Vous tapez assez fort pour ça. (*Il s'assied.*) Ouf!

THOMAS

Il y a matité et atonie.

PÉRITOINE

Il faut donc exciter la nervosité par le traitement électrique.
(Il sort de sa poche une petite bouteille de Leyde dont il place le bouton sous la nuque de Blanchard.)

BLANCHARD, *se levant avec un soubresaut.*

Oh là! Qu'est-ce donc?

PÉRITOINE

Le traitement électrique. Nous l'employons beaucoup aujourd'hui. (*Autre décharge électrique et soubresaut de Blanchard.*) J'ai toujours mon petit appareil dans ma poche.

(Il approche de nouveau sa bouteille.)

BLANCHARD, *l'arrêtant.*

Non, non, assez.

THOMAS

J'observe une tumeur à la gorge.

(Il palpe le cou de Blanchard.)

BLANCHARD

Voulez-vous m'étrangler à présent !*

THOMAS

Je palpe une tumeur dans la région du cou. On trouverait à l'autopsie de monsieur une congestion glandulaire. L'autopsie révélerait également...

BLANCHARD

Comment, l'autopsie !... Mais je ne suis pas mort.

ADOLPHE, *bas à Blanchard.*

Cela viendra, mon oncle. (*Riant.*) Vous êtes en bonnes mains.

PÉRITOINE

Tous ces symptômes diagnostiquent parfaitement votre maladie. Voyons, Thomas, *quid ?*

THOMAS

La maladie de monsieur est une périphlegmapneumonie.

BLANCHARD

Ah ! mon Dieu ! d'où vient-elle ?

THOMAS

Elle vient du grec.

ér itoine, Thomas, Blanchard, Adolphe.

#### PÉRITOINE

Très bien !... La médecine moderne a fait dans notre siècle d'immenses progrès : nous en sommes arrivés à nommer toutes les maladies !

#### ADOLPHE

Et à les guérir ?

#### PÉRITOINE

C'est déjà beaucoup de leur avoir donné un nom.

#### BLANCHARD

Et que m'ordonnez-vous ?

#### PÉRITOINE

Le cas est perplexe et complexe. Nous aurions besoin de nous concerter un instant.

#### BLANCHARD

Soit. Nous vous laissons.

ADOLPHE, *bas à Blanchard prenant le volume de Molière.*

Passons dans le cabinet voisin, mon oncle. Vous jugerez par vous-même de la consultation, Molière en main.

BLANCHARD, *à Péritoine et à Thomas.*

A bientôt...

(Ils sortent par la droite.)

## SCÈNE VI

#### M. PÉRITOINE, THOMAS *

#### PÉRITOINE

L'affaire est des plus graves, Thomas, et je suis enchanté de l'accueil que nous a fait M. Blanchard... Sa fille a cent mille francs comptant ; juge combien il serait important pour toi d'être agréé par lui !

---

* Thomas, Péritoine.

THOMAS

Rien ne presse encore.

PÉRITOINE

Comment, rien ne presse!... mais c'est une affaire à enlever... cent mille francs!... Avant de gagner pareille somme il faudra que bien des malades te passent par les mains.

THOMAS

Il en passera, papa...

PÉRITOINE

Hum!... La profession va mal : les gens vont bien ; je crois que de longtemps nous ne pouvons espérer la moindre épidémie, et cent mille francs à prendre de suite...

THOMAS

J'avoue qu'il y a de quoi tenter ; cependant j'aurais peut-être préféré mademoiselle Varnière...

PÉRITOINE

Es-tu fou ? elle n'aura pas trente mille francs!

THOMAS

Je la connais depuis longtemps, et je serais certain de sympathiser avec elle, tandis que c'est à peine si j'ai vu mademoiselle Blanchard.

PÉRITOINE

Sa dot. .

THOMAS

Sa dot est magnifique, je l'avoue ; mais ne faut-il pas avoir surtout égard aux convenances de caractère, à ces sentiments d'affections si nécessaires pour...

PÉRITOINE

Sa dot !

THOMAS

Assurément, cela mérite considération. Toutefois, il me semble que mademoiselle Blanchard...

#### PÉRITOINE
Sa dot !... sa dot !...

#### THOMAS
Oui, c'est vrai : sa dot ! c'est concluant... sa dot !... cela ferme la bouche à tout, et puisque c'est votre désir, nous demanderons, quand bon vous semblera, sa main... et sa dot.

#### PÉRITOINE
A la bonne heure ! Je te vois dans de très bons sentiments... Mais voici Blanchard.

## SCÈNE VII

### Les Mêmes, BLANCHARD, ADOLPHE

#### ADOLPHE, *bas à Blanchard.*
Êtes-vous édifié, mon oncle ?

#### BLANCHARD
Eh bien ! messieurs, vous êtes-vous consultés ?

#### PÉRITOINE
Oui, beaucoup.

#### BLANCHARD, *à Thomas.*
Et qu'avez-vous décidé pour ma maladie ?...

#### THOMAS
Quelle mala... Ah ! papa vous dira...

#### PÉRITOINE
Une plume et de l'encre... (*Il écrit.*) Vous prendrez matin et soir cinq cuillerées de la potion suivante.
*Protoxyde d'hydrogène*... 100 grammes...
*Chlorure de sodium*... 3 centigrammes.

#### ADOLPHE, *à part.*
De l'eau et du sel.

LE DOMESTIQUE, *annonçant*.

Madame Herminie d'Albreuse.

(Il se retire.)

PÉRITOINE

Une cliente à moi.

ADOLPHE *à Blanchard, montrant son volume.*

Une précieuse...

HERMINIE *entre cavalièrement; elle serre la main de tout le monde; elle a un costume fantaisiste et des airs évaporés.*

Bonjour, messieurs... bonjour, docteur... Vous allez bien ?

PÉRITOINE

Parfaitement...

HERMINIE

Et la santé publique, comment va-t-elle ?

PÉRITOINE

On ne peut mieux ; nous avons énormément de malades... mon fils et moi sommes accablés... et nous regrettons vivement d'être obligés de vous quitter... mais le devoir professionnel... accablés !

THOMAS

Accablés !

(Placés l'un derrière l'autre, ils font un salut grave et automatique, et sortent.)

HERMINIE, *à Adolphe.*

Comment ! ce jeune médecin travaille donc aussi ?

ADOLPHE, *souriant.*

A mort !

HERMINIE, *à Blanchard*

Et Cécile? je ne la vois pas, cette chère enfant.

BLANCHARD

Elle est un peu souffrante.

HERMINIE

Ah ! pauvre fillette !

## SCÈNE VIII

### HERMINIE, BLANCHARD, ADOLPHE

#### BLANCHARD

Veuillez vous donner la peine de vous asseoir, madame.

HERMINIE, *regardant la chaise avec son binocle.*

Quand donc changerez-vous votre ameublement, mon ami ? Ceci n'est pas à la mode... c'est moderne. (*Regardant sur les meubles.*) Rien de l'Inde et du Japon... Vous n'êtes pas du tout dans le mouvement, mon cher ! Il vous faut au moins un ameublement Louis XV... le moyen âge est encore mieux. C'est la toquade du jour.

#### BLANCHARD

Toquade !
Herminie s'agite en inspectant le salon. son binocle aux yeux.)

ADOLPHE, *à part.*

Celle-là par exemple est dans le mouvement.

HERMINIE, *s'asseyant et s'adressant à Adolphe.* *

Étiez-vous hier, monsieur Adolphe, à la première du *Droit à l'adultère,* la nouvelle comédie ?

#### ADOLPHE

Non, madame, et vous ?

#### HERMINIE

Vous me le demandez... Une première ! Je suis une assidue, et le *Monsieur de l'orchestre* ne manque jamais de me citer. Du reste, nous avions une salle splendide : la princesse Zoubiska, en costume satin bleu bordé de dentelles, Nini Camusette, le duc Ostrogoff avec Blanche de Velours... enfin tout Paris.

* Adolphe, Herminie, Blanchard.

ADOLPHE

Et la pièce?

HERMINIE

Très bien montée. Pépita, l'étoile du théâtre, a été ravissante au premier acte. Figurez-vous une jupe faille cerise avec un délicieux corsage bronze soutaché d'or. Je l'ai moins aimée au second acte... costume banal, coiffure manquée...

ADOLPHE

Et la pièce?

HERMINIE

Elle s'est relevée au troisième acte, l'acte du bal... des toilettes exquises... Léonie et Angèle... splendides : deux chefs-d'œuvre que leurs costumes, une coupe d'un style !...

ADOLPHE

Mais la pièce ?

HERMINIE

Oh! quant à la pièce elle-même, je ne puis en rien dire : hier je l'ai vue, j'irai l'entendre un de ces soirs.

BLANCHARD

Et vous, chère dame, qui écrivez aussi et faites de la poésie à vos heures, avez-vous, pendant mon absence, sacrifié à la Muse ?

HERMINIE, *riant.*

Oh! la Muse!... il n'en est plus question aujourd'hui. Les neuf sœurs ont de la barbe, et nous les avons répudiées pour arborer l'étendard aux mille couleurs de la fantaisie réaliste. Voici, par exemple, une boutade que j'ai improvisée, il y a quelques jours, et qui a été insérée dans le *Gnome*, revue fantaisiste.

(Elle ouvre un carnet.)

ADOLPHE

Ah! Voyons.

(Ils se lèvent.)

BLANCHARD

Nous sommes tout oreilles.

HERMINIE, *lisant avec prétention.*

LE MATIN

    Der letzte trunk sei nun
    ... Dem Morgen zugebracht!

BLANCHARD

Qu'est-ce que c'est que ça, mon Dieu?

HERMINIE

C'est l'épigraphe... deux vers de Goethe.

BLANCHARD

Mais on ne les comprend pas.

HERMINIE

Ils n'en ont que plus de cachet. (*Elle lit.*)

LE MATIN

    De sa couche blafarde,
    Le matin qui se farde
    Du rose le plus beau,
    Sort...

Vous remarquez que j'ai rejeté *sort* à l'autre vers.

    De sa couche blafarde,
    Le matin qui se farde
    Du rose le plus beau,
    Sort!...

Cela fait image... sort!!

ADOLPHE, *à part, regardant la porte.*

Je voudrais bien faire comme le matin. (*A Herminie, avec douceur.*) Mais il me semble que vous ne respectez guère les règles de la prosodie...

HERMINIE

Oh! la prosodie... nous nous en soucions joliment! Nous sommes au siècle de la poésie indépendante.

ADOLPHE

La poésie indépendante ! Nous avions déjà la morale... de même qualité.

BLANCHARD

Ça se complète.

HERMINIE, *continuant.*
  Sort !... et dans la feuillée
  Gaîment ensoleillée,
  Le rossignol allegretto
  Egrène son concerto !

Toto... rime riche. La richesse de la rime est le principal objectif de l'école moderne.

Voyez-vous Ouranos...

BLANCHARD et ADOLPHE

Ouranos ?... Qu'est-ce qu'Ouranos ?

HERMINIE

C'est le ciel... Un mot grec. La poésie parnassienne emploie les mots grecs : Eros, Zeus, l'Hadès...

(Lisant.)

  Voyez-vous Ouranos de noir en bleu se teindre,
    Et chaque étoile d'or s'éteindre
  Comme s'éteint au souffle un bougeoir allumé ?

ADOLPHE, *avec gracieuseté.*

Un bougeoir ! Voilà du réalisme.

HERMINIE

Le plus pur.

(Elle continue sa lecture.)

  L'effarement profond de l'abîme m'enivre,
  La rosée est sur l'herbe, et sur l'arbre le givre ;
  Le soleil brille comme un grand couvercle en cuivre
    Fraîchement étamé !

ADOLPHE

Bravo ! toujours du réalisme.

HERMINIE

Et que dites-vous de ce vers ?

LE DOMESTIQUE, *annonçant.*

Monsieur Renardot.

ADOLPHE, *à part.*

Mon autre rival.

HERMINIE

Est-ce monsieur Renardot, l'auteur des *Bienfaits de l'Inquisition* ?

BLANCHARD

Lui-même.

ADOLPHE, *à Blanchard.*

Et maintenant, mon oncle, rappelez-vous ce bon monsieur Tartufe.

## SCÈNE IX

### Les Mêmes, RENARDOT

RENARDOT. (*Il a de longs cheveux et la raie au milieu du front. Il tient un parapluie sous le bras, salue avec humilité et parle d'un ton doucereux et béat.*)
Monsieur Blanchard, j'ai bien l'honneur de vous présenter mes très humbles devoirs. (*Saluant Herminie et Adolphe.*) Madame, monsieur... Comment allez-vous ?

BLANCHARD

Parfaitement, je vous remercie.

RENARDOT, *d'un air banal.*

Je suis enchanté. Et mademoiselle Cécile ?

BLANCHARD

Très bien... (*Se reprenant.*) sauf un peu de migraine... elle a la migraine... (*A part.*) J'oublie toujours.

RENARDOT, *du même ton.*

J'en suis désolé. (*A Herminie.*) Et vous, madame?

HERMINIE

Fort bien... merci.

RENARDOT

Tant mieux... Et votre neveu? (*Au moment où Herminie va répondre.*) Tant mieux, tant mieux.

HERMINIE

Je vous rends grâces, monsieur, de tant d'intérêt, et je ne vous dissimulerai pas que je suis enchantée d'avoir aujourd'hui l'occasion de vous féliciter sincèrement sur votre dernier livre : *les Bienfaits de l'Inquisition*. Il est parfait, parfait de tout point.

(On s'assied.) *

RENARDOT

Vous m'accablez de confusion, madame. Je tenais seulement à réhabiliter une grande institution du moyen âge, ce temps bienheureux auquel il serait si désirable de revenir. Le commerce, l'industrie, les découvertes de la science, sont la grande préoccupation de l'époque, et l'homme néglige de plus en plus les intérêts du ciel.

BLANCHARD

Il me semble que les intérêts du ciel doivent au contraire trouver leur satisfaction dans les progrès de l'humanité, et que ce serait calomnier ses volontés que de penser autrement.

RENARDOT

L'histoire est là pour contredire cette opinion, mon cher monsieur Blanchard. Voyez au moyen âge, quel sublime renoncement au pouvoir et aux vils intérêts de ce bas monde...

ADOLPHE

On sait à qui cela profitait... Et malheureusement la

* Adolphe, Blanchard, Renardot, Herminie.

soif du pouvoir tourmentera toujours les exaltés de tous les partis.

### RENARDOT

Oh! mon Dieu, soyez bien assuré que si certains des nôtres désirent le pouvoir, ce n'est certes pas pour le pouvoir lui-même, mais de peur qu'il ne tombe en de méchantes mains. C'est aussi pour désarmer la colère céleste que les vices du siècle ne cessent d'attirer sur nous, témoin les fléaux qui nous frappent... témoin ces inondations...

### ADOLPHE

Ces inondations? Mais permettez-moi de vous faire observer qu'à ce compte, les gens les plus coupables, et même les seuls coupables de la race humaine, seraient les riverains des fleuves débordés, puisque les autres échappent au châtiment. Est-ce votre avis?

### RENARDOT, *se levant et regardant sa montre.*

Il est, monsieur, trois heures et demie... Je dois aller corriger les épreuves d'une nouvelle édition de mon ouvrage, et vous m'excuserez de vous quitter sitôt.

(On se lève.)

### HERMINIE, *à Renardot.*

A propos de publications, avez-vous lu dans le *Gnome* quelques vers fantaisistes sur le *Matin*?

### RENARDOT

Oui, madame, signés *Fantasio*.

### HERMINIE

Comment les trouvez-vous?

### RENARDOT

Détestables.

### HERMINIE, *ulcérée.*

Merci du compliment!

### RENARDOT

Comment! c'était vous,... mille pardons,

HERMINIE, *piquée*.

Oh! mon Dieu! on sait fort bien que vous n'estimez que vos écrits. Belle chose vraiment que cette tentative de ressusciter les abus du passé!

RENARDOT, *très animé*.

Grande merveille que votre poésie et vos poètes, vos philosophes et tous vos littérateurs! Des mécréants, des ânes bâtés qu'on devrait...

ADOLPHE

Quoi! vous êtes dévot et vous vous emportez?

RENARDOT, *doucement à Blanchard*.

C'est par excès de zèle. Après tout je ne suis pas un ange.

HERMINIE

Cela se voit de reste.

RENARDOT

Laissez donc, bas bleu fripé!

HERMINIE

Bas bleu! (*Agitée.*) Oh! mes nerfs... Bas bleu! Tenez, monsieur, je...

RENARDOT

Oui, madame, vous n'êtes qu'une Philaminte doublée d'une Cathos.

HERMINIE

Et vous un Tartufe!

(Elle sort ainsi que Renardot, qui fait un profond salut à Blanchard).

ADOLPHE

Voyez, mon oncle... je ne leur fais pas dire.

(On entend du bruit vers le fond.)

BLANCHARD

Qu'est-ce donc?

ARISTÉUS, *au dehors.*

Vous êtes un détestable observateur, un homme indigne d'être mon collègue à l'Institut!...

BLANCHARD

Tiens, c'est la voix de M. Aristéus, une de nos célébrités scientifiques.

ARISTÉUS

Tu veux te mêler de raisonner, ignorant!

BLANCHARD

Il s'est pris de querelle avec quelqu'un.

## SCÈNE X

ARISTÉUS, BLANCHARD, ADOLPHE

BLANCHARD, *lui serrant la main.*

Qu'avez-vous donc, mon cher savant?

ARISTÉUS

Pardon, mon ami, si je suis ému, mais je sors de chez un de mes collègues de l'Institut, qui demeure sur le même palier que vous... un infâme sectaire de la génération spontanée. Il m'a exaspéré d'une façon!...

ADOLPHE

Calmez-vous.

(Il le fait asseoir.)

ARISTÉUS

La génération spontanée! (*Il se lève.*) Quelle doctrine stupide, effroyable, exécrable!

BLANCHARD, *le faisant asseoir.*

De grâce, mon ami...

ARISTÉUS

Une doctrine condamnée dans tous les domaines de la science physique, chimique, physiologique...

BLANCHARD, *même jeu.*

Mais...

ARISTÉUS, *se relevant.*

Zoologique, entomologique, embryogénique...

ADOLPHE, *se joignant à Blanchard pour le faire asseoir.*

Remettez-vous, monsieur...

ARISTÉUS, *calmé.*

Soit, je suis calme, parfaite... (*Se levant et allant vers la porte.*) Mais, misérable ! il faudrait d'abord que tu démontrasses, que tu constatasses la présence primordiale d'une levûre alcoolique, et tu n'en as pas du tout.

ADOLPHE

Laissez cela...

ARISTÉUS

Tu n'en as pas !

BLANCHARD et ADOLPHE, *voulant le calmer.*

Mais non, il n'en a pas... il n'en a pas !

ARISTÉUS

Pas un atome, pas une molécule !

BLANCHARD et ADOLPHE

Pas une molécule !

ARISTÉUS, *courant vers le fond.*

Tu parles de tes expériences! mais les as-tu faites dans un tube rond ou carré ?... tout est là... tout ! tout ! tout ! (*On entend une légère explosion.*) Bon ! ta machine éclate.. (*Riant.*) Je veux jouir de ta confusion. (*A Blanchard.*) Adieu.

(Il sort en riant.)

## SCÈNE XI

### BLANCHARD, ADOLPHE, CÉCILE

#### ADOLPHE

Cette fois, mon oncle, vous le voyez, c'est Pancrace, du *Mariage forcé*.

#### CÉCILE, *entrant par la gauche*.

Quel est ce bruit ?

#### ADOLPHE

Ce n'est rien, chère Cécile : une querelle de savants, qui prouve la génération spontanée des injures dans leurs cerveaux éminemment fermentescibles. (*A Blanchard.*) Encore un travers signalé par Molière.

#### BLANCHARD

C'est vrai.

#### ADOLPHE

Direz-vous toujours que l'étude de ses comédies est chose frivole ?

#### BLANCHARD

Je me rends.

#### ADOLPHE

Tous ces gens que nous venons de voir ne sont-ils pas ses personnages?

#### BLANCHARD

J'en conviens.

#### ADOLPHE

Et ne peut-on pas proclamer qu'il a fait la comédie de tous les temps? La surface et les costumes ont pu changer, mais le fond reste le même. Nous n'avons parcouru qu'une partie très restreinte de sa riche galerie; que serait-ce si nous avancions encore ? Dites-moi si par exemple son Don Juan est plus sceptique et plus blasé que nos Don Juans modernes qui promènent dans les boudoirs et les casinos leur nonchalance dédaigneuse ; qui, ne sachant rien, ne faisant rien, professent un mépris souverain pour quiconque est instruit et travaille? Jeunesse décrépite, vieillards de vingt ans, qui n'ont rien au cœur, et s'imaginent que les jouissances matérielles doivent être l'unique but de toute leur vie !

BLANCHARD

En effet.

ADOLPHE

Vous avez vu le faux dévot, mais n'y a-t-il pas aussi le tartufe politique, aussi dangereux que lui pour le bourgeois Orgon ; faux libéral qui, par ses exagérations, compromet la vraie liberté comme l'autre la vraie religion?

CÉCILE *

N'avons-nous pas encore ces ruines féodales de nos salons, ces comtesses d'Escarbagnas qui se prélassent dans leur orgueil nobiliaire, et n'ont que morgue et dédain pour tout ce qui n'est pas de leur caste?

ADOLPHE

Ne nous reste-t-il pas aussi ces maîtres fourbes qui savent ourdir les machinations les plus ingénieuses pour piper la fortune d'autrui? Ils ne sont plus à l'antichambre, c'est vrai, mais on les trouve à la Bourse, lançant des affaires véreuses, soutirant des pistoles à l'actionnaire Argante, et se montrant, en un mot, les dignes héritiers de Scapin, leur illustre aïeul. Quant à Alceste, ce héros d'honneur et de sauvage franchise, il est rare, comme au temps de Molière, mais, en revanche, les habiles Philintes qui serrent la main de l'homme qu'ils méprisent, qui sont dévoués à tous les partis... lorsqu'ils ont triomphé,

* Blanchard, Cécile, Adolphe.

et sèment à profusion la fausse monnaie de leurs compliments obséquieux et de leurs éloges menteurs, les Philintes, ces soldats du succès, sont aujourd'hui plus nombreux que jamais.

CÉCILE

N'avons-nous pas toujours des Bélises et des Célimènes ?

ADOLPHE

Et les amoureux ne sont-ils pas encore les mêmes avec leurs dépits passagers et leurs croisades contre les obstacles d'argent qu'on oppose à leur amour ?

BLANCHARD, *souriant.*

Tout à fait les mêmes.

ADOLPHE

Enfin Molière ne vous a-t-il pas aidé à connaître mes deux rivaux, M. Thomas Péritoine qui n'en veut qu'à votre argent, et l'autre qui n'est qu'un hypocrite plein de fiel ?

BLANCHARD

Qu'on ne m'en parle plus ! *

CÉCILE, *posant son bras sur l'épaule de Blanchard*

Petit père... il reste encore un concurrent.

(Blanchard désigne Adolphe en ayant l'air d'interroger Cécile, qui répond par un signe affirmatif.)

ADOLPHE

Serez-vous toujours inexorable ?

CÉCILE, *cajolant Blanchard.*

Mon bon petit papa !

BLANCHARD

Allons, ne faut-il pas, de par Molière, que le Géronte récalcitrant finisse toujours par consentir, et donner à Léandre la main d'Isabelle ?

* Cécile, Blanchard, Adolphe.

ADOLPHE

Que de grâces!... (*Blanchard embrasse sa fille, frappant sur le volume de Molière, qu'il a pris sur un meuble.*) Et maintenant, gloire à celui qui a dessillé vos yeux, au poète dont le génie a marqué le vice d'un stigmate ineffaçable pour le dénoncer aux honnêtes gens des siècles à venir. Gloire à Molière!

ENSEMBLE

Gloire à Molière!

FIN

# MADEMOISELLE PIVERT

COMÉDIE

Représentée pour la première fois, à Paris, sur le *Troisième Théâtre-Français*, le 11 mai 1878.

## PERSONNAGES

| | |
|---|---|
| CHOVEL (60 ans)........ | MM. BARRAL. |
| ERNEST............... | SAINT-MARTIN. |
| ALFRED............... | HERMET. |
| MADEMOISELLE PIVERT.. | Mmes AMÉLIE VILLETARD. |
| MADAME CHOVEL...... | ANNA DEVIN. |
| JULIE (17 ans).......... | LÉONTINE D'OR |
| FRANCINE ............ | MARIE BLANC |
| MARIANNETTE......... | GABRIELLE D'ALNY. |

# MADEMOISELLE PIVERT

## ACTE PREMIER

La scène se passe à Yssingeaux, dans un salon modeste. Au fond, une porte ainsi que de chaque côté au second plan. A droite, une fenêtre. A gauche, une cheminée surmontée d'une glace, et un guéridon sur lequel est une sonnette et tout ce qu'il faut pour écrire. — A droite, une table de jeux ouverte avec deux journaux sur le tapis.

## SCÈNE PREMIÈRE

#### CHOVEL, MADAME CHOVEL, ALFRED

ALFRED, *une rose à la boutonnière.*

Au revoir, mon oncle ; je vous laisse aux deux journaux de la localité : l'*Impartial d'Yssingeaux* et l'*Étoile des Cévennes*, qu'on vient de vous apporter et que vous brûlez de parcourir.

#### CHOVEL

Oh ! rien ne presse.

#### ALFRED

Vous trouverez dans l'*Étoile* mon nouvel article, qui cette fois est d'un raide !...

#### CHOVEL

Tu écris donc dans l'*Étoile?*

ALFRED

Comment vous ignorez que j'y fais l'article *Théâtre?*

CHOVEL, *ouvrant le journal.*

C'est ma foi vrai... signé : Alfred Taillardeau.

ALFRED, *se désignant.*

Le voici l'Alfred Taillardeau.

CHOVEL

Eh bien! j'avoue que je n'avais pas remarqué l'article *Théâtre*. Tu ne seras donc jamais un garçon sérieux!

ALFRED, *avec importance.*

Pas sérieux, un premier clerc de notaire...

CHOVEL

Depuis quand?

ALFRED

Depuis huit jours... chez maître Taxentreau.

CHOVEL

Premier clerc... et quel est le second?

ALFRED

Il n'y en a pas. Mais il ne m'en reste pas moins des loisirs pour mon feuilleton dramatique dans lequel je soutiens contre Casimir Rabillot de l'*Impartial* une polémique des plus violentes.

CHOVEL, *souriant.*

A quel sujet?

ALFRED

Au sujet de mademoiselle Rosa, l'étoile de la troupe, qu'il dénigre indignement au profit de sa rivale, mademoiselle Amanda.

MADAME CHOVEL, *tricotant à droite.*

Et vous vous êtes constitué le champion de mademoiselle Rosa?

ALFRED

Oui, ma tante, casque en tête et flamberge au vent, avec ses couleurs à ma boutonnière. Nous avons du reste chacun notre petite armée à Yssingeaux, les partisans de Rosa et ceux d'Amanda : les *Rosiers* et les *Amandiers.* (*Se désignant.*) Voici le chef des *Rosiers.* Je vais bien vite rédiger mon article pour le numéro de demain. Adieu, ma tante, et bonjour à ma cousine Julie. Elle est donc sortie ce matin ?

CHOVEL

Non, elle prend sa leçon de piano.

ALFRED

Vous lui ferez mes amitiés. Je cours au journal... Adieu.

(Il serre la main de son oncle.)

## SCÈNE II

### CHOVEL, MADAME CHOVEL

CHOVEL

Quelle tête à l'évent que votre neveu Alfred !

MADAME CHOVEL

Un peu léger, mais le meilleur garçon du monde.

CHOVEL

Voyons mes journaux. (*Il en prend un et lit.* « L'É-
» *toile des Cévennes*, journal politique, littéraire, judi-
» ciaire, commercial, agricole et d'annonces. *Corres-*
» *pondance parisienne.* Hier, grande séance à la Cham-
» bre sur la question de cabinet. » Il y en a comme ça tous les mois. — « L'éloquent chef de l'opposition a
» prononcé un discours magnifique. Le ministre lui a
» répondu en balbutiant quelques explications filan-
» dreuses que la Chambre a écoutées avec impatience. »

Sachons maintenant ce que dit son adversaire, l'organe de la sous-préfecture : (*Il lit le second journal.*) « L'*Impartial d'Yssingeaux*, journal politique, littéraire, etc., » comme l'autre. « Hier, grande séance à la Chambre.
» Répondant au chef de l'opposition qui a été d'une fai-
» blesse désespérante, le ministre a obtenu un de ces
» triomphes oratoires qui honorent la tribune fran-
» çaise... » Lequel croire ?

### MADAME CHOVEL

Lisez plutôt les nouvelles locales.

### CHOVEL

Tu as raison. (*Lisant l'Étoile des Cévennes.*) « Le projet
» de construire une halle, place Saint-Babylas, fait hon-
» neur à M. le maire qui en a conçu l'idée; il a obtenu
» à cet égard l'approbation la plus complète de l'opi-
» nion publique. » Passons à l'*Impartial* : (*Il le lit.*)
« Tout le monde voit avec peine le projet qu'a formé le
» maire de construire une halle place Saint-Babylas.
» Espérons que ce fonctionnaire renoncera à cette idée
» qui n'a pas reçu l'assentiment de notre sous-préfet, et
» qui est vivement blâmée par l'opinion publique. »

### MADAME CHOVEL

Ah! çà, il y a donc plusieurs opinions publiques à Yssingeaux?

### CHOVEL

Assurément, chaque journal a son opinion publique à lui... et il la fait parler suivant les besoins de la cause que ses fondateurs ont intérêt à soutenir.

### MADAME CHOVEL

Fort bien. Mais pourquoi vous abonnez-vous à ces deux journaux, l'un dévoué au maire, l'autre au sous-préfet, deux personnages qui sont en si grande opposition depuis trois mois?

#### CHOVEL

Pourquoi? D'abord, par ce motif qu'on ne connaît un peu la vraie situation des choses qu'en lisant deux journaux opposés, sauf à les croire beaucoup plus pour le mal qu'ils disent du parti adverse que pour le bien qu'ils disent du leur; ensuite parce que tout se sait dans notre petite ville, et que je ne voudrais pas me compromettre aux yeux d'une coterie en ne recevant qu'un journal.

#### MADAME CHOVEL

C'est pour cela?

#### CHOVEL

Ne mécontenter aucun parti, voilà ma devise. (*Madame et M. Chovel se lèvent.*)

#### MADAME CHOVEL*

Mais enfin quelles sont vos opinions à vous?

#### CHOVEL

Je n'en ai pas. Comme ça au moins on ne m'accusera jamais d'en changer.

#### MADAME CHOVEL

Ainsi vous ne formez aucun vœu politique?

#### CHOVEL, *confidentiellement.*

Pardon... mon vœu le plus cher... est de devenir percepteur... ici, à Yssingeaux... aujourd'hui surtout que la place devient vacante par la mort de M. Papavert.

#### MADAME CHOVEL

Comment! C'est fini?

#### CHOVEL

Décédé la nuit dernière.

#### MADAME CHOVEL

Aussi bien, tout ce matin, on a sonné les cloches.

---

* Madame Chovel, Chovel.

CHOVEL

C'était pour lui.

MADAME CHOVEL

Hier pourtant on conservait quelque espoir, il y avait eu une grande consultation de trois médecins ; et cependant, il est mort...

CHOVEL

Que vouliez-vous qu'il fît contre trois? (*Avec émotion.*) Pauvre Papavert! Excellent homme!... (*D'un ton naturel.*) Mais voilà bien longtemps qu'il était percepteur. Et maintenant je vais me trouver bien heureux de m'être réservé des protections un peu partout.

MADAME CHOVEL

Il ne faut pas perdre de temps pour agir.

CHOVEL

Le sous-préfet rentre demain dans nos murs, la première visite qu'il recevra sera la mienne.

MADAME CHOVEL

Si vous écriviez aussi à notre député...

CHOVEL

A quoi bon? Je n'ai pas travaillé à son élection. Tu le sais : je ne fais jamais de politique.

MADAME CHOVEL

Et vous avez tort; la politique, c'est les places des autres. Je crains bien que celle de Papavert ne vous échappe, et que vous n'apportiez eucore ici votre négligence habituelle.

CHOVEL

Comment habituelle ?

MADAME CHOVEL\*

Assurément. Ainsi, nous avons notre fille Julie à marier, et vous ne vous en occupez pas plus...

---

\* Chovel, madame Chovel.

CHOVEL

Mais je fais ce que je peux, ma bonne amie. Ne l'ai-je pas toujours conduite au bal que donne la sous-préfecture chaque mardi gras, et qui est comme l'exposition annuelle des jeunes filles à marier ? Suis-je cause si maintenant les maris sont hors de prix, et si l'on ne peut placer sa fille qu'en donnant une indemnité exorbitante à celui qui veut bien vous en exproprier ? Toutefois, j'ai quelqu'un en tête...

MADAME CHOVEL

Moi aussi.

CHOVEL

Ce n'est pas, je l'espère, Alfred, votre écervelé neveu ?

MADAME CHOVEL

Assurément non. Je le laisse au parti des *Rosiers*. Mon candidat, c'est M. Ernest Morel.

CHOVEL *

Y penses-tu ? Mais c'est impossible. D'abord je crois qu'il doit épouser une de ses cousines qu habite le Puy : mademoiselle Ambroisine de Palonzac.

MADAME CHOVEL

Le bruit en a couru, mais il n'avait rien de sérieux. Je sais qu'il préfère Julie.

CHOVEL

Soit, mais M. Ernest n'a pas de bien.

MADAME CHOVEL

Il est avocat.

CHOVEL

Avocat ! Et qui ne l'est pas aujourd'hui ?

MADAME CHOVEL

En outre, son oncle Dupont le dotera certainement,

* Madame Chovel, Chovel.

car, d'après une conversation que j'ai eue hier avec lui, ce mariage paraîtrait lui convenir beaucoup. Il faut profiter d'une occasion que nous ne retrouverons jamais; songez que Julie est en âge de se marier, et que les partis sont rares.

CHOVEL

Je crois pourtant avoir trouvé celui qui lui convient.

MADAME CHOVEL

Qui donc?

CHOVEL

Un de mes amis de collège... M. Gigobard.

MADAME CHOVEL

M. Gigobard... vous ne pensez pas à son âge!

CHOVEL

Son âge? Mais il est plus jeune que moi... dans la fleur de ses cinquante ans !... un parti excellent et qui réunit toutes les convenances : il est fort riche. C'est d'ailleurs un homme haut placé, intime avec le sous-préfet, et qui peut me faire devenir percepteur!

MADAME CHOVEL

Quand on marie sa fille c'est pour elle, et non pour devenir percepteur. Voici Julie, c'est à elle de décider.

(Julie entre par la porte de gauche.)

## SCÈNE III

Les Mêmes, JULIE, puis MARIANNETTE

CHOVEL *

N'est-ce pas, ma fille, que M. Gigobard est un homme très considéré dans la ville?

* Madame Chovel, Julie, Chovel.

JULIE

Oui, papa.

CHOVEL, *à madame Chovel.*

Ah! tu vois? (*A Julie.*) Et qui ferait un excellent mari pour toi?

JULIE

Non, papa.

CHOVEL

Ah!... Tu conviendras pourtant que sa fortune est considérable. Il pourrait te passer toutes tes fantaisies.

JULIE, *souriant.*

La première fantaisie dans le mariage, c'est d'avoir de l'amour pour son mari... et je doute qu'il puisse me passer celle-là.

CHOVEL

L'amour! voilà le grand mot de toutes ces jeunes têtes... comme si l'amour était chose indispensable! Mais, moi, quand je me suis marié, je ne savais pas du tout ce que c'était... ni ta mère non plus.

MADAME CHOVEL

Pardon, je...

CHOVEL

Mais non, ma chère amie. Quand nos parents nous ont unis, nous nous connaissions à peine... nous n'avions vu que nos portraits en miniature... énormément flattés... l'amour n'est venu qu'ensuite; (*A part.*) et il n'est pas resté longtemps. (*Haut.*) Pourquoi, d'ailleurs, mon ami Gigobard n'obtiendrait-il pas ton affection?

JULIE

Veuillez lui répondre que je lui suis extrêmement reconnaissante de ses sentiments, mais que je ne veux pas me marier. Ne suis-je pas heureuse auprès de vous, mes bons petits parents?

CHOVEL, *l'embrassant.*

C'est bien, si tu es décidée à renoncer au mariage... je n'insiste pas, te voir heureuse est tout mon désir.

MADAME CHOVEL, *à Julie.*

Je suis fâchée de ta détermination, car j'avais de mon côté un parti à te proposer.

JULIE

Ah!

MADAME CHOVEL

Mais puisque tu es si bien résolue... il est inutile que je te parle de M. Ernest Morel.

JULIE

M. Ernest... mon Dieu, ma mère... dites toujours.

CHOVEL

Tu viens pourtant de nous affirmer que tu ne voulais pas te marier.

JULIE

Assurément!... (*Baissant les yeux.*) avec l'autre.

MADAME CHOVEL

Vous voyez!

CHOVEL

Oui, oui, oui.

JULIE

Quant à M. Ernest Morel, je l'ai connu au bal de M. de Beauséjour... il m'a paru d'un charmant naturel... et il m'a demandé de vos nouvelles avec un empressement qui m'a fait plaisir. Je vous assure qu'il vous aime beaucoup.

CHOVEL, *à part, la contrefaisant.*

*Il vous aime beaucoup!...* Petite futée! vous verrez que c'est pour nous qu'elle veut l'épouser.

JULIE, *confidentiellement à madame Chovel.*

Que s'est-il donc passé, maman, à propos de M. Ernest Morel ?

MADAME CHOVEL

J'ai vu hier son oncle qui m'a donné à comprendre qu'il désirait ce mariage.

JULIE, *avec satisfaction.*

Ah !

Elle rentre dans sa chambre pendant les premiers mots de la scène suivante.)

## SCÈNE IV

MADAME CHOVEL, CHOVEL, puis MARIANNETTE

CHOVEL

Eh bien ! Adélaïde... tu triomphes ! l'aveu de Julie m'a décidé complètement.

MADAME CHOVEL, *tendrement.*

Ah ! Népomucène !...

CHOVEL

Adélaïde !

MADAME CHOVEL

Tous ces projets me rappellent le jour où vous vîntes vous présenter à mes parents...

CHOVEL

Oui, il y a vingt-cinq ans.

MADAME CHOVEL

Vingt-cinq ans... c'est impossible !

CHOVEL

Il y a eu vingt-cinq ans aux vendanges dernières.

#### MADAME CHOVEL

L'entrevue fut charmante... vous me promettiez d'être esclave de toutes mes volontés, de mettre votre bonheur à satisfaire tous mes caprices... et, trois jours après, nous nous disputions déjà.

#### CHOVEL

Il faut bien passer le temps. Pendant la lune de miel, on se boude parfois un peu, pour s'aimer beaucoup ensuite.

#### MADAME CHOVEL

Mais plus tard, on se boude beaucoup pour ne s'aimer qu'un peu. Ah! Népomucène!

#### CHOVEL

Adélaïde!... ce souvenir de la lune de miel! (*Il pousse un soupir, et après avoir tiré de sa poche un grand mouchoir à carreaux rouges, s'essuie les yeux; Madame Chovel s'attendrissant de son côté, il éponge les yeux de celle-ci, qui, à son tour, sort son mouchoir et essuie les yeux de son mari.*) Ma colombe!

#### MADAME CHOVEL

Mon cœur! Ah! (*Ils s'embrassent.*) Mais laissons cela pour songer avant tout au mariage de notre Julie. Pour moi, je le considère comme accompli. J'écrirai aujourd'hui même à mademoiselle Angéline Pivert, au Puy, pour lui annoncer confidentiellement cette bonne nouvelle, et lui dire de préparer sa robe de noce.

#### CHOVEL

Comment! tu veux convier mademoiselle Pivert?

#### MADAME CHOVEL

Certainement.

#### CHOVEL, *avec humeur.*

A quoi bon? Une vieille fille que je déteste!

(*Il geint.*)

MADAME CHOVEL

Avez-vous oublié les relations que nous avons eues avec elle ? Il y a deux ans à peine que mademoiselle Pivert habite le Puy. Elle demeurait auparavant à Yssingeaux et nous la recevions quelquefois. Il faut absolument l'inviter... (*Accentuant.*) C'est une amie de la maison !

CHOVEL, *hochant la tête.*

Une amie de la maison...

MADAME CHOVEL

Et aussi un peu notre parente...

CHOVEL

Allons donc !

MADAME CHOVEL

Certainement, puisqu'elle est la fille de la belle-sœur de la nièce...

CHOVEL

De votre cousine.

MADAME CHOVEL

C'est cela même. Et s'il nous arrivait de l'oublier dans les invitations, elle nous en voudrait à la mort : vous savez comme elle est susceptible, rancunière...

CHOVEL

Oh ! si nous énumérons tous ses défauts, ce sera bien long !

MARIANNETTE, *annonçant.*

M. Ernest Morel.

MADAME CHOVEL, *avec empressement.*

Faites entrer.

(Madame Chovel va prévenir Julie ; on rétablit à la hâte de l'ordre dans le salon. Julie se regarde dans la glace et range sa toilette et ses cheveux. Entre Ernest.)

## SCÈNE V

JULIE, ERNEST, MADAME CHOVEL, CHOVEL

CHOVEL, *très empressé, à Ernest.*

Bonjour, cher monsieur...

(Ernest salue tout le monde.)

MADAME CHOVEL, *avec empressement.*

Bien heureuse de vous voir. (*Présentant une chaise.*) Prenez donc la peine...

CHOVEL, *présentant aussi une chaise.*

De vous asseoir. Comment va M. Dupont?

MADAME CHOVEL

Votre excellent oncle. (*On s'assied.*)

ERNEST

A merveille, je vous remercie. Il donne ce soir une petite sauterie tout à fait intime, et m'envoie à vous pour vous prier d'y assister.

MADAME CHOVEL

M. Dupont est mille fois trop aimable. J'irai avec Julie.

ERNEST

Nous en serons très heureux. (*S'adressant à Julie.*) J'espère que mademoiselle Julie voudra bien nous procurer le plaisir de l'entendre au piano, et nous jouer quelques-unes de ces fantaisies qui nous charment toujours.

JULIE

Très volontiers, certaine d'avance de trouver beaucoup d'indulgence auprès de vous.

(Ernest s'incline.)

CHOVEL

Son professeur de musique en est très satisfait.

MADAME CHOVEL

Elle joue des difficultés et fait plus de trois cents notes à la minute...

CHOVEL

Qu'est-ce que tu dis, trois cents notes ! elle en fait bien trois mille. On ne voit pas ses doigts. (*Il agite vivement les siens. Madame Chovel fait de même.*) Ce qui ne l'empêche pas d'étudier les sciences et les belles-lettres. Dernièrement à sa pension, elle a eu le prix de géographie, le prix d'histoire, le prix de circonspection...

(On entend trois grands coups de marteau au dehors.)

MADAME CHOVEL

On frappe en bas.

CHOVEL

Trois coups de marteau... ce doit être pour nous.

DEUX LOCATAIRES, *successivement.*

Qui demande ?

MADEMOISELLE PIVERT

C'est moi.

MADAME CHOVEL, *avec beaucoup d'animation.*

Cette voix ! Mais je la reconnais, c'est celle de notre amie, de mademoiselle Pivert qui nous arrive du Puy.

CHOVEL, *avec dépit.*

Une tuile !

MADAME CHOVEL, *à la porte.*

Mariannette ! Allez ouvrir.

(On frappe encore jusqu'à la réplique d'Ernest.)

VOIX DE LOCATAIRES

Qui demande ? Qui est là ?

8.

MADAME CHOVEL, *allant à la croisée.*

On y va.

CHOVEL

Toute la maison est sens dessus dessous.

ERNEST, *à part.*

Maudit contre-temps !

MADAME CHOVEL, *à Ernest.*

C'est une amie de la maison qui nous arrive... mademoiselle Pivert... Vous l'avez peut-être connue : elle habitait Yssingeaux il y a deux ans.

ERNEST

Je faisais mon droit à Toulouse.

CHOVEL

Elle vient probablement s'installer ici et nous causer beaucoup d'ennuis et d'embarras. (*Ernest fait mine de se retirer.*) Restez, je vous prie, je serais désolé que pour ce motif...

ERNEST

J'ai trop de plaisir à céder à votre invitation pour m'y refuser.

(Il cause avec Julie.)

## SCÈNE VI

### Les Mêmes, MADEMOISELLE PIVERT, MARIANNETTE

Mademoiselle Pivert porte une petite chienne, un tartan, un parapluie rouge et un rond en cuir. Son entrée cause un grand émoi. Chovel, madame Chovel et mademoiselle Pivert lèvent en même temps les bras. Mariannette porte la valise.

MADAME CHOVEL

Angéline !

MADEMOISELLE PIVERT, *embrassant madame Chovel et M. Chovel.*

Adélaïde !... Bonjour, cousin.

ERNEST*, *à Chovel.*

C'est votre cousine ?

CHOVEL

Oui, au dix-septième degré. (*Présentant Ernest.*) M. Ernest Morel, avocat.

ERNEST, *saluant.*

J'ai l'honneur, madame...

MADEMOISELLE PIVERT, *sèchement.*

Mademoiselle, s'il vous plaît !

(Elle lui tourne le dos et va parler à madame Chovel. — Mademoiselle Pivert pose son parapluie au coin de droite.)

ERNEST, *à Chovel.*

Comment elle est...

CHOVEL

Demoiselle... oui... mais nubile... très nubile.

(Ernest va s'asseoir près du guéridon et cause avec Julie.)

MADEMOISELLE PIVERT, *à sa chienne.*

Follette !... dites bonjour... ce sont nos amis. Oh ! comme vous *n'avez* froid ! (*Elle la couvre des plis de son tartan.*) Là... vous ne dites rien... est-ce que vous seriez malade ?... non, n'est-ce pas ? (*A M. et madame Chovel.*) Et vous ? comment vous portez-vous ?

CHOVEL

Très flattés... à merveille.

MADAME CHOVEL

Après une si longue absence, nous la retrouvons donc, cette chère Angéline ! Nous vous en aurions bien voulu si vous n'étiez pas venue directement chez nous.

* Julie, Ernest. Chovel, mademoiselle Pivert, madame Chovel.

CHOVEL, *avec un air subitement gracieux.*

Oh! oui! (*A part.*) C'est moi qui ne lui en aurais pas voulu. Oh! non! (*Se retournant vers mademoiselle Pivert.*) Oh! oui!

MADAME CHOVEL

Vous êtes ici pour quelque temps, n'est-ce pas?

MADEMOISELLE PIVERT

Pour cinq ou six jours.

CHOVEL, *à part, effrayé.*

Ah! saprelotte! (*Haut, d'un air aimable.*) Vous nous donnez bien peu. (*A part.*) Six jours de Pivert! (*D'un air gracieux à mademoiselle Pivert.*) Bien peu!

MADEMOISELLE PIVERT

J'ai seulement à voir mon avoué, M. Chamaillard, pour un procès important. Il aurait été sans doute bien aise que je descendisse chez lui, et sa dame m'aurait reçue de grand cœur, mais j'ai dû penser à vous... et vous donner la préférence.

CHOVEL, *à part.*

Heureux Chamaillard!

MADAME CHOVEL

On va vous préparer une chambre.

MADEMOISELLE PIVERT

Oh! une chose importante, essentielle, c'est que je ne vous cause aucune espèce d'embarras... Je n'accepte votre aimable hospitalité qu'à cette condition! Ne vous gênez en rien, je vous en supplie, en rien!

MADAME CHOVEL

Mariannette, apportez les effets de mademoiselle dans la chambre cerise.

MADEMOISELLE PIVERT

J'aimerais mieux une chambre bleue [1].

CHOVEL

Pourquoi?

MADEMOISELLE PIVERT [*], *avec coquetterie.*

Vous comprenez qu'étant blonde...

CHOVEL, *à part.*

Une blonde qui a tourné au gris.

MADAME CHOVEL

Alors, vous prendrez la chambre qui donne sur la rue Mercière.

MADEMOISELLE PIVERT

La rue Mercière est bien humide ; l'humidité est mortelle à mon tempérament... Follette la déteste aussi. (*A Follette.*) N'est-ce pas, Follette? (*Regardant à droite.*) Tenez... cette pièce me conviendrait assez.

CHOVEL, *à part.*

C'est la plus belle. (*Haut.*) Mais...

MADEMOISELLE PIVERT

Ma chambre ici... (*Elle indique la droite.*) La vôtre là... nous aurons ainsi, chère amie, le plaisir d'être tout près l'une de l'autre. (*A Mariannette, indiquant un coin de la chambre.*) Mettez là ma valise. (*Mariannette obéit. Mademoiselle Pivert s'assied.*) Enfin, je puis goûter un instant de repos... Ne me parlez pas des voyages... j'en suis énervée. Mariannette! Ne manquez pas de me faire pour ce soir une infusion de tilleul mêlé de fleurs d'oranger et en attendant donnez-moi le flacon aux sels.

CHOVEL, *à part.*

Pour ses petits nerfs.

[1] Si l'actrice est brune, lui faire préférer la chambre cerise.
[*] Julie, Ernest, Chovel, mademoiselle Pivert, Mariannette, madame Chovel.

MARIANNETTE, *allant prendre un flacon sur la cheminée.*

Bien, madame.

MADEMOISELLE PIVERT, *la reprenant.*

Mademoiselle! (*A Chovel.*) Voilà tout; ne vous gênez en rien.

CHOVEL, *à part.*

Mais c'est elle qui ne se gêne pas du tout.

MADEMOISELLE PIVERT

La voiture m'a horriblement fatiguée !

MARIANNETTE, *lui présentant le flacon aux sels.*

*Bossègne !...* je crois bien : à votre âge !

(Fausse sortie.)

MADEMOISELLE PIVERT, *outrée, à part.*

A mon âge ! à mon âge ! (*Se levant et appelant Mariannette.*) Mariannette ! (*Mariannette revient.*) C'est l'heure où Follette prend son café au lait; si elle y manquait elle serait malade ! (*A Follette avec mignardise.*) Et faut pas qu'elle soit malade... faut du nanan à petite Follette. Prenez-la, et faites-lui son café.

(Mariannette prend Follette.)

MARIANNETTE

Du café... oh ! pourtant ! (*A Follette.*) Petite gourmande... du café pour toi !

MADEMOISELLE PIVERT, *sèchement.*

Assurément. Ensuite, je vous défends de tutoyer Follette, et d'avoir l'air de vous moquer... cela prouve tout uniment que vous n'avez pas de cœur. Vous le savez, qui n'aime pas les bêtes n'aime pas les gens. (*Impérieusement.*) Allez !

(Mariannette sort. — Comme elle passe près de Chovel, celui-ci donne une petite bourrade sur le museau de Follette.)

MADAME CHOVEL

Ainsi la diligence vous a fatiguée?

MADEMOISELLE PIVERT, *se rasseyant.*

Ne m'en parlez pas... Cinq heures de route et de cahots dans vos montagnes! Et puis, on est serré à étouffer. J'étais dans le même compartiment que le maire et sa dame... ils m'ont engagée à leur faire visite... j'irai demain.

CHOVEL

Ah!...

MADEMOISELLE PIVERT

Nous a-t-il ennuyés avec ses histoires du conseil municipal, ses projets de construction, ses prisons, sa halle... Ah! mes bons amis, il y avait de quoi avaler sa langue...

CHOVEL, *à part.*

Elle n'a toujours pas avalé la sienne!

MADEMOISELLE PIVERT, *se levant.*

Il paraît qu'il est brouillé avec le sous-préfet à propos d'un projet de halle, que chacun d'eux cherche à peser sur le conseil municipal, et que la ville est divisée en deux camps. (*A Chovel.*) Pour qui êtes-vous?

CHOVEL, *à part.*

Moi?... Je ne sais... Certainement le maire est un homme très capable... d'un mérite éminent...

MADEMOISELLE PIVERT

Vous êtes donc pour lui?

CHOVEL

Je ne dis pas d'une manière précise...

MADEMOISELLE PIVERT

Puisque vous le trouvez supérieur au sous-préfet, vous êtes donc contre le sous-préfet, c'est évident. Il y a deux camps : c'est l'un ou c'est l'autre.

CHOVEL

Mais non... je... n'allez pas dire...

MADEMOISELLE PIVERT

Soyez sans crainte. Est-ce que vous me croyez bavarde par hasard ?

CHOVEL

Non ! seulement vous êtes femme, et...

MADEMOISELLE PIVERT, *avec une volubilité croissante.*

Et les femmes sont bavardes, à ce que du moins vous prétendez, messieurs ; sans vous apercevoir que, sous ce rapport, vous nous dépassez de cent coudées. Car enfin, nous n'avons que les conversations de l'intimité dont, sans reproche, vous prenez votre bonne part ; tandis que vous autres vous avez créé une foule de prétextes à vous délier la langue. Vous parlez au Palais-de-Justice, vous parlez à l'Institut, vous criez à la Bourse et dans les réunions publiques. Pourquoi desséchez-vous d'envie de devenir député ou même conseiller municipal, conseiller général, conseiller d'arrondissement, — car, grâce à Dieu, si le pays ne prospère pas, ce ne sont pas les conseillers ni les conseils qui lui manquent ! — pourquoi vos cafés, vos cercles, vos comités, vos sociétés plus ou moins savantes... pourquoi ? sinon pour parler, parler, toujours parler ! Et vous osez accuser les femmes, mais ce sont les anges du silence auprès de vous !

CHOVEL

Je le vois bien !

MADEMOISELLE PIVERT, *bas à madame Chovel, après avoir observé le sourire d'Ernest.*

Comment donc déjà m'avez-vous nommé ce jeune homme qui a l'air de ricaner de ce que nous disons ?

MADAME CHOVEL

Le neveu de M. Dupont, M. Ernest Morel qui vient de passer sa thèse d'avocat à Toulouse... le prétendu de Julie.

MADEMOISELLE PIVERT

Tiens, il y a des projets, et vous ne m'en avez pas fait part !

MADAME CHOVEL

J'allais vous écrire.

MADEMOISELLE PIVERT

Ernest Morel ! Mais attendez donc... on parlait dernièrement au Puy d'un jeune homme de ce nom comme devant se marier avec sa parente mademoiselle Ambroisine de Palonzac.

MADAME CHOVEL

On l'a dit également ici, mais il n'en est plus du tout question.

MADEMOISELLE PIVERT

En ce cas, mes compliments. Combien a-t-il ?

MADAME CHOVEL

Une vingtaine de mille et des espérances.

MADEMOISELLE PIVERT

Oui, c'est-à-dire qu'on espère que l'oncle Dupont mourra bientôt.

MADAME CHOVEL

Vous convient-il ? (*Mademoiselle Pivert fait un signe négatif.*) Il a pourtant l'air fort doux.

MADEMOISELLE PIVERT

L'avez-vous fait jouer aux cartes ?

MADAME CHOVEL

Non.

MADEMOISELLE PIVERT

Alors vous ne le connaissez pas. C'est la pierre de touche du caractère... attendez... je vais tenter l'épreuve... sans avoir l'air... (*A Chovel en montrant la table de jeu.*) Vous avez donc battu les cartes aujourd'hui : je vois la table de jeu ouverte.

#### CHOVEL

Non, mademoiselle; elle est ainsi depuis hier soir, c'était notre jour de soirée.

#### MADEMOISELLE PIVERT

Ah! vous donnez des soirées?

#### MADAME CHOVEL

Tous les mardis; et nous avons beaucoup de monde : nous nous sommes trouvés quelquefois jusqu'à dix personnes !

#### MADEMOISELLE PIVERT

Pour mon compte, au Puy, je fais tous les soirs sans exception ma partie de piquet, c'est un plaisir dont je me suis fait un besoin. Ensuite, la vue seule d'un tapis vert exerce sur moi une tentation irrésistible... Si vous vouliez, monsieur Chovel... (*Bas à Chovel.*) Refusez.

#### CHOVEL

Je me vois forcé de décliner votre offre.

#### MADAME CHOVEL

Nous ne connaissons pas le piquet.

#### CHOVEL

Nous ne pratiquons que la bête hombrée.

#### MADEMOISELLE PIVERT, *à Ernest*.

C'est alors à monsieur que je prendrai la liberté de m'adresser. Seriez-vous assez bon pour me servir d'adversaire?

#### ERNEST

Très volontiers mada... mademoiselle. (*A Chovel en riant.*) C'est drôle, je ne peux pas m'habituer à la trouver une demoiselle.

#### MADEMOISELLE PIVERT, *s'asseyant à droite devant la table de jeu*\*.

Quand vous voudrez, monsieur.

---

\* Julie. Madame Chovel. Ernest. Chovel. Mademoiselle Pivert.

ERNEST

Je suis à vos ordres.

(Il s'assied.)

JULIE, *à part, avec chagrin.*

Quel ennui ! nous causions si gentiment !

(Sa mère vient auprès d'elle. Chovel s'assied au fond entre les joueurs.)

MADEMOISELLE PIVERT, *à Ernest.*

Voyons qui fera ? (*Ils montrent chacun le dessous d'une partie du jeu.*) C'est moi. (*Elle bat les cartes.*) Je vous remercie mille fois, monsieur, de vous être prêté à mon caprice : De cette façon je n'aurai rien à regretter du Puy... Vous connaissez le Puy sans doute? C'est si près...

ERNEST

Beaucoup, j'y ai des parents.

MADEMOISELLE PIVERT

Ah !

ERNEST

La famille de Palonzac.

MADEMOISELLE PIVERT

Excellentes gens, les Palonzac... très considérés dans la ville, et surtout très courtisés en ce moment.

ERNEST

Pourquoi?

MADEMOISELLE PIVERT

A cause de mademoiselle Ambroisine.

(Mouvement inquiet de Julie.)

CHOVEL, *à part avec dépit et se levant.*

Bien ! la rivale de notre Julie.

MADEMOISELLE PIVERT

Il faut avouer aussi qu'elle est véritablement charmante, mademoiselle Ambroisine..., une taille élégante...

JULIE, *allant à mademoiselle Pivert et l'interrompant pour détourner la conversation.*

Ne trouvez-vous pas, mademoiselle, qu'il fait bien chaud?

MADEMOISELLE PIVERT

Mais non. (*A Ernest.*) Les plus beaux yeux du monde...

JULIE, *même jeu.*

Si la chaleur vous incommodait, j'ouvrirais la croisée.

MADEMOISELLE PIVERT

Merci, ma chère enfant. (*A Ernest.*) Un esprit distingué...

MADAME CHOVEL

Il ne faudrait pas vous gêner.

MADEMOISELLE PIVERT, *à Ernest.*

Une éducation...

CHOVEL, *après avoir vu le thermomètre.*

25 degrés! nous avons 25 degrés!

MADEMOISELLE PIVERT

Une éducation...

CHOVEL

Réaumur.

MADEMOISELLE PIVERT

Une édu... (*Les autres l'interrompent en parlant à la fois. Elle bat fiévreusement les cartes.*) Une éducation parfaite!

JULIE

Est-elle agaçante!

(*Elle sort. — Madame Chovel va s'asseoir près de la table de jeu, au fond. — Chovel reste debout, regardant les jeux.*)

## SCÈNE VII

### Les Mêmes, moins JULIE

#### CHOVEL

Pardon... une simple observation... peut-être les cartes sont-elles assez battues ?

#### ERNEST

Veuillez donner, je vous prie.

(Mademoiselle Pivert donne les cartes et veut parler, mais Chovel l'interrompt toujours en disant : )

#### CHOVEL

C'est bien, deux à monsieur, deux à vous, maintenant trois. Ne vous trompez pas...

#### ERNEST

J'annonce cinq cartes, tierce majeure...

MADEMOISELLE PIVERT, *qui a pris un énorme pince-nez.*

Trois as, trois rois...

#### ERNEST

Mille pardons... mais vous ne pouvez avoir trois rois, j'en ai deux.

#### MADEMOISELLE PIVERT

C'est impossible... trois rois, trois...

ERNEST, *montrant deux rois.*

Voyez plutôt.

#### MADEMOISELLE PIVERT

Ah! c'est juste... j'avais pris un valet pour un roi... Trèfle de la dame...

#### ERNEST

Permettez, c'est à moi de jouer.

MADEMOISELLE PIVERT

Pourquoi ?

ERNEST

Puisque vous avez fait.

MADEMOISELLE PIVERT

Enfin, je n'aime pas les discussions... admettons que ce soit à vous.

ERNEST

Mais c'est bien certain.

MADEMOISELLE PIVERT, *impatientée.*

Jouez-vous ?

ERNEST

Carreau... (*Ils font quelques levées.*) Pique.. trèfle..

MADEMOISELLE PIVERT

A moi... cœur... (*Ernest hésite un instant.*) Voyons... prenez-vous mon cœur ?

ERNEST *laisse tomber une carte.*

Jamais de la vie !

MADEMOISELLE PIVERT, *jouant après avoir fait la levée.*

Trèfle du dix...

ERNEST

A moi... (*Il joue le reste de ses cartes.*) carte égale... j'ai eu le point, cinq ; tierce majeure, huit ; et six levées, quatorze.

(Il mêle.)

MADEMOISELLE PIVERT, *se levant un peu et regardant ses fiches.*

Qu'avez-vous marqué là ?

ERNEST

Quatorze points.

MADEMOISELLE PIVERT, *se rasseyant.*

Vous n'avez pas ça... c'est impossible. Vous avez fait

tout au plus dix points. Voyons... je vous ai jeté du cœur, vous ne l'avez pas pris, (*Frappant des mains sur la table et avec volubilité.*) vous avez joué carreau par la dame, j'ai pris par le roi... puis j'ai jeté le neuf de pique... vous avez joué le dix de cœur et le valet, puis votre trèfle est tombé sur le pique, et votre roi est tombé sur le carreau ; ensuite vous avez attaqué cœur, et j'ai dû faire les deux autres levées, parce que j'ai nécessairement mis mon as sur votre roi et mon valet sur votre dix... (*Donnant un grand coup sur la table.*) Comprenez-vous ?

ERNEST, *prenant le jeu et mêlant.*

Je tâche... et pour ne pas vous contrarier, je ne marquerai que dix points. Veuillez couper.

(Il présente le jeu et démarque ses points.)

MADEMOISELLE PIVERT

Pardon, c'est à moi de faire.

ERNEST

Mais je vous demande pardon, car...

CHOVEL, *parlant en même temps.*

Non, c'est à lui, puisque...

MADEMOISELLE PIVERT, *se levant.*

Ah ! assez, de grâce ! voilà dix minutes que nous jouons ensemble, et vous ne faites que contester... Je vois que malheureusement nous n'avons pas la même façon de comprendre le piquet... nous en resterons là, si vous le voulez bien.

ERNEST

De grand cœur.

MADAME CHOVEL, *bas à mademoiselle Pivert.*

Eh bien ?

MADEMOISELLE PIVERT

Un caractère atroce !

MADAME CHOVEL

Cependant...

MADEMOISELLE PIVERT

Vous l'avez bien vu !

ERNEST, *à part.*

Qu'ont-elles donc à se dire tout bas ?

MADEMOISELLE PIVERT, *à madame Chovel.*

Si vous n'êtes pas encore convaincue, je puis renouveler l'épreuve... (*A Ernest.*) Voulez-vous votre revanche à l'écarté ?

ERNEST

Oh ! merci, madame ! (*A part.*) Ah ! bien non ! par exemple. (*A Chovel.*) Je suis obligé de prendre congé de vous. (*Il salue madame Chovel.*) A bientôt, n'est-ce pas ? (*Salut froid à mademoiselle Pivert.*) (*Serrant la main à Chovel.*) Cher monsieur Chovel *.

CHOVEL, *près de la porte.*

Permettez que je vous reconduise.

ERNEST, *l'empêchant de l'accompagner.*

Restez, restez, je vous prie.

CHOVEL

Quelques pas seulement...

ERNEST

N'en faites rien. Laissons, je vous conjure, cette maudite habitude de province qui veut qu'un maître de maison accompagne ses visiteurs jusqu'au bas de l'escalier. (*Serrant les mains à Chovel et l'empêchant de sortir.*) Adieu.

---

* VARIANTE. — La scène suivante peut se supprimer. En ce cas, M. Chovel sortirait avec Ernest en lui disant : — « Je vous accompagne, j'ai à sortir aussi... (*Confidentiellement.*) pour me sauver d'Angéline. (*A mademoiselle Pivert.*) Désolé de vous quitter, mais une affaire importante... désolé. (*A part.*) Ouf ! »

## SCÈNE VIII

### Les Mêmes, moins ERNEST

MADEMOISELLE PIVERT, *à Chovel.*

Vous savez... votre jeune homme ne me va pas du tout !

CHOVEL

Mais il n'est pas pour vous.

MADEMOISELLE PIVERT

Je l'espère bien.

CHOVEL, *à part.*

Lui aussi !

MADAME CHOVEL

Comment, ma chère, il vous déplaît ?

MADEMOISELLE PIVERT

N'avez-vous pas vu tout à l'heure au jeu son entêtement et son humeur batailleuse. Et puis je ne sais où il a l'esprit. Il m'appelle madame ! comme si j'avais voulu me marier.

CHOVEL

Hum ?

MADEMOISELLE PIVERT, *d'un air revêche.*

Non, monsieur, je ne me suis pas laissé prendre, moi... Je n'ai jamais brûlé pour personne.

CHOVEL, *du même air.*

Jamais brûlé ?

MADEMOISELLE PIVERT

Jamais.

CHOVEL, *à part.*

Ce n'est pourtant pas faute d'être sèche !

MARIANNETTE, *tenant un bougeoir et apportant un programme.*

Voici ce que m'a remis pour vous Mathurin.
(Elle remet le papier et sort après avoir allumé les bougies sur la cheminée.)

MADEMOISELLE PIVERT *, *s'asseyant à droite ainsi que madame Chovel.*

Ah! le vieux Mathurin... l'ancien valet de ville... je me rappelle.

CHOVEL, *à mademoiselle Pivert.*

C'est toujours, comme vous voyez, le distributeur d'imprimés...

MADEMOISELLE PIVERT

Qu'est-ce donc qu'il vous apporte ?

CHOVEL

Le programme du spectacle d'après-demain, car nous avons une troupe de comédiens depuis un mois.

MADEMOISELLE PIVERT

Mais il n'y a pas de théâtre à Yssingeaux.

MADAME CHOVEL

On a arrangé pour ça l'ancienne école communale.

CHOVEL

Voyons ce qu'on nous promet : (*Il lit.*) « THÉATRE
» D'YSSINGEAUX. — Direction de M. Florimond, fort
» premier rôle en tous genres des premiers théâtres de
» Paris. — Dimanche prochain : Représentation extra-
» ordinaire. » C'est ce qu'ils donnent ordinairement.
» *La Tour de Nesle*, ou *Les Invitations dangereuses.* —
» *La Rue de la Lune* ou *La Maison à surprises.* Inter-
» mèdes. — Grande tombola, etc. » Fort beau spec-
tacle!... Je vais retenir trois places. (*A mademoiselle Pivert.*) Vous voudrez bien en accepter une.

---

* Chovel. Mademoiselle Pivert. Madame Chovel.

MADEMOISELLE PIVERT *, *avec indignation, en se levant.*

Que j'aille au théâtre, moi ! Sachez, monsieur, que je ne mets jamais les pieds dans ces lieux de perdition !

CHOVEL

A votre aise. (*A sa femme.*) Je cours chercher deux cartes pour les places de parquet. (*A part.*) Et puis je commence à en avoir assez de la Pivert ! (*A mademoiselle Pivert gracieusement.*) Désolé de vous quitter. (*A part avec un soupir.*) Ouf !

(Il sourit de nouveau et sort par le fond.)


## SCÈNE IX

MADEMOISELLE PIVERT, MADAME CHOVEL


MADEMOISELLE PIVERT

Pourvu qu'en chemin, votre mari ne s'arrête pas au café !

MADAME CHOVEL

Pourquoi ?

MADEMOISELLE PIVERT

Je crois me rappeler qu'à l'époque où j'habitais Yssingeaux, il ne dédaignait pas ces foyers de débauche.

MADAME CHOVEL

Le grand mal ! Il y va quelquefois faire sa partie.

MADEMOISELLE PIVERT

Je vois que vous n'êtes pas parvenue à le corriger... On a bien raison de dire que les maris seuls règnent dans le ménage, et que les pauvres femmes n'ont qu'à courber la tête, et à gémir !... (*Elle prise et referme sa*

---

* Mademoiselle Pivert. Madame Chovel. Chovel.

*tabatière en frappant dessus.*) Et vous ne devez pas avoir le caractère facile jusqu'à la faiblesse. C'est comme pour votre servante... Je ne comprends pas comment vous pouvez garder une créature pareille.

MADAME CHOVEL

Mariannette est une brave fille du pays.

MADEMOISELLE PIVERT

Elle vous a un air gauche, lourd, grossier et bête ! Quand je suis arrivée, elle m'a reçue avec une familiarité outrageante, tout comme si j'étais une de ses pareilles. Et puis, vous l'avez vu, ne s'est-elle pas permis de se moquer de ma pauvre Follette, et d'avoir l'air de me tourner moi-même en ridicule ! Je vous le dis franchement, comme le doit faire une véritable amie, ce n'est pas ce qui vous convient du tout, du tout, du tout.

MADAME CHOVEL

Cependant, nous en sommes assez contents...

MADEMOISELLE PIVERT

Vous avez tort. D'abord il ne faut jamais être content : c'est le moyen de gâter le service. Et puis votre Mariannette est impossible. Tenez, une bonne fortune ! Il se trouve que ma servante a justement ici une de ses sœurs, nommée Francine, qui a un genre ! Elle vient de quitter sa place, et quelle place ! Elle était chez madame la baronne de Champavoix qui vient de mourir. C'est dire que Francine est excellente cuisinière... vous savez si la baronne était gourmande ! Enfin, c'est une perle.

MADAME CHOVEL

Nous verrons.

MADEMOISELLE PIVERT, *regardant la pendule.*

Huit heures ! Il est temps que j'aille faire visite à madame Chamaillard.

MADAME CHOVEL

C'est même aujourd'hui son jour de soirée.

MADEMOISELLE PIVERT

Vous comprenez que je suis obligée de lui montrer quelque empressement, ne fût-ce que dans l'intérêt de mon procès.

(Elle met son chapeau.)

## SCÈNE X

MADAME CHOVEL, JULIE, MADEMOISELLE PIVERT

JULIE, *en toilette de soirée.*
Me voilà prête pour la soirée de M. Dupont.

MADEMOISELLE PIVERT
Ah! mon Dieu! Qu'avez-vous donc? Comme vous êtes pâle!

MADAME CHOVEL
Serais-tu indisposée ?

JULIE
Ce n'est rien... (*Elle s'assied dans un fauteuil.*) J'ai un peu mal à la tête, voilà tout. (*A madame Chovel.*) Les contrariétés de tout à l'heure...

MADEMOISELLE PIVERT *lui touche le front.*
Oh ! mais votre front brûle... (*Lui tâtant le pouls.*) Une, deux, trois, quatre... C'est la fièvre ! (*D'un air effrayé.*) Vous avez la fièvre ! (*Elle place un coussin sur les épaules de Julie.*) Là ! penchez la tête... (*Elle va chercher un flacon sur la cheminée.*) Respirez ce flacon...

JULIE
Je vous répète que mon malaise n'a rien de sérieux... Voici bientôt l'heure du bal...

(Elle se lève, mademoiselle Pivert la fait rasseoir.)

MADEMOISELLE PIVERT
Aller au bal ce soir !... Je pense bien que vous ne

parlez pas sérieusement. Sortir en pareil état... (*Allant vers la croisée.*) Et avec la pluie !

JULIE

Madame de Castarol vient de me faire dire qu'elle me prendra dans sa berline.

MADEMOISELLE PIVERT

N'importe. L'air est humide et le froid très vif.

JULIE

Mais si je suis parfaitement rétablie.

(Elle se lève.)

MADEMOISELLE PIVERT, *la faisant rasseoir.*

Vous vous le figurez, parce que vous avez le bal en tête... Il vous faut des soins, de grands soins, car c'est plus grave que vous ne le pensez...

MARIANNETTE

Une voiture est en bas qui attend mademoiselle.

MADEMOISELLE PIVERT

Renvoyez-la. (*Mariannette sort.*) Et revenez me prendre avec une lanterne pour m'accompagner chez madame Chamaillard.

MARIANNETTE, *à madame Chovel.*

Mais...

MADEMOISELLE PIVERT

Voyons, ma chère Adélaïde, aimez-vous votre enfant, oui ou non ? Voulez-vous lui faire commettre une imprudence qui, par la suite, vous mettrait au désespoir ?

MADAME CHOVEL, *à Mariannette avec un peu d'hésitation.*

Eh bien, allez !

MADEMOISELLE PIVERT

Allez !

(Marianne sort')

JULIE, *se levant.*

Cependant...

MADEMOISELLE PIVERT, *la faisant rasseoir.*

Chut ! ne parlez pas !

JULIE, *se levant.*

Mais, maman...

(Mademoiselle Pivert la fait rasseoir en lui recommandant le silence.)

MADAME CHOVEL

Que veux-tu ? Notre amie paraît si convaincue... ce qu'elle nous dit doit nous faire réfléchir. Il ne s'agit que d'une soirée après tout, et il vaut mieux trop de prudence...

MADEMOISELLE PIVERT

Évidemment. D'ailleurs la voiture est partie, et il fait un temps affreux. (*Prenant les mains de Julie.*) Voyons, mon trésor, croyez-en donc votre excellente mère, et résignez-vous à cette petite contrariété. Puisque vous voulez vous marier, vous en verrez bien d'autres ! (*Tâtant le pouls à Julie.*) Une, deux, trois, quatre... la fièvre redouble ! Venez prendre un peu de repos. (*Elle la conduit vers sa chambre à gauche et l'embrasse.*) Ah ! mon enfant ! ma pauvre enfant ! Quel bonheur pour vous que je sois là ! (*Julie et sa mère sortent par la gauche. Au même instant Mariannette paraît une grande lanterne à la main.*) Ah ! vous voici ! Vous allez m'accompagner chez madame Chamaillard. Vous comprenez que je ne puis aller seule le soir dans la rue... Une demoiselle sans défense... et les jeunes gens d'Yssingeaux sont si entreprenants ! Au moins, tenez-vous toujours bien près de moi !

(Elle prend son parapluie, fripe le haut de sa jupe, et sort en se tortillant avec prétention.)

# ACTE DEUXIÈME

## SCÈNE PREMIÈRE

MADAME CHOVEL, puis FRANCINE

MADAME CHOVEL

Mon Dieu ! comme tout est en désordre, ici ! Je commence à me repentir d'avoir congédié Mariannette. Cette perle que m'a tant prônée mademoiselle Pivert, est prétentieuse, susceptible, revêche... Pourtant, il faut que le service se fasse. (*Appelant.*) Francine !
(Francine entre par la gauche.)

FRANCINE *, *d'un ton sec et prétentieux.*

Que y a-t-il donc, madame ?

MADAME CHOVEL

Vous avez oublié de ranger l'appartement.

FRANCINE

Mais c'est l'affaire de la femme de chambre !

MADAME CHOVEL

Eh bien ? C'est vous.

FRANCINE

Je suis cuisinière, madame ; c'est ma spécialité. Dans

---

* Francine. Madame Chovel.

les bonnes maisons où j'ai l'habitude de servir, on a une femme de chambre qui s'occupe des détails domestiques. Ainsi, dans l'hôtel de madame la baronne de Champavoix d'où je sors...

MADAME CHOVEL

Je ne suis pas la baronne de Champavoix, et n'ai pas un monde de gens à mon service.

FRANCINE

Tant pis. (*Fausse sortie* *.) A propos, madame, vous ne m'avez pas encore montré ma chambre ?

MADAME CHOVEL

Vous prendrez celle de Mariannette qui vous a précédée. Ne l'avez-vous pas vue ? Elle est près de la cuisine.

FRANCINE

Ça ? Ce n'est pas une chambre, madame. C'est sombre, c'est étroit, c'est bas, c'est grand comme ma main. Je ne suis pas, Dieu merci, habituée à de pareils réduits, je refuse votre chenil. Ah ! ce n'est pas la baronne de Champavoix qui aurait osé...

MADAME CHOVEL **

Enfin, nous n'en avons pas d'autres. Maintenant, pour le dîner d'aujourd'hui, puisque c'est votre spécialité, vous mettrez une omelette au lard, un hachis de...

FRANCINE

Fi ! madame... de pareils ratas ! Vous vous moquez. Je ne confectionne pas ces choses-là, ce n'est plus de la cuisine, c'est de la popote ! Je vous ferai aujourd'hui des filets de sole printanière, suprêmes de volailles à la béchamelle, plumpudding à la Chipolata.

MADAME CHOVEL

Qu'est-ce que tout cela, mon Dieu ?

* Madame Chovel. Francine.
** Francine. Madame Chovel.

FRANCINE

Oh! je connais mon art!

MADAME CHOVEL

Enfin, quand servirez-vous?

FRANCINE

Quand ce sera prêt. Je vous préviendrai.

MADAME CHOVEL

Sachez pourtant que nous avons l'habitude de dîner à...

FRANCINE

Oh! je n'aime pas qu'on me tourmente quand je suis à mes fourneaux! Vous auriez tort de me prendre pour une de ces apprenties cuisinières qui ont constamment leur maîtresse sur le dos, et qui ne peuvent mettre un grain de sel sans leur agrément. Non, madame, je suis pour la cuisine indépendante.

MADAME CHOVEL

Cependant...

FRANCINE

Patience! Je ne suis ici que d'aujourd'hui. Il faut espérer qu'avec le temps... vous vous ferez à mes habitudes.

MADAME CHOVEL

Comment vos habitudes! C'est un peu fort! Mais... (*Francine tourne le dos et sort par le fond.*) Francine! Francine!

(Mademoiselle Pivert paraît, sortant de sa chambre à droite; elle est coiffée d'un énorme bonnet très écarquillé avec des fleurs jaunes de chaque côté du front. Elle tricote des bas, et pique de temps à autre une aiguille dans ses cheveux.)

## SCÈNE II

### MADAME CHOVEL, MADEMOISELLE PIVERT

MADAME CHOVEL

Eh bien! voilà une servante agréable!

MADEMOISELLE PIVERT

N'est-ce pas que j'ai eu la main heureuse?

MADAME CHOVEL

Joliment! elle ne veut rien faire.

MADEMOISELLE PIVERT

Écoutez : Elle n'est pas encore façonnée à votre service. Ce n'est plus le même que chez la baronne...

MADAME CHOVEL

De Champavoix... je sais... elle me l'a assez dit. Eh! mon Dieu! qu'elle aille donc chez les baronnes et les duchesses!

MADEMOISELLE PIVERT

Ce n'est toujours pas maintenant qu'elle pourrait vous quitter, et laisser les petits profits qu'elle est en droit d'attendre.

MADAME CHOVEL

Quels petits profits?

MADEMOISELLE PIVERT

Vous savez bien que, lorsqu'un mariage a lieu, c'est toujours la servante de la maison qui porte des cornets de dragées aux parents et aux amis, lesquels ne manquent jamais de lui donner une étrenne. Or, comme un mariage va se faire ici, car il paraît que c'est décidé : le jeune Ernest Morel épouse votre Julie...

MADAME CHOVEL

L'affaire a été conclue ce matin, entre mon mari et l'oncle Dupont qui nous a fait visite.

MADEMOISELLE PIVERT

Francine m'en a dit deux mots; mais je n'aurais pas cru que vous vous fussiez tant hâtée. Peut-être eût-il mieux valu attendre encore. Vous avez vu hier le caractère du jeune homme. Enfin, Dieu veuille que mes pressentiments me trompent, et que cette chère enfant soit heureuse! c'est le vœu le plus sincère de mon cœur.

MADAME CHOVEL, *lui serrant les mains.*

Bonne Angéline!

MADEMOISELLE PIVERT, *allant vers la croisée.*

Où donc est votre mari?

MADAME CHOVEL

Il est allé faire visite au sous-préfet.

MADEMOISELLE PIVERT

Ah! venez donc voir! n'est-ce pas M. Delalonde qui traverse la place?

MADAME CHOVEL\*, *se rendant auprès d'elle.*

Précisément.

MADEMOISELLE PIVERT

Est-il assez gourmé et enflé de sa personne! Il y a deux ans, il n'avait pas cet air-là!

MADAME CHOVEL

C'est que, dans l'intervalle, il lui est survenu un héritage qui a triplé sa fortune.

MADEMOISELLE PIVERT

Et alors il croit valoir lui-même trois fois davantage. Vous savez qu'il donne un grand dîner mardi prochain. Vous êtes sans doute invités?

MADAME CHOVEL

Non.

MADEMOISELLE PIVERT

Ah! comment donc a-t-on pu vous oublier? C'est

---

\* Madame Chovel. Mademoiselle Pivert.

inouï! Les Chamaillard sont engagés; il y aura aussi M. Bruneton et sa dame, M Prunelou et sa dame... enfin les trois quarts de la ville. Un dîner superbe, ma chère! On a emprunté les couverts de M. Pinquet, les chandeliers de M. Laridou, la cuisinière de M. Baudruchon; Jérôme le matelassier est retenu pour servir les vins...

MADAME CHOVEL

Ce sera donc une véritable fête!

MADEMOISELLE PIVERT, *qui s'est dirigée vers la croisée et salue de la main.*

Bonjour, chère amie, bonjour.

MADAME CHOVEL

Qui donc saluez-vous avec tant d'empressement?

MADEMOISELLE PIVERT

Madame Colinet, que j'ai revue hier soir chez les Chamaillard... une de mes meilleures amies... quelle toilette prétentieuse! quel chapeau ridicule! et quelle traîne à sa robe... deux mètres au moins! Mais ce n'est plus madame Colinet: c'est madame Colinet prolongée!

MADAME CHOVEL

Toujours coquette, comme vous voyez.

MADEMOISELLE PIVERT

La vanité en personne. Sans cesse préoccupée d'exciter l'admiration : riant pour montrer ses dents, parlant pour faire entendre les douces modulations de sa voix, et marchant pour imprimer les plus séduisantes ondulations à sa charmante personne *.

(Elle la singe gauchement.)

MADAME CHOVEL **

« Elle est pourtant très pieuse, et va souvent à l'é-
» glise.

---

* Mademoiselle Pivert. Madame Chovel.
** Ce passage guillemeté est supprimé à la représentation.

MADEMOISELLE PIVERT

» Oui, pour s'y pavaner encore comme dans un salon.
» Elle est là, bien en vue, langoureusement agenouillée
» de manière à se cambrer la taille, et s'accoudant sur
» le dossier de sa chaise de façon à montrer sa blanche
» main couverte de bagues, les anneaux de ses brace-
» lets et les flots de dentelle qui tombent de ses manches.
» Tantôt, saisie de componction, elle plonge son visage
» dans les plis d'un mouchoir brodé, et pousse des sou-
» pirs de colombe pâmée; tantôt elle lève les bras au ciel,
» non pour regarder le ciel, mais pour qu'on regarde ses
» yeux. Enfin, ma chère, croyez bien qu'il y a plus de
» coquetterie que de piété dans ses pratiques dévo-
» tieuses, et que, si elle va souvent au temple, c'est
» pour en être la première idole. »

MADAME CHOVEL

« J'avoue que... »

MADEMOISELLE PIVERT

Ce qui ne l'empêche pas d'avoir ses péchés mignons et d'être pincée, revêche, envieuse... et mauvaise langue, ah!... Elle n'est restée qu'un instant chez les Chamaillard, et elle n'a cessé de déblatérer sur le tiers et le quart. A part ça, du reste, une excellente personne que j'aime beaucoup, mais beaucoup !

(Entre Ernest annoncé par Francine.)

## SCÈNE III

Les Mêmes, ERNEST

ERNEST [*], *après avoir salué madame Chovel.*

Nous avons été hier soir, madame, bien désolés de

---

[*] Madame Chovel. Ernest. Mademoiselle Pivert.

votre absence, et de la triste circonstance qui l'a motivée. Aussi, dans mon impatience de savoir des nouvelles de mademoiselle Julie, ai-je pris la liberté...

MADAME CHOVEL

Je puis rassurer votre sollicitude, dont je vous suis très reconnaissante. Ma fille est presque tout à fait rétablie.

MADEMOISELLE PIVERT

Oui, monsieur, nous espérons qu'elle sera bientôt remise, avec des ménagements... car il lui faut beaucoup de ménagements... cette chère enfant n'est pas robuste.

MADAME CHOVEL

Mais je vous demande pardon...

MADEMOISELLE PIVERT

Oh! mon Dieu! il en est de même aujourd'hui pour toutes vos jeunes demoiselles. On les élève dans du coton, et le moindre souffle abat leur frêle tempérament. Dans ces conditions, le mariage leur est bien souvent funeste.

MADAME CHOVEL

Quelle idée!

MADEMOISELLE PIVERT

Je désire me tromper, mais...

(Elle prend une prise.)

ERNEST, *à mademoiselle Pivert.*

Veuillez bien croire que je ne voudrais pas pour tout au monde gêner la liberté de mademoiselle Julie...

MADAME CHOVEL

Elle souscrit avec bonheur à nos projets; je puis vous en donner l'assurance.

ERNEST

Je l'espère. Cependant, s'il fallait en croire certains propos...

MADAME CHOVEL

Quels propos, je vous prie?

ERNEST

Ce sont, je l'avoue, de ces caquets de servantes, si fréquents dans les petites villes et qui trahissent tant de secrets. Vous le savez, tous les bruits, toutes les nouvelles, même les plus intimes, ont leur écho, soit au marché, soit à la fontaine de la grande place où nos servantes se réunissent en attendant leur tour.

MADEMOISELLE PIVERT, *avec volubilité.*

Et Dieu sait si elles jacassent! Mon maître est allé ici, ma maîtresse est allée là. Je les crois mal dans leurs affaires, et patati, et patata ..

MADAME CHOVEL, *interrompant.*

Mais...

MADEMOISELLE PIVERT

Oh! je déteste les bavardes!

MADAME CHOVEL

Je vous en prie, permettez à monsieur de préciser...

ERNEST

Eh bien! madame, la servante de mon oncle m'a raconté que votre nouvelle bonne lui avait parlé d'une préférence marquée de mademoiselle Julie pour son cousin M. Alfred Taillardeau.

MADEMOISELLE PIVERT *

Un charmant garçon, Alfred... charmant! (*Bas à madame Chovel.*) A la bonne heure, celui-là!

MADAME CHOVEL, *sans l'écouter.*

C'est impossible! (*Elle agite une sonnette,*) Nous allons connaître la source de toutes ces méchantes histoires...

* Mademoiselle Pivert. Madame Chovel. Ernest.

MADEMOISELLE PIVERT
C'est cela... (*A part.*) Nous aurons du grabuge!
(Elle se frotte les mains et s'assied. Entre Francine.)

## SCÈNE IV

Les Mêmes, FRANCINE

MADAME CHOVEL
Nous voulons de vous une explication...

FRANCINE, *sèchement.*
A quel sujet ? *

MADAME CHOVEL
Qu'avez-vous dit à la servante de M. Dupont?

FRANCINE, *d'un air pincé.*
Moi? je n'ai rien dit, madame, je vous prie de croire que je ne me commets pas avec les servantes, et que je sais garder mon quant à moi. C'est la bonne de M. Alfred Taillardeau que j'ai vue ce matin au marché... et qui a prétendu que... dois-je répéter?...

MADAME CHOVEL
Assurément, je vous ai appelée pour cela.

FRANCINE
Alors, madame, voici ses propres paroles : « Je suis
» bien étonnée que mademoiselle Julie se marie avec
» M. Ernest Morel. J'aurais pensé qu'elle épouserait
» mon maître, M. Alfred Taillardeau, son cousin, plu-
» tôt que ce monsieur Ernest qui ne fait rien... un avocat
» sans ouvrage... » Je répète ce qu'elle m'a dit ; et elle
a ajouté : — « Je crois que mon maître et mademoiselle
» Julie s'aiment beaucoup... je les ai vus *chuchoter* en

* Mademoiselle Pivert, Madame Chovel, Francine, Ernest.

» *catinimi* dans un bal où je portais des rafraîchisse-
» ments. »

MADAME CHOVEL

Pure calomnie! Et vous avez redit ce beau conte à la bonne de M. Dupont?

FRANCINE

C'est bien possible. Je ne me rappelle pas parfaitement.

(On sonne à gauche.)

MADAME CHOVEL

Allez auprès de Julie qui vous appelle.

FRANCINE

Si je l'ai dit... ce que je ne crois pas... c'est bien certainement sans la moindre méchanceté.

(Elle sort.)

## SCÈNE V

MADAME CHOVEL, MADEMOISELLE PIVERT, ERNEST

MADEMOISELLE PIVERT

Oh! pour ça, j'en réponds. De la méchanceté! la pauvre fille n'en a pas plus que moi.

MADAME CHOVEL, *à part.*

C'est déjà pas mal! (*A Ernest.*) Vous voyez, monsieur, que tous ces caquets n'ont rien de sérieux, et j'espère que vous n'y attacherez aucune importance.

MADEMOISELLE PIVERT[*]

Et d'ailleurs, quand bien même il en serait ainsi? Là? voyons; je veux admettre, par supposition, qu'elle aime

[*] Madame Chovel. Mademoiselle Pivert. Ernest.

M. Alfred Taillardeau... un cousin... c'est tout naturel. Faut-il haïr tout le monde, parce qu'on se marie ?

MADAME CHOVEL

Mais...

MADEMOISELLE PIVERT

Et puis cet amour passera... (*A Ernest, d'un air très gracieux.*) Monsieur est assez aimable pour faire oublier tous ses rivaux... même les plus dangereux.

ERNEST, *à madame Chovel.*

J'aime à croire comme vous, madame, ces propos sans fondement. Cependant, quel que soit mon désir d'épouser mademoiselle Julie, je serais désolé si je venais à compromettre son bonheur. (*Saluant.*) Madame, j'ai l'honneur..... (*A mademoiselle Pivert.*) Mada... Mademoiselle...

(Il sort.)

## SCÈNE VI

MADAME CHOVEL, MADEMOISELLE PIVERT, puis FRANCINE

MADEMOISELLE PIVERT, *à madame Chovel.*

Décidément, il est piqué. Quel caractère !

MADAME CHOVEL

Mais aussi pourquoi tous ces absurdes caquets ?

MADEMOISELLE PIVERT

Que voulez-vous ? Pour mon compte, j'ai fait tout mon possible pour vous concilier.

FRANCINE[*], *à madame Chovel.*

Madame, mademoiselle Julie vous demande auprès d'elle.

---

[*] Madame Chovel. Francine. Mademoiselle Pivert.

MADAME CHOVEL

Serait-elle plus fatiguée?

FRANCINE

Oui, madame. J'ai tâché pourtant de la distraire de mon mieux.

MADAME CHOVEL

Comment?

FRANCINE

Je lui ai raconté la visite de M. Ernest, et nos petites explications... pour l'amuser.

MADAME CHOVEL

Oh! vous êtes habile! Je vous fais mon compliment.

FRANCINE, *ironiquement.*

Vous êtes trop bonne, madame.

MADAME CHOVEL

Sotte!

## SCÈNE VII

### FRANCINE, MADEMOISELLE PIVERT

FRANCINE

Est-elle mauvaise! A qui en a-t-elle à présent?

MADEMOISELLE PIVERT

C'est la visite de M. Ernest qui l'a mise de cette humeur.

FRANCINE, *avec curiosité.*

Ah! pourquoi donc?

MADEMOISELLE PIVERT

Si vous aviez vu quelle froideur il nous a montrée!

(*Contrefaisant Ernest*) « Je serais désolé de compromettre le bonheur de mademoiselle Julie. » C'est-à-dire comme il vous plaira... Je ne tiens pas à ce mariage... Et Julie qui semble avoir de l'affection pour son cousin Alfred, n'est ce pas ?

FRANCINE

C'est du moins ce qu'on m'a rapporté.

MADEMOISELLE PIVERT

Son bonheur avant tout ! je lui donnerai un mari de ma main. D'un autre côté, le langage d'Ernest est significatif ; il cherche un prétexte pour rompre. Quelle indignité ! ou plutôt quelle injure pour Julie, pour madame Chovel et pour moi, car je suis de la famille, hélas ! Oh ! je dois prévenir notre honte ! attendez un instant. (*Elle prend son binocle qu'elle place au bout de son nez.*) Attendez, mignonne !

(Elle écrit.)

FRANCINE, *à part.*

Que peut-elle écrire ? (*Cherchant à regarder, elle offre une plume.*) Voici une autre plume, si la vôtre ne va pas... (*Au moment où elle va voir, un mouvement de tête de mademoiselle Pivert la fait reculer. Elle avance un grattoir.*) Voici le grattoir ! (*Même jeu.*) Ah ! elle a fermé la lettre !... je ne pourrai pas savoir...

MADEMOISELLE PIVERT

Ma mie, veuillez porter ceci à M. Ernest Morel... c'est à deux pas, place du Foiral.

(Elle quitte son pince-nez.)

FRANCINE

J'y cours.

(Elle sort.)

## SCÈNE VIII

MADEMOISELLE PIVERT, puis CHOVEL

MADEMOISELLE PIVERT

Oui, j'ai bien fait d'écrire. Il y va du bonheur de Julie et de sa dignité. (*Chovel entre le chapeau incliné sur le front et de très mauvaise humeur. Il a pris une grosse cravate blanche et un habit à queue de morue.*) Grand Dieu! Qu'est-il donc arrivé?

CHOVEL [*]

Il est arrivé que, grâce à vous, je ne serai pas nommé percepteur à la place de Papavert.

MADEMOISELLE PIVERT

Allons, bien! C'est moi qui nomme les percepteurs, maintenant.

CHOVEL

Vous êtes allée hier soir chez votre avoué, maître Chamaillard, n'est-ce pas?

MADEMOISELLE PIVERT

C'est vrai.

CHOVEL

Vous avez prétendu que j'étais pour le maire contre le sous-préfet.

MADEMOISELLE PIVERT

Peut-être bien. Au reste, vous me l'aviez dit, à mon arrivée.

CHOVEL

Et quand je vous l'aurais dit! mais c'est impossible, impossible! Je n'ai jamais montré de préférence pour

---

[*] Mademoiselle Pivert, Chovel.

personne. Mes principes sont connus : je louvoie, je nage entre deux partis.

MADEMOISELLE PIVERT

Si j'en ai parlé, c'est tout à fait confidentiellement. Est-ce que par hasard on l'aurait su ?

CHOVEL

Confidentiellement ! mais c'est tout au long dans la feuille... (*Il tire un journal de sa poche.*) *L'Impartial d'Yssingeaux* qu'on distribue en ce moment, et qui est tout dévoué au sous-préfet (*Il lit.*) « S'il faut en croire cer-
» tains bruits, M. Chovel prendrait le parti de M. le
» Maire et lui apporterait la puissante autorité de son
» nom et de son talent...»

MADEMOISELLE PIVERT

Eh bien ! mais c'est charmant.

CHOVEL

Attendez. (*Continuant à lire.*) « Ce brave M. Chovel
» a donc une opinion ! Qui s'en serait jamais douté ! »
Voyez, voilà que j'ai une opinion ! moi qui voulais me préserver de ça toute ma vie ! Je suis imprimé tout vif ! Le sous-préfet, à qui je viens de faire visite, m'a présenté cette feuille dès que je suis entré. J'ai protesté et demandé l'origine de ces calomnies. C'est alors qu'il m'a parlé de vos conversations chez les Chamaillard.

MADEMOISELLE PIVERT

Mon Dieu ! Comme tout se répète dans votre ville !

CHOVEL

Si vous ne...

MADEMOISELLE PIVERT, *avec animation.*

C'est un peu fort ! me faire une scène, parce qu'on ne veut pas de vous pour percepteur.

CHOVEL

Mais puisque...

MADEMOISELLE PIVERT

Laissez-moi, vous m'excédez. J'ai besoin d'aller prendre l'air : je ne suis pour rien dans votre échec... (*Elle fait claquer l'ongle du pouce sous sa dent.*) pour rien!
(Elle sort par la droite en fermant la porte au nez de Chovel.)

## SCÈNE IX

### CHOVEL, MADAME CHOVEL, JULIE

CHOVEL, *marchant avec humeur.*

Ah! cette femme m'exaspère à la fin! Ça ne peut pas durer... ça ne peut pas durer! (*Entre Julie avec madame Chovel.*) Eh bien! mon enfant, cela va mieux, n'est-ce pas?

JULIE *

Oui, mon père..... un peu d'exercice me fera du bien.

CHOVEL

Ce ne sera qu'une légère indisposition.

JULIE

Indisposition dont mademoiselle Pivert est la cause, grâce aux contrariétés qu'elle m'a fait éprouver.

CHOVEL

Et à moi donc? Elle me rendra malade aussi. Il faut qu'elle parte.

MADAME CHOVEL

Ce n'est pas moi qui la retiendrai.
(Elle va vers la croisée.)

JULIE

Oh! ni moi!

* Madame Chovel. Julie. Chovel.

MADAME CHOVEL

La voilà qui se promène devant la porte... elle a l'air tout agitée.

CHOVEL

Diantre ! méfions-nous... (*D'un air sentencieux.*) La femme s'agite et le diable la mène ! (*A madame Chovel.*) Tu vas la congédier à l'instant.

MADAME CHOVEL

Moi ? Mais c'est plutôt vous que ce soin regarde.

CHOVEL

Non. C'est toi qui es son amie, et à qui nous devons sa bienheureuse visite.

MADAME CHOVEL

Songez-y donc, Népomucène. Vous êtes le maître de la maison, le chef de la famille... Auriez-vous peur d'Angéline ?

CHOVEL, *avec forfanterie.*

Moi ? par exemple !... (*A part.*) Oui, j'ai peur.

MADEMOISELLE PIVERT *dans sa chambre, à droite.*

Follette !... Follette !...

MADAME CHOVEL, *avec effroi.*

La voici !

(Ils reculent tous vers la gauche au premier plan. — Comme ils entendent de nouveau mademoiselle Pivert qui appelle Follette et frappe du pied avec impatience, ils parcourent la scène, Julie tenant la robe de sa mère, Chovel celle de Julie, et ils se réfugient dans la chambre à gauche. Au moment d'entrer, madame Chovel repousse son mari.)

## SCÈNE X

CHOVEL, puis MADEMOISELLE PIVERT

CHOVEL

Elles m'abandonnent à ses griffes ! La louve et l'agneau !

*Mademoiselle Pivert sort de sa chambre, paraît très fiévreuse, et s'approche de la croisée pour respirer à l'aise.*) J'ai entendu dire des plus grands dompteurs qu'ils se présentent toujours de face, appellent le magnétisme à leur aide, et fascinent les fauves en les fixant du regard. Si j'essayais?...

(Il regarde avec fixité mademoiselle Pivert qui s'approche lentement de lui.)

MADEMOISELLE PIVERT

Qu'avez-vous donc? Est-ce que vous louchez maintenant?

(Chovel s'avance en faisant des gestes magnétiques à peine indiqués, et en fixant son regard sur celui de mademoiselle Pivert. Celle-ci recule à mesure que Chovel fait un pas vers elle.)

CHOVEL *très troublé.*

Mademoiselle... ma chère demoiselle... Le Puy est une ville très pittoresque. Elle est surmontée d'un grand rocher... qui porte une grande statue. On y voit des monuments remarquables... une cathédrale des plus curieuses... une superbe place, ombragée de platanes, avec une magnifique fontaine au milieu... tout près se dresse le rocher de Saint-Michel qui...

(Il lève les bras.)

MADEMOISELLE PIVERT

Mais à quel propos?

CHOVEL*, *même jeu que précédemment.*

Yssingeaux... n'a pas ces agréments..., ni rochers, ni statue, ni grande place, ni...

MADEMOISELLE PIVERT, *avec vivacité.*

Enfin, où voulez-vous en venir?

(Chovel fait des gestes magnétiques pour la calmer.)

CHOVEL, *avec douceur.*

Ma chère mademoiselle Angéline..., je sais, pour

---

* Chovel. Mademoiselle Pivert.

mon compte, que si j'avais un choix à faire... j'aimerais beaucoup mieux Le Puy ; et que... si je l'avais quitté... je serais impatient d'y retourner.

MADEMOISELLE PIVERT

C'est-à-dire que vous me renvoyez, ou plutôt que votre femme vous a ordonné de me renvoyer..., car ici, personne n'ignore que c'est elle qui porte les...

CHOVEL

Mademoiselle !

MADEMOISELLE PIVERT

Ma visite lui aura été désagréable (*Avec coquetterie.*) Qui sait ? Peut-être un peu de jalousie...

CHOVEL

Oh ! non, je vous assure. Assurément... elle a été très heureuse de vous voir... ainsi que moi... mais... mais... nous sommes un peu à l'étroit... et...

MADEMOISELLE PIVERT

Vous craignez que je ne sois gênée. Rassurez-vous : je me trouve très bien, et soyez pleinement satisfaits tous les deux. Je consens à rester encore quinze jours.

CHOVEL

Ah !... (*A part.*) Ah ! ça, mais si je continue, elle est capable de se proroger à perpétuité !

# SCÈNE XI

Les Mêmes, MADAME CHOVEL, puis FRANCINE

MADAME CHOVEL, *bas à son mari.*

Eh ! bien ?

CHOVEL, *à voix basse.*

J'y perds mon latin.

MADEMOISELLE PIVERT, *vivement à Chovel.*

Que signifie cela? On se parle à l'oreille en ma présence!

CHOVEL *, *reculant et faisant des gestes pour la calmer.*

Mais non... mais non...

FRANCINE, *entrant, à mademoiselle Pivert.*

Mademoiselle, j'ai remis votre lettre à M. Ernest Morel. Il a dit aussitôt à sa bonne de préparer sa valise.

MADAME CHOVEL, *à Francine.*

De quelle lettre s'agit-il?

FRANCINE *tourne le dos à madame Chovel et s'adresse à mademoiselle Pivert.*

Un instant après j'ai causé avec sa bonne. Elle m'a conté qu'il allait partir pour Le Puy, où il se rendrait chez un monsieur de Palonzac, qui a une demoiselle..

MADAME CHOVEL, *avec animation à Francine.*

Mais pourquoi êtes-vous allée? Francine! (*Francine sort sans répondre. A mademoiselle Pivert.*) Qui le lui a commandé?

MADEMOISELLE PIVERT

C'est moi.

CHOVEL, *à part.*

Ah! On va s'expliquer... j'ai fait mon temps..., sauve qui peut!

MADEMOISELLE PIVERT, *à Chovel d'un ton revêche.*

Eh! bien! vous nous quittez?

CHOVEL

A mon grand regret... mais une affaire... à mon très grand regret! ô Angéline! (*A part, en sortant sur la gauche.*) Oui!

---

* Mademoiselle Pivert Francine. Madame Chovel. Chovel.

## SCÈNE XII

### MADAME CHOVEL, MADEMOISELLE PIVERT

MADAME CHOVEL

Enfin, que signifie ?

MADEMOISELLE PIVERT

Rien n'est plus simple. Quand j'ai vu l'indifférence d'Ernest, quand surtout j'ai entendu ses dernières paroles, je me suis dit que pour le bien de Julie, qui a, paraît-il, une autre affection, un tel mari ne convenait pas le moins du monde. Et avant de recevoir de sa part un refus que son langage faisait pressentir, je me suis hâtée d'écrire que nous avions changé d'avis... que Julie était encore bien jeune... qu'elle aimait mieux attendre encore... enfin, tout ce qu'on dit en pareil cas. De cette façon, le refus est pour lui..., vous voyez que j'ai bien arrangé les choses.

MADAME CHOVEL, *se contraignant.*

A merveille ! Mais de quoi vous mêlez-vous, je vous prie ?

MADEMOISELLE PIVERT

Comment ? Vous consentiriez à marier votre fille à un jeune homme qui lui a montré tant de froideur ?

MADAME CHOVEL

Certainement.

MADEMOISELLE PIVERT

Et alors qu'elle en aime un autre... Allez, Madame, vous n'avez aucun sentiment d'honneur ni de délicatesse*.

MADAME CHOVEL

Elle m'insulte encore ! Mais, enfin, pourquoi tout cela,

---

* Mademoiselle Pivert. Madame Chovel.

pourquoi écrire, pour renverser tous mes projets, et faire ainsi mon supplice ?

MADEMOISELLE PIVERT

Parce que je suis votre amie, Madame ! C'est dans votre intérêt, dans celui de Julie, et pour l'honneur de la famille. Mais voilà ce que c'est que de prendre à cœur les intérêts des gens ! J'ai un défaut, un grand défaut, je l'avoue...

MADAME CHOVEL

Ah !

MADEMOISELLE PIVERT, *se tournant vers le public.*

Celui d'être trop bonne !

MADAME CHOVEL

Laissez donc là votre bonté, devenez plus mauvaise s c'est possible, oubliez votre parenté, et ne soyez pas du tout mon amie, je vous en conjure, au nom du ciel !

MADEMOISELLE PIVERT

Quel est ce langage ? Savez-vous à la fin que vous allez me faire sortir de mon caractère ?

MADAME CHOVEL, *avec beaucoup de vivacité.*

Ah ! comme c'est bien ce que vous pourriez faire de mieux ! Sortez-en donc, et surtout n'y rentrez jamais !

MADEMOISELLE PIVERT

Prenez garde ! si vous continuez, je quitte votre maison, et je vais loger chez madame Chamaillard. Toute la ville le saura, et ce sera une honte pour vous.

MADAME CHOVEL

Comment, si je continue ! Mais votre menace m'y détermine complètement. Oui, Madame, vous...

MADEMOISELLE PIVERT

Mademoiselle, s'il vous plaît !

MADAME CHOVEL

C'est juste. J'oubliais que vous n'avez jamais pu vous

marier, et que le dépit vous a rendue méchante fille. Chez vous, ces sentiments d'affection que la nature met dans le cœur de toute femme pour un mari et pour des enfants, se sont pervertis en jalousie acariâtre, comme un vin généreux qui tourne au vinaigre avec le temps. Vous détestez tout ce qui est jeunesse, talent, beauté, *(S'approchant d'elle et lui parlant au visage.)* parce que vous êtes vieille, sotte...

MADEMOISELLE PIVERT, *l'arrêtant.*

Madame, veuillez vous servir d'expressions parlementaires !

MADAME CHOVEL

Parlementaires ?... mais c'est précisément ce que je fais... En arrivant ici, vous avez introduit le trouble et la discorde.

MADEMOISELLE PIVERT, *avec ironie.*

Et dans quel intérêt, je vous prie ?

MADAME CHOVEL

Je ne vous en suppose aucun. Vous agissez ainsi par instinct, et faire le mal vous donne du plaisir. Maintenant, en ai-je dit assez pour vous déterminer à nous quitter au détriment de ces infortunés Chamaillard? J'ose l'espérer.

MADEMOISELLE PIVERT, *avec animation.*

Je suis au-dessus de vos invectives, Madame. *(Elle prend son parapluie et gesticule en le tenant à la main.)* Je vous ai dit que je voulais sortir de chez vous et que personne au monde ne pourrait m'en empêcher. Adieu, faites des sottises tant qu'il vous plaira, ce ne sera plus moi qui vous tirerai d'affaire. N'essayez pas de me retenir. Adieu !

(Elle sort.)

## SCÈNE XIII

### FRANCINE, MADAME CHOVEL

MADAME CHOVEL, *agitant la sonnette.*

Francine! (*Francine paraît.*) vous allez accompagner mademoiselle Pivert, et l'aider à porter ses effets chez M. Chamaillard.

FRANCINE

Non. Madame, je ne porterai point de paquets dans la rue. C'est l'affaire des domestiques, et non d'une cuisinière. Cela ne rentre point dans ma spécialité.

MADAME CHOVEL

Bien! très bien!... Le joli cadeau que m'a fait là cette Pivert! Vous quitterez aujourd'hui la maison.

FRANCINE

Pas encore, Madame. On ne renvoie pas une bonne, comme un simple fonctionnaire... On lui donne ses huit jours.

MADAME CHOVEL

Je vous les payerai.

FRANCINE

C'est bien.

(Elle sort.)

MADAME CHOVEL

Enfin! Ce soir même, j'enverrai chercher notre brave Mariannette que m'a fait renvoyer cette Pivert. Oh! la mégère!...

## SCÈNE XIV

### CHOVEL, MADAME CHOVEL, puis JULIE

CHOVEL, *passant la tête à travers la porte à gauche.*
Est-elle encore là ?

MADAME CHOVEL
Non. Entrez, Népomucène.

CHOVEL, *entrant.*
Ah !
(Il fait quelques pas, puis, croyant entendre du bruit dans la chambre de mademoiselle Pivert, il court se réfugier dans la sienne.)

MADAME CHOVEL, *le rappelant.*
Mais venez donc, il n'y a plus de danger. Elle est bien dûment congédiée cette fois. Figurez-vous qu'elle a osé écrire...

CHOVEL, *confidentiellement.*
Je sais... j'ai tout entendu... vous avez fait assez de tapage. « On se serait cru à Versailles [*]! » Mes compliments, du reste. Tu as bien fait de me remplacer : un homme n'atteindrait jamais à ces effets-là !
(Julie entre en s'essuyant les yeux.)

MADAME CHOVEL
Elle est partie, mais les traces de son passage sont restées, et le mal qu'elle a fait à notre Julie n'est pas réparé. (*Embrassant Julie.*) Ma pauvre enfant !

[*] Ce mot est supprimé à la représentation.

## SCÈNE XV

Les Mêmes, ALFRED, ERNEST

ALFRED *, *gaiement.*
Victoire! Je vous ramène un fugitif!

ERNEST
Honteux et repentant d'avoir pris au sérieux certaine lettre...

CHOVEL
Mais comment se fait-il ?...

ALFRED
Voici. J'ai rencontré dans la rue mademoiselle Pivert, notre vieille parente, toute frémissante de dépit et de colère. Elle me reconnaît et m'embrasse à plusieurs reprises — cet âge est sans pitié! — Puis, pour épancher ce qu'elle appelle son cœur, et que je nomme son fiel, la voilà qui me conte le sujet de votre querelle, le départ d'Ernest à cause d'une prétendue rivalité avec votre serviteur, etc. Dès qu'elle a fini, je la quitte brusquement pour courir au bureau de la diligence du Puy, car l'heure du départ venait de sonner. Heureusement qu'elle a toujours du retard, comme toutes les diligences qui restent encore en ce bas monde. J'arrive à temps pour trouver Ernest, je lui fais comprendre le peu d'importance qu'il faut attacher aux caquets et aux lettres de notre tout aimable cousine, (*Mettant la main au collet d'Ernest.*) et voici le déserteur que son prétendu rival vous ramène lui-même.

ERNEST
Et qui vous demande pardon d'avoir cédé à un mouvement de dépit.

* Julie, Madame Chovel, Alfred, Ernest, Chovel.

#### CHOVEL

C'est à Julie à prononcer, (*Avec une gravité affectée.*)*
et sa juste sévérité... (*Ernest s'approche de Julie. Celle-ci lui tend la main qu'il embrasse.*) ne tiendra pas longtemps à ce qu'il paraît!

#### ALFRED

A quand la noce, mon oncle?

#### CHOVEL

Au plus tôt. (*A madame Chovel.*) Et toi, Adélaïde, tiens-tu toujours à inviter cette bonne Angéline?

#### MADAME CHOVEL

Ah! bien oui!

#### CHOVEL, *raillant.*

Cependant réfléchis... c'est une amie de la maison!

Madame Chovel. Julie. Ernest. Alfred.

FIN

# CONFÉRENCE

PAR

## M. SAINT-GERMAIN

(DROIT USUEL)

Faite pour la première fois à Paris, sur le théâtre du *Gymnase*, le 13 juillet 1879.

A

## MONSIEUR SAINT-GERMAIN

TÉMOIGNAGE D'AFFECTUEUSE RECONNAISSANCE

ACHILLE EYRAUD.

---

PERSONNAGE

PÉTILLON. . . . .    M. SAINT-GERMAIN.

# CONFÉRENCE*

Au lever du rideau, deux domestiques placent devant le trou du souffleur une table couverte d'un grand tapis qui tombe jusqu'à terre, et sur laquelle se trouve ce qu'il faut pour faire un verre d'eau sucrée. (Musique à l'orchestre.) Pétillon entre timidement par le fond, vêtu de noir, portant des lunettes (sans verres pour ne pas nuire au jeu du regard), tenant son chapeau à la main, un gros code et un vieux parapluie sous le bras. — Démarche incertaine d'un myope. — Après avoir salué plusieurs fois, il dépose son parapluie dans un angle à droite, — non sans avoir longtemps hésité sur le choix d'une place. Puis, il cherche une patère pour accrocher son chapeau, et n'en trouvant pas il en coiffe le manche de son parapluie. Il s'assied ensuite, quitte ses gants, range ses notes, essuie ses lunettes, tousse, puis commence.

MESDAMES ET MESSIEURS,

Vous connaissez l'axiome « Nul n'est censé ignorer la loi. Seulement personne ne la connaît. Si on la connaissait, pourquoi alors les Écoles de droit, où vous êtes censés l'apprendre ? pourquoi (*Se désignant.*) les répétiteurs qui vous l'apprennent ? (*Soulevant un Code de*

---

* Ce monologue, plein d'esprit et d'humour, fut remarquablement interprété par Saint-Germain. Il obtint au théâtre du Gymnase un franc succès de rire, et il est resté une des meilleures créations de l'éminent comédien. — ALTAROCHE.

*grand format.*) Tenez, la voici, la loi : un fort volume de trois kilos. (*Il le prend, le laisse tomber et lit'à la dernière page en approchant ses yeux de très près.*) 1799 pages d'un texte énormément compact ! Et notez qu'il n'y a pas une seule ligne de ce texte sur laquelle les commentateurs soient d'accord. Voilà cette loi que vous êtes censés savoir de naissance !

Les premiers à l'ignorer, ce sont les gens de loi eux-mêmes. Allez au Palais de justice, tâchez de pénétrer dans un de ces étouffoirs qu'on appelle chambres civiles, vous entendrez un avocat s'écrier (*Il se lève et va vers la droite.*), en enfonçant sa toque et en retroussant ses manches : « Les prétentions de mon adversaire sont absurdes, il ne connaît pas la loi ; j'ai pour moi les articles 544, 545, 546, et dix arrêts de la Cour de cassation. » Et alors l'autre avocat, également toqué, se lève à son tour, et riposte en retroussant aussi ses manches : « Mon confrère sait combien je l'aime et je l'estime, mais il est d'une ignorance crasse Il ne connaît pas le Code : j'ai pour moi les articles 547, 548, 549 et quinze arrêts de la Cour de cassation ! » Puis le tribunal décide. Appel est interjeté, et la Cour d'appel infirme le jugement, prouvant ainsi l'ignorance du tribunal. Enfin, arrive la Cour de cassation, qui vient tout casser, comme son nom l'y oblige, et constater que ni le tribunal, ni la Cour d'appel, ni peut-être même la Cour de cassation, car elle se contredit souvent, ne savent cette loi... que nous sommes tous censés connaître ! (*Il va derrière la table et met de l'eau dans son verre.*)

Nous allons donc essayer de l'apprendre, si vous le voulez bien (*Il prend un morceau de sucre qu'il laisse échapper sur le bord extérieur du verre, et qui va tomber dans le trou du souffleur.*), et de nous faufiler ensemble dans le temple, ou plutôt le labyrinthe, de Thémis, — de Thémis qu'on représente une balance à la main et un bandeau sur les yeux. Je n'ai jamais compris ça. Comment, avec ce bandeau, peut-elle se servir de la balance ?

Ça doit la gêner énormément... Pourquoi donc la faire aveugle? Il valait bien mieux la faire sourde : au moins ça supprimait les avocats.

Cela dit, passons au Livre premier. (*Il ouvre le Code et l'approche très près de ses yeux.*) *Des personnes... article...* (*S'interrompant et allant vers la gauche.*) A propos, vous savez que le meilleur moyen de retenir les articles, c'est de les chanter sur des airs connus, suivant la méthode que j'ai inventée, et que j'emploie avec succès dans mes répétitions, comme vous avez pu le voir dans *Bébé*. Mais ce n'est pas le seul moyen de mnémotechnie que j'aie approprié à l'étude du droit. Le secours du chant est sans doute très utile pour se rappeler le texte des articles; mais, pour retenir leurs numéros, — chose si difficile! — j'ai imaginé un autre procédé qui consiste à faire usage des plaisanteries admises au *loto*.

Vous savez qu'à cet aimable jeu, chaque numéro a sa signification : le 4 est *le Chapeau du commissaire*; le 7, *la Pipe à Thomas*; le 11, *les Jambes à mon oncle*; le 22, *les Deux Cocottes*; le 33, *les Deux Bossus*; etc... Eh bien, supposons que vous soyez procureur général, avocat général, enfin n'importe quel magistrat.. général; vous avez un point de droit à discuter, et à citer par conséquent un certain nombre d'articles par ordre de démonstration... les articles 22, 11, 33, 7, par exemple. Comment vous rappeler cette série? Rien de plus simple. Vous composez une phrase dans ce genre : « Il est rare que les cocottes (22) aient les jambes à mon oncle (11), aiment les bossus (33), et fument la pipe à Thomas (7). » Et vous pouvez aller sans inquiétude, en vous écriant : « Oui, Messieurs, la doctrine que je soutiens défie toute contradiction. Elle est démontrée de la façon la plus évidente. la plus péremptoire, la plus irréfragable, par les articles... » (*Parlant très vite et à lui-même*). Il est rare que les cocottes aient les jambes à mon oncle, aiment les bossus et fument la pipe à Thomas... (*Haut.*) « ... par les articles 22, 11, 33 et 7 du Code civil. » Et la Cour est émerveillée de tant de précision.

(Il s'assied.)

Je reprends le Livre *des personnes*. (*Lisant.*) — « *Article* 10 : Tout enfant né d'un Français est Français. » (*Il quitte ses lunettes.*) On a donc la nationalité de son père ; et c'est facile à déterminer, car on a toujours un père... au moins... Toutefois (*Il met un morceau de sucre. Même jeu qu'auparavant.*), l'étranger peut devenir Français, avec garantie du gouvernement. Il s'adresse pour cela au ministre de la justice, qui fait disparaître son caractère d'étranger à l'aide d'un premier lavage qu'on appelle l'admission à domicile (art. 13 du Code civil). Après ce lavage, on le laisse sécher pendant trois ans ; puis on applique la teinture, et l'on en fait un Français tout flambant neuf. Cela se nomme la naturalisation. (Loi du 29 juin 1867.)

Observez cependant que, pour profiter de cette naturalisation, et se trouver Français bon teint, il faut renoncer à toute distinction étrangère, à tout ce qui peut rappeler le pays d'origine (article 18). — Ainsi, l'Anglais devra cesser de dire : « Aoh yes! aoh ! very well! je ne vois pas le moindrement de diffikioulté dans cette chaôse, nô!... » L'Allemand corrigera aussi sa prononciation, — autant que possible, — car malheureusement il lui reste toujours dans le gosier quelque chose de son ancienne patrie. L'Allemand tâchera donc de ne plus dire : « La *chucrûte, le lune et la soleil...* le *pulanger*. Fulez-fus m'acheter un pon lorgnette?... Afez-fus besoin d'argent ? je fus traiterai en ami... trente-cinq du cent seulement. » Le Belge évitera de prononcer des phrases dans le genre de celles-ci : « Bonjour, mossié, enchanté de vous voir, savez-vous? il fait un temps de chien, savez-vous ? et de la boue! On ne peut pas sortir de chez soi sans attraper un tas de cochoncetés après son pantalon! » Le Turc devra s'abstenir d'avoir plusieurs femmes... du moins ostensiblement, etc., etc.

Maintenant, devinez quel est, de tous les étrangers, le plus réfractaire à cette assimilation française ? Eh bien, c'est l'Auvergnat... Oh ! complètement indélébile, celui-là ! Il a beau vous répéter : « Mais fouchtrr... quand je vous guis et je vous reguis que je chuis naturaligea Franchais ! » on ne peut se résoudre à le croire. La Charabie reparaît toujours ; et c'est bien inutilement que ce malheureux porteur d'eau s'est adressé au garde des sceaux. (*Se levant.*) Pourquoi rit-on ? Nous sommes dans l'étude du droit : soyons sérieux, je vous en prie, soyons sérieux !

(Il se rassied.)

Nos droits, Messieurs... (*Il boit et trouve avec stupéfaction que l'eau n'est pas sucrée. — Il l'agite avec la cuiller.*) C'est drôle, ce n'est pas sucré du tout. — Nos droits s'exercent. (*Il met un morceau de sucre.*) au moyen des actions que nous pouvons intenter, notamment des actions civiles Qu'est-ce qu'une action civile ? Naturellement, une action pleine de civilité. Ainsi, en ce moment où j'invoque votre indulgence, je fais une action civile. Si vous voulez bien me l'accorder, ce sera une action civile de votre part, et, si vous y joignez quelques applaudissements, ce sera une action bien plus civile encore... (*Si le public applaudit.*) le comble de la civilité !

Au premier rang de nos droits, brille le droit de propriété. Il vous confère la faculté d'user et d'abuser. Si, par exemple, vous êtes propriétaire d'une douzaine d'assiettes, vous pouvez jongler avec elles, et même en casser quelques-unes, personne n'a rien à dire. Il n'en est pas ainsi de l'usufruit, qui ne vous permet que la perception des fruits et l'usage avec prudence et discrétion. A ce propos (*Il se lève et va vers la droite*), on raconte au quartier latin qu'un jour, dans un examen, le professeur ayant posé cette question à un candidat : (*D'un ton doctoral.*) « Monsieur, une supposition : je suis usufruitier d'un troupeau d'ânes ; quels sont mes droits ? —Vos droits, monsieur le professeur, répondit l'étudiant, c'est d'en user en bon père de famille. » Tête du professeur qui lui donne une boule noire ; mais réponse juste, car elle est textuellement dans le Code, article 601.

(Il va se placer derrière la table.)

Je parle d'usufruit d'animaux, mais observons que, dans certains cas, on peut être considéré comme ayant l'usufruit des personnes. Le mari, par exemple, a envers sa femme toutes les obligations de l'usufruitier. N'est-il pas tenu, en effet, de lui donner des soins, de veiller à son entretien, d'en percevoir... etc.? Un autre droit qui s'exerce aussi à la fois sur les propriétés et sur les personnes, c'est l'hypothèque. Ainsi, on dit d'un individu qui est malade, qui a, par exemple, une forte jaunisse : « Voilà un homme mal hypothéqué! » Dans les deux cas, il y a purge... Le résultat est pour les créanciers. (*Il boit.*) Toujours la même chose !

(Il agite l'eau avec la cuiller.)

\* « Les biens que peuvent frapper les droits de pro-
» priété, d'usufruit ou d'hypothèque, se divisent en
» meubles et immeubles. Parmi ces derniers, se trou-
» vent les immeubles par destination, c'est-à-dire les
» meubles qui sont affectés à un immeuble d'une façon
» si intime, qu on doit les considérer comme en faisant
» partie. Ainsi croiriez-vous que les pigeons sont des im-
» meubles parce qu'ils ont un colombier? Eh bien, c'est
» tout au long dans l'article 524. Une question très con-
» troversée est celle de savoir si les portiers sont aussi
» des immeubles par destination.

» Le moyen le plus agréable d'acquérir la propriété,
» c'est la donation. Il faut pour cela le consentement du
» donateur et du donataire (article 932). Ce consente-
» ment du donataire ne sera pas douteux assurément si
» on lui offre cinquante billets de cinq cents francs ;
» mais, s'il s'agit de cinquante billets des Bouffes-du-
» Nord, il pourra très bien refuser son acceptation.

\* Pour éviter des longueurs, on devra supprimer, à la représentation, les passages guillemetés.

» Est nulle la donation soumise à une condition qu'il
» dépend de la volonté du donateur d'exécuter (article
» 944). Papinianus l'a dit : *Donner et retenir ne vaut*;
» seulement, il l'a dit en latin, dans son ignorance du
» français. — C'est à nos commentateurs qu'est dû l'a-
» dage : *Donner et retenir ne vaut*. Est-ce encore bien
» français ?... Hum !... Enfin je vais vous l'expliquer par
» un exemple. Vous passez devant un café où se trouve
» un de vos amis, qui s'écrie : Quelle chance de te voir !
» Tu vas prendre une chartreuse avec moi. Garçon ! une
» chartreuse pour monsieur. — Voilà, voilà ! une char-
» treuse au cinq ; voyez, Ernest ! voyez au 5 ! — C'est
» vous, le cinq. Vous savez, en effet, que, dans les cafés
» et les restaurants, on n'est pas un homme, on est un
» numéro. Les garçons vous numérotent absolument
» comme des paletots au vestiaire ; ils ne vous attachent
» pas de petits carrés de carton, mais ça viendra. — Er-
» nest apporte donc la liqueur monastique ; votre ami
» prend le verre, fait mine de vous le présenter et...
» l'absorbe d'un trait. Eh bien ! *Donner et retenir ne
» vaut*; la donation ne vaut rien, et, je vous en préviens,
» il ne faudrait pas me la faire. Moi aussi, comme Papi-
» nianus, je la trouverais mauvaise. »

Pensant répondre au désir de mon auditoire, notamment des personnes qui en forment la partie la plus gracieuse, j'aborde un point très important de la législation usuelle : le *mariage*. (*Il agite le liquide et boit.*) — Je n'y comprends rien. (*Il regarde dans le verre.*) Le sucre est pourtant bien fondu ; mais il n'y a que les théâtres pour vous donner des poulets en carton et du sucre qui ne sucre pas ! — Le mariage (*Il met un morceau de sucre.*) est une noble institution, un état plein de charmes, à ce que disent tous les gens... qui ne sont pas mariés. Vous vous souvenez qu'on l'a comparé à une forteresse assiégée : ceux qui sont dehors veulent y entrer, ceux qui sont dedans cherchent à en sortir. A Rome, la chose se célébrait sous les auspices des dieux pénates. Chez nous, les dieux pénates sont remplacés par les dieux notaires... (*Se reprenant.*) les deux notaires chargés de rédiger les stipulations dotales ; car la femme apporte toujours une dot ; c'est une louable habitude qu'elle s'est imposée depuis Ève, qui apporta en dot une pomme à son mari. Une pomme, c'était sans doute une dot assez rondelette, mais bien modeste. Aujourd'hui on ne se contente plus de ça. Que voulez-vous ! Ève n'avait pas de parents pour la doter... La première femme du monde ne peut donner que celle qu'elle a.

Après le contrat, Messieurs, arrive bientôt le grand jour du sacrifi... (*Se reprenant*) de la célébration. Vous vous dirigez vers la mairie avec votre fiancée, mais aussi, hélas ! avec votre belle-mère, à qui vous donnez le bras, et qui, tout le long de la rue, pleure... comme un tonneau d'arrosement. Arrivé à la salle de la mairie, vous la déposez dans un coin... pour la laisser égoutter. Au bout d'un instant, apparaît le maire, le ventre sanglé d'une écharpe. Il vous lit le Code, comme on fait toujours avant d'infliger une peine, et vous condamne à l'union forcée... à perpétuité. — Puis, il passe à un autre couple à qui il applique également la soudure de l'hymen. Malheureusement, la soudure ne tient pas toujours, et ce cas, qui est assez fréquent, est traité dans le chapitre *De la séparation de corps*. — Je ne dirai rien du divorce. On parle de le rétablir, mais c'est une question que son promoteur *n'a qu'e*...ffleurée jusqu'à présent.

Dans certains pays, il existe pour le mari un moyen tout particulier de se séparer de sa femme : c'est de la vendre, avec ses dépendances, au moment où elle est passée à l'état d'objet ayant cessé de plaire. Il va sans dire que, dans ces bienheureuses contrées, les femmes se trouvent naturellement soumises à toutes les fluctuations des valeurs négociables. Tantôt les brunes sont en hausse, tantôt les blondes ; les grandes atteignent plus facilement les taux élevés, les grosses pèsent sur le marché, les très grosses écrasent les cours, et, à la liquida-

tion, elles ont une peine infinie à se faire reporter. « Car
» il y a une liquidation pour les femmes : on les vend
» ferme ou fin courant... avant ou après l'échéance du
» poupon... (*Se reprenant très vite.*), du coupon... du cou-
» pon des actions dotales. »

Chez nous, la femme va souvent au marché, mais jamais pour y figurer comme denrée; et son mari n'a d'autre tribut à espérer d'elle qu'un tribut d'affection. J'entends par affection une tendresse véritable, du fond du cœur, et non cette simili affection qui ne s'épanouit que sur le bout des lèvres, et qui consiste uniquement à roucouler les noms tendres tels que *mon lapin chéri! mon gros loup! mon petit chou!* D'abord tout cela va mal ensemble : le lapin peut manger le chou et le loup manger le lapin ; ensuite ce ne sont que des mots qui ne prouvent rien, et dont il faut même se méfier; car, si la parole a été donnée à l'homme pour déguiser sa pensée, elle a été donnée à la femme pour déguiser ses sentiments. Je n'aimerais pas non plus m'entendre appeler : *mon bibi! mon coco!...* Mon coco... c'est bien fade! (*Entre ses dents et portant les yeux sur le Code.*) Et puis on a sitôt fait d'y changer la dernière lettre! (*Il boit.*) Je m'y perds! (*Il grignote un morceau de sucre.*) C'est pourtant bien du vrai sucre... Je n'aurai peut-être pas mis assez d'eau.

(Il verse de l'eau.)

Pendant le mariage, le père de l'enfant est toujours le mari, au moins d'après la loi (article 312). *Pater is est quem nuptiæ demonstrant.* Ce que je traduis, par ces deux vers faciles à retenir :

> Le vrai père du gosse
> Est celui qu'a fait la noce.

(*Se levant et s'avançant vers la gauche.*) J'en conviens, les mots *gosse*, *faire la noce*, sentent un peu la nouvelle école. Ils se trouvent rarement dans les monuments de notre législation ; mais ils y paraîtront bientôt, avec beaucoup d'autres du même genre. C'est inévitable. (*Avec énergie et frappant sur le livre.*) Le Code sera naturaliste ou il ne sera pas !

Les articles 340 et 341 déclarent que la recherche de la paternité est interdite et celle de la maternité admise. Mon opinion est qu'on devrait intervertir ces deux dispositions. En effet, pourquoi les rédacteurs du Code ont-ils autorisé la recherche de la maternité ? Parce que, autrefois, il y avait un moyen bien simple de reconnaître sa mère. Ce moyen, que vous avez pu voir souvent employé dans les drames de l'Ambigu, c'était de retrouver sa croix. La croix de ma mère ! Vous vous rappelez la scène du cinquième acte : (*Il se lève.*)

« Ciel ! cette croix ! je la reconnais... c'est la croix de ma mère !

— Ma fille ! mon enfant !

— Maman !

— Dans mes bras !

— Dans les miens ! »

Et voilà leurs quatre bras qui se jetaient les uns dans les autres, au milieu de l'émotion générale.

(Il s'assied.)

Aujourd'hui, ce n'est plus ça. Les femmes ne portent plus de croix. Ce sont les hommes qui en ont... (*Regardant sa boutonnière veuve de décoration et après un soupir.*) J'en attends une ; je l'attends pour le mois de juillet, époque où les décorations fleurissent sur les boutonnières en même temps que les coquelicots dans les blés. — Je disais donc que les hommes ont généralement une croix... certains même en ont plusieurs qu'ils vous servent à la brochette Eh bien, pourquoi ne pas admettre l'enfant à rechercher la croix — ou les croix — de son père ? Maintenant, je conviens volontiers que, si ce père avait par trop de croix, le pauvre enfant non reconnu aurait grand'peine à s'y reconnaître. (*Il boit.*) De moins en moins sucré ! (*Saisi d'une idée, et posant violemment le sucrier devant lui.*) Cette fois-ci, j'espère bien !...

(Il verse de l'eau dans le sucrier.)

Parlons un peu des devoirs des époux mentionnés dans l'article 213. La femme doit obéissance à son mari. Seulement, presque toujours elle s'arrange pour qu'il n'ose rien lui commander, et même pour qu'il fasse toutes ses volontés. Le mari doit protection à sa femme. Par malheur, beaucoup ferment les yeux sur cette prescription, ne protègent pas leurs femmes et protègent une danseuse. Ça ne fait pas compensation. « Qu'ils prennent
» garde aux représailles ! *Caveant consequentiam!* comme
» l'a dit Gaïus, surtout si leurs femmes n'ont pas le ca-
» ractère plus sérieux. Tout est perdu si la femme est
» légère et le mari aussi : *Si femina levis maritus quo-
» que.* » En cas d'infidélité conjugale, l'épouse est désarmée contre son mari, mais celui-ci a des droits féroces. (*Il se lève.*) Songez-y bien, jeunes gens ! Vous aimez à flirter auprès des femmes mariées, vous vous dites avec votre complice : « Vive la passion libre !... le plaisir et la folie !... Quant au mari... peuh !... le mari c'est un détail. » Erreur ! ce détail a le droit de vous tuer tous les deux, à l'occasion, article trois cent... (*Il cherche dans le Code.*) Où donc est la page ? J'y ai pourtant fait une corne... Ah ! article 324 du Code pénal.

Donc, si, pendant qu'on le croit en voyage, le mari rentre à l'improviste, sous prétexte qu'il a oublié son parapluie, et surprend sa femme coquetant avec un godelureau (*Faisant le geste d'agiter un sabre*), vli ! vlan ! il peut, avec son grand sabre, en faire quatre morceaux, et s'en vanter ensuite en s'écriant : « Tant pis pour eux ! ça leur servira de leçon ! »

« Toutefois, grâce à Dieu, tous les maris ne sont pas
» aussi terribles. Et, à ce propos, je me souviens d'une
» petite anecdote que je vous demande la permission de
» rappeler pour clore cette conférence. (*Il boit dans le*

» sucrier. *D'un air de triomphe.*) C'est sucré ! Enfin ! (*Il*
» *savoure avec satisfaction.*) Un vrai sirop !

(Il se lève et descend vers la droite.)

» Il s'agit, dans cette historiette, d'un nommé Muller,
» bon gros Bavarois qui tenait à Munich une auberge,
» dont il habitait le second étage. Une nuit de décem-
» bre, comme il venait de se mettre au lit et d'éteindre
» sa lampe, il dit à sa jeune femme, qui reposait auprès
» de lui :

» (*Accent allemand.*) — Mein Gott ! nous avons oublié
» de fermer la porte. Il vient un froid de loup. Va la
» fermer ma petite Gretchen.

» — Vas-y toi, mon cros Miller.

» — Mais non. reprend le mari, je suis dans la ruelle,
» toi sur le bord, t'es plus gommode. D'ailleurs, dans la
» ménache, c'est à l'homme de gommander.

» — Oui c'est à l'homme de gommander, mais c'est
» à la femme de ne pas obéir.

» — Que je suis donc à blaindre d'afoir une femme
» d'un caractère pareil, continua Muller, ah ! mein Gott !
» combien je m'en mords les puces ! (*Impérativement.*)
» Va donc fermer la porte !

» — Nein ! fa, toi !

» — Nein !

» — Nein !

» — *Flûte* !... en allemand.

» Après cette escarmouche, ils firent trêve un instant,
» chacun gardant ses positions.

» Une idée vint alors à Muller :

» — Gonvenons, si tu veux, que le premier de nous
» deux qui prendra la parole ira fermer la porte. C'est-il
» gonvenu ?

» — C'est gonvenu, répond Gretchen.

» La femme de Muller étant très bavarde, — il y en
» a, — son mari espérait que son instinct l'emporterait
» sur sa paresse ; mais les femmes savent parfois se

» dominer, surtout quand il s'agit de contrarier leurs
» maris,

> Et celle de Muller, mollement allongée,
> Imitait son silence auprès de lui rangée.

» Quelques minutes s'écoulèrent au bout desquelles
» un bruit de pas se fit entendre dans les ténèbres. C'é-
» tait un locataire de l'étage supérieur, un jeune peintre
» français qui, ayant les idées brouillées par une longue
» séance à la brasserie, s'était trompé d'étage et croyait
» pénétrer dans sa chambre. Il marchait à tâtons, cher-
» chant des allumettes, lorsqu'il entend tousser Gret-
» chen. Il reconnaît alors son erreur, et, pensant se
» trouver chez une femme seule, s'approche et l'em-
» brasse; elle pousse un cri, il regagne sa chambre, et
» alors Gretchen dit avec colère à son mari :
» — Comment, lâche ! as-tu pu me laisser outrager,
» et souffrir que devant toi...
» — Suffit ! répond Muller. Tu as parlé la première.
» C'est à toi d'aller fermer la porte. »
Voilà l'histoire. Mais ne vous y fiez pas ! Tous les maris ne sont pas aussi philosophes... malheureusement.

(Il reprend son code.)

Tel est, Mesdames et Messieurs, le rapide exposé des principales notions de la législation usuelle. S'il se trouve des étudiants parmi les personnes qui m'ont fait l'honneur de m'écouter, ils peuvent maintenant se présenter aux examens et affronter les boules de leurs professeurs. Ils sont sûrs de leur affaire : je ne vous dis que ça !

(Musique à l'orchestre, Pétillon va reprendre son parapluie; et gagne lentement la porte en saluant à plusieurs reprises.)

FIN

# FRANCASTOR

OPÉRETTE

MUSIQUE DE M. FRÉDÉRIC BARBIER

Représentée pour la première fois, à Paris, sur le théâtre des *Folies-Nouvelles*, le 22 mai 1858.

## PERSONNAGES

FRANCASTOR............ MM. TISSIER.
SATURNIN............. GOURDON.
LOUISETTE............ Mlle FERNEY.

# FRANCASTOR

La scène se passe dans un village. A droite, au premier plan une maison près de laquelle est un banc; à gauche, au second plan, une grille; en face, un talus. Au fond, la campagne.

## SCÈNE PREMIÈRE

### SATURNIN, LOUISETTE

Louisette est assise et file au rouet.

#### SATURNIN
Est-ce que vous croyez, Louisette, que cela peut se passer ainsi ?

#### LOUISETTE
Que voulez-vous ? Il le faudra bien !

#### SATURNIN
Il faudra que vous n'épousiez personne... personne, excepté moi... Voilà ce qu'il faudra.

#### LOUISETTE
Si pourtant mon tuteur le veut absolument ?

#### SATURNIN
Mon Dieu ! Je respecte ce vieillard : c'est votre tu

teur, mais il est complètement idiot. Quelle diable d'idée lui a pris de vous marier à un tambour-major, sous *prétexe* qu'il est votre cousin et que votre oncle Dandelou vous a fait son héritière à condition de l'épouser !... Je respecte la mémoire de l'oncle Dandelou, mais c'est un fier imbécile !

LOUISETTE, *se levant.*

Il est certain que ce maudit testament fait tout le mal, et que mon tuteur ne tient à me donner à mon cousin Francastor qu'à cause de l'héritage.

SATURNIN

Oh ! je sais bien que ce n'est pas parce qu'il est tambour... si major qu'il soit ; mais enfin, il n'est point encore arrivé, et tant qu'il ne sera pas ici...

LOUISETTE

Il ne tardera pas ; je crois même qu'il viendra aujourd'hui, d'après ce qu'il nous marque dans une lettre.

SATURNIN

Voyons-la cette affreuse lettre de l'affreux cousin.

LOUISETTE

La voici.

(Elle lui donne la lettre.)

SATURNIN, *lisant.*

« Ma chère cousine, — Vous n'êtes pas sans savoir
» que votre oncle, le père Dandelou, a fait un testament
» photographe, avant sa mort. » — Il paraît que c'est avant sa mort... « Ce testament dont auquel il vous a
» nommée locataire univermicelle de la fortune qu'il a
» amassée, avant sa mort. » — Il paraît que c'est toujours avant sa mort — « à la condition que vous m'épouserez
» maritalement. Dans cette concurrence, comme mon
» régiment passe dans quelques jours auprès de votre
» village, je profiterai de la première occasion pour aller
» vous trouver, en uniforme, avec canne et plumet, à

» seule fin de vous conduire à l'autel garni de l'hyménée.
» Va sans dire que je serai z'enchanté de vous voir après
» le laps qui s'est écoulé, car voilà bien q'éque chose
» comme quinze ans que je vous ai perdue de vue ! »

LOUISETTE

J'avais alors trois ans !

SATURNIN, *lisant*.

« Je présuppose que vous devez être bien sangée de
» depuis, à votre avantage s'entend. — Agrégez, chère
» cousine, la compagnie d'assurances des salutations
» respectables de celui qui se dit pour la vie, — Votre
» cousin,

» FRANCASTOR. »

Voilà un joli petit poulet ! bien galant bien gentil,....
et quelle écriture ! des pattes d'éléphant ! Il aura écrit
ça avec son plumet !

(Il remet la lettre à Louisette.)

LOUISETTE

Vous le voyez, Saturnin, si je refuse, je suis ruinée ;
et comme vous n'avez rien vous-même...

SATURNIN

Ça fait qu'à nous deux nous n'aurions guère..... que
des enfants... Cependant, à bien considérer, j'ai une
sœur qui gagne quelque argent comme danseuse au
*Cercle Olympique*... comme elle est venue passer son
congé ici au village, (*Il indique la grille*.), elle nous fera
ben sûr un superbe cadeau le jour de notre mariage.
Car, il n'y a pas à dire, nous nous marierons. Vous ne
pouvez pas épouser un tambour-major, un homme habitué à se servir de sa canne, et qui vous mènerait à la baguette ! vous si bonne, si douce, si bravounette... au
lieu qu'avec moi vous seriez si heureuse !

ENSEMBLE

Oh ! le joli petit ménage
Que nous saurions faire tous deux !

Quoique unis par le mariage,
Nous serions toujours amoureux.

LOUISETTE*
L'été, sous la verte feuillée,
Nous nous redirions nos amours.

SATURNIN
L'hiver, de la longue veillée
Les instants nous sembleraient courts.

ENSEMBLE
Oh! le joli petit ménage
Que nous saurions faire tous deux !
Quoique unis par le mariage
Nous serions toujours amoureux.

SATURNIN
En attendant, permettez-moi une petite brassade.
(Il court après elle pour l'embrasser.)

LOUISETTE, *courant vers le talus.*
Non, non... Ah! mon Dieu ! voyez-vous... là... sur la montagne?

SATURNIN
C'est le cousin ! le Francastor ! (*Ils descendent la scène.*) Il faut pourtant que je trouve un moyen de vous arracher de ses griffes ! mais lequel... voilà le *chiendent !* comme dit ma sœur... (*Il réfléchit.*) Ah ! à propos de ma sœur... une idée !

LOUISETTE
Quoi donc ?

SATURNIN
J'ai mon plan. Mais voici le tambour... venez avec moi. Je vas vous conter ça.

(Ils entrent vivement par la grille à gauche.) — Musique. —
Francastor descend majestueusement du talus.)

* Louisette. Saturnin.

## SCÈNE II

### FRANCASTOR

#### AIR

Le beau tambour-major ! c'est ainsi qu'on me nomme.
Six pieds sans mon bonnet... Je suis assurément,
　　Je suis le plus grand homme
　　De tout le régiment.

　　Grade noble, imposant ;
　　Comme, en me regardant,
　　On connaît aisément
　　Que je suis né vraiment
　　Pour le commandement!
Il faut me voir quand je lève ma canne
　　Pour commander un roulement!
　　　　Rapataplan,
　　　　Rapataplan.
　　　　　　　(Il marche en se dandinant.)
Partons, compagnons, cheminons, marchons.
Avançons, guidons, clairons, bataillons !

　　Auprès du *sesque* qui nous damne,
　　Je connais aussi l'art charmant
　　De commander le sentiment ;
　　Et quand je passe, bien souvent
　　　　Je vois femme jolie
　　　　Qui soupire et s'écrie :
　　　　　Ah! ah!
Le beau tambour-major ! c'est ainsi qu'on me nomme.
Six pieds sans mon bonnet... je suis, assurément,
　　Je suis le plus grand homme
　　De tout le régiment.
　(Vers la fin, Saturnin entre par la gauche, et reste au fond
　　　regardant Francastor.)

## SCÈNE III

### SATURNIN, FRANCASTOR

FRANCASTOR, *se tournant vers la droite.*

Il n'y a donc personne dans ce village... (*Apercevant Saturnin.*) Ah ! je rencontre enfin un individuel !

SATURNIN, *à part*.*

Tâchons d'attirer son attention.

(Il feint de sangloter.)

FRANCASTOR, *à part.*

A-t-il l'air effaré cet homme champêtre ! (*A Saturnin.*) Jeune homme !

SATURNIN

Aou ! Aou ! Aou !

FRANCASTOR

Comment Aou ! Aou !... (*Avec un ton emphatique qu'il conserve dans tout son rôle.*) Jeune homme de la nature, tu m'as l'air un tant soit peu vexé... tes yeux sont ouverts comme des *portes écorchères !*

SATURNIN, *à part.*

Qu'est-ce qu'il parle donc d'écorcher ?

FRANCASTOR

Ne te gêne pas... Tel que tu me vois, je suis t'un bon enfant. Dis-moi le sujet de tes pleurs.

SATURNIN

Aou! Aou !

FRANSCASTOR

Comment, encore Aou !... Serais-tu fracturé dans tes amours ? Ta belle aurait elle des rapports inqualifiables avec quelque autre imbécile de cet endroit ?

* Francastor, Saturnin

#### SATURNIN

Ah non !... tambour.

#### FRANCASTOR

Major.

#### SATURNIN

Tambour-major.

#### FRANCASTOR

Tant mieux, nom d'une peau d'âne ! Car un rival, vois-tu, on doit l'*éplatir* comme un *inceste* qui vous incommode (*Il frappe par terre avec sa canne. — Saturnin, effrayé, s'enfuit.*) Comment, tu te sauves !... Avance à l'ordre.

#### SATURNIN, *avançant.*

Oui... laissons mes affaires, tambour-major, et parlons de vous. Quoi donc que vous venez faire dans ce village ?

#### FRANCASTOR

Tel que tu me vois, éleveur de légumes, je viens me jeter dans les bras d'une épouse légitime ; je viens lui apporter ma grâce, ma beauté et mon esprit, le tout z'avantagé par une *inrudition* peu commune.

(*Il lui donne un coup d'épaule.*)

#### SATURNIN

Le fait est, tambour... major... que vous paraissez fistrement instruit. (*Il essaye de pousser d'un coup d'épaule Francastor qui ne bouge pas. — A part.*) Qué peuplier !

#### FRANCASTOR

Que veux-tu ? le tambour-major aime à dominer par l'intellect comme par la taille. La lecture est une de mes passions. Je connais l'histoire, la *mystrologie*, oh ! la *mystrologie* surtout, et pas mal d'autres choses. Mais revenons à la belle qui m'attend avec la même impatience que Calypso attendait dans son ile le fameux Jupiter sous les traits de Mercure.

### SATURNIN

Ah!... Mercure... Quel Mercure ?

### FRANCASTOR

Comment, tu ne connais pas Mercure... le dieu de la guerre..... le fils de Minerve et de *Carton d'Uti-que ?*

### SATURNIN

Je ne connais point non plus tous ces gens-là. Après ça, il n'y a pas longtemps que je suis dans le pays.

### FRANCASTOR

Dis-moi, pourrais-tu au moins m'indiquer où gîte une jeune fille répondant au nom de Louisette Vercheux ?

### SATURNIN

Louisette... mais c'est la meilleure camarade de ma sœur... ma sœur qu'est danseuse à Paris. (*A part.*) Ça servira !

### FRANCASTOR

Ah ! tu as une sœur qu'est danseuse à Paris... mais ça ne me dit pas où perche Louisette.

SATURNIN, *lui montrant la porte à droite.*

C'est là, major, dans cette maison.

FRANCASTOR, *se dirigeant vers la maison.*

Très bien.

### SATURNIN*

Seulement elle est aux foins pour le quart d'heure.... Si vous voulez, je vas aller vous la *qu'ri.*

FRANCASTOR, *se retournant et venant à lui.*

Hein ? que dis-tu ?

### SATURNIN

Je dis que je vas aller vous la *qu'ri.*

---

\* Saturnin. Francastor.

#### FRANCASTOR

Comment, vous la *qu'ri?* vous la *sercher*, imbécile! Apprends donc à parler. (*A part.*) On voit bien qu'il n'a pas fait sa *ristorique !*

#### SATURNIN

La *sercher* ou la qu'ri, c'est tout comme.

#### FRANCASTOR

Tel que tu me vois !... c'est moi qui serai son chef de file. Dans quarante-huit heures, heure militaire, il faut que M. le maire se soit *écharpé* à notre intention... Tiens, tu me plais, tu seras mon témoin, et le premier invité au repas qui rappellera par l'abondance les noces de *Ganache*.

#### SATURNIN

Qu'est-ce que c'est que *Ganache?* C'est-y un tambour... major.

#### FRANCASTOR

Mais non, c'est un général grec... (*A part.*) Ce que c'est quand on ne connait pas sa mystrologie ! (*A Saturnin.*) Allons, tu n'es pas encore parti ?

(Il le menace de sa canne.)

SATURNIN, *se sauvant à droite (deuxième plan.)*

On y va. (*Appelant.*) Hé! Louisette! Louisette!


## SCÈNE IV

#### FRANCASTOR, seul.

Maintenant, attendons la cousine... et préparons-nous à la subjuguer. Je présuppose que ce ne sera pas long. (*Avec fatuité.*) Il y a des gens qu'il leur suffit de se montrer... les femmes aiment tant les *bel-hommes* et l'uniforme ! Mais je ne me trompe pas, j'entends le frou-

frou d'une robe... faisons mon effet de taille. (*Chantant et tournant le dos.*) Tra, la, la, la.

## SCÈNE V

### LOUISETTE, FRANCASTOR

LOUISETTE *entrant par la grille à gauche, un bouquet à la main. Elle porte un chapeau de paille élégant et une robe de gaze gonflée de crinoline.*

C'est tout de même une drôle d'idée qu'a eue Saturnin de me faire passer pour sa sœur.

FRANCASTOR

Hum ! hum !

LOUISETTE, *l'apercevant.*

Ah !

FRANCASTOR, *à part.*

Elle est z'émue ! (*Haut.*) Petite ! (*Apercevant Louisette.*) Tiens, ce n'est pas Louisette... (*Saluant.*) Pardon, Madame !...

LOUISETTE, *faisant une grande révérence.*

Monsieur ! j'ai bien l'honneur*. (*A part.*) Tâchons de prendre aussi ses manières.

FRANCASTOR, *à part.*

Quelle architecture !... Cherchons un moyen orthodoxe d'engager la conversation. (*A Louisette.*) Madame habite ce local agreste ?

LOUISETTE

J'y passe quelquefois l'été, près de mon frère qui est de ce village.

* Francastor. Louisette.

#### FRANCASTOR

Ah! oui, je me rappelle. Vous êtes la sœur dont m'a parlé le lourdaud que j'ai vu tout à l'heure. Il est bien laid!... vous lui ressemblez... (*Se reprenant.*) Vous lui ressemblez, mais en beau!

#### LOUISETTE

Vous me flattez, Monsieur!

FRANCASTOR, *avec transport et mettant la main sur son cœur.*

A peine assez, Madame, à peine assez! (*Lui présentant son bras.*) Madame va se promener? Il fait un temps superbe!

#### LOUISETTE

Un peu chaud, pourtant.

#### FRANCASTOR

Oh oui!... surtout à votre alentour! femme phosphorique!

#### LOUISETTE

Monsieur...

#### FRANCASTOR

Tel que tu me vois... (*A part.*) Ah, sapristi! (*Se reprenant, à Louisette.*) Tel que vous me voyez, permettez-moi de vous réitérer que vous méritez cet hommage, car vous avez les cheveux de Phaéton et la taille de la Vénus de Milon... déesse de l'agriculture et du commerce.

#### LOUISETTE

Quelle est cette Vénus?

#### FRANCASTOR

C'est une estatue de femme.

#### LOUISETTE

Et Milon?

#### FRANCASTOR

C'est un bonnetier qui en a une dans son escalier...

pourquoi l'on dit la Vénus de Milon... (*A part.*) Quelle femme et quelle mise! (*A Louisette.*) Madame, vous habitez là une robe d'un fier calibre!

### LOUISETTE
N'est-ce pas que c'est gentil, beau tambour?

### FRANCASTOR
Beau tambour! Elle est vraiment *espirituelle!*

### LOUISETTE, *prenant de grands airs.*
Quand on a, comme moi, dix mille francs d'appointements... on peut se permettre ces petites dépenses.

### FRANCASTOR, *à part.*
Dix mille francs tous les ans... Crelotte! c'est ça qui mettrait du beurre dans mes bo... non, je me trompe: (*Se reprenant.*) C'est ça qui mettrait du foin dans mes épinards!

### LOUISETTE
Aussi, le luxe est ma vie, mon seul bonheur!

### COUPLETS

#### I
J'aime l'éclat de la toilette,
J'ai des bijoux, des diamants,
Une calèche fort coquette,
Les parfums les plus enivrants.
Je hais la tristesse sévère,
Tous les plaisirs sont de mon goût.
Mais ce que j'aim' par-dessus tout,
C'est d'être admirée et de plaire.

(Elle passe devant Francastor en lui faisant sentir son bouquet.)

#### II
J'aime la musique et la danse;
J'aime à chanter un gai refrain,
Il faut me voir quand je m'élance
En fin corsage de satin.
J'aime à valser, vive et légère,
Dans un tourbillon gracieux;

Mais ce que j'aime encor bien mieux,
C'est d'être admirée et de plaire.

FRANCASTOR, *à part.*

Délirante! enivrante! subjuguante! Elle m'a complètement ému z'et *facciné*! De son côté particulier, elle ne paraît pas éloignée d'avoir une correspondance analogue... il faut se déclarer... (*Avec un grand geste.*) Madame!...

(Louisette passe à droite*.)

LOUISETTE

Mais, Monsieur!... (*A part.*) Et Saturnin qui ne vient pas... quel embarras!

(Entre Saturnin appelant son cousin; Louisette sort par la grille, Francastor la suit, mais Saturnin l'arrête. — Il est déguisé en paysanne : grande coiffe, robe très courte, large tablier, bas bleus et sabots. Il tient à la main une tartine de fromage mou.)


## SCÈNE VI

FRANCASTOR, SATURNIN

SATURNIN

Mon cousin, mon cousin!

FRANCASTOR, *la regardant.*

Quel est ce meuble champêtre?

SATURNIN

C'est-y vous qu'êtes mon cousin?

FRANCASTOR, *à part.*

Grand Dieu! est-ce que ce serait là ma future! (*Haut.*) Seriez-vous, par hasard, la cousine Louisette, dont à laquelle je viens afin que...

---

* Louisette. Francastor.

SATURNIN

C'est moi tout de même. *Souffrissez...*
(Il veut l'embrasser, et lui touche la figure avec sa tartine.)

FRANCASTOR, *la repoussant.*

Allons donc ! du fromage à la crème !... (*Il s'essuie le nez et goûte le fromage.*) Il n'est pas mauvais. (*Saturnin se mouche bruyamment.*) Crelotte ! Je n'aime pas les femmes qui font de la trompette avec leur nez. ( *Il considère Saturnin.*) Physique peu agréable, et bien mal développé dans ses aménagements. Eh bien ! vous me croirez si tu voudras : tel que tu me vois, je ne vous aurais nullement reconnue à la première revue.

SATURNIN

Dam ! Vous m'avez quittée si jeune, si petite !
(Il regarde Francastor d'un air piteux.)

FRANCASTOR

Il est de fait. Et, malheureusement, vous n'avez pas beaucoup grossi, ni embelli de depuis.

SATURNIN

Comment, je n'ai ni belli ni grossi?

FRANCASTOR

A peine assez, petite, à peine assez !

SATURNIN, *montrant sa jambe.*

Mais regardez-moi cette jambe, et ce pied. C'est y ça un pied?

FRANCASTOR

J'avoue que ce n'est pas la taille qui lui manque... On dirait une boîte à violon.

SATURNIN

Et puis, je n'ai pas de *caroline*, moi... C'est naturel, ça, mon gros trognon !
(Il se pavane et montre sa taille.)

FRANCASTOR

Cristi ! quelle surface ! C'est droit comme ma canne.

L'autre était bigrement plus soufflée ! (*A Louisette.*) Enfin, c'est votre taille, vous ne pouvez pas m'en montrer plus que vous n'en avez individuellement.

SATURNIN

Bédam !

FRANCASTOR

C'est égal, ça va me chiffonner d'avoir au bras une femme d'un si mince calibre, moi Victor-Anténor Francastor, surnommé, tout d'abord, le beau tambour-major... c'est-à-dire, le plus beau des hommes, le tambour-major étant la crème de l'espèce.

SATURNIN

Ah ! vous aimez la crème ; eh ben...
Il lui présente la tartine de manière à lui barbouiller le nez.)

FRANCASTOR

Allons, bien, encore de la crème ! (*Il s'essuie et la goûte.*) Point mauvaise du tout.

SATURNIN

Dites-moi, cousin, est-ce que vous allez vous marier avec ça là-haut ?

FRANCASTOR

Quoi, ça, là-haut ?

SATURNIN, *désignant le plumet.*

Eh ben, l'affaire qui remue... le plumeau ?

FRANCASTOR

Qu'elle est grue, cette naïade !

SATURNIN

Comment, je suis grue et naïade ! Est-ce que vous ne voudriez plus de moi, maintenant ?

FRANCASTOR

Mais si fait, puisque ça m'est ordonné par le testament *photographe* de l'oncle Dandelou.

(Il tire un papier de sa poche.)

SATURNIN

Ah ! voyons... *défrichez*-moi ça.

FRANCASTOR

Rien de plus facile... (*Il tourne le testament en tout sens.*) Est-ce que vous pourriez lire ce papier, vous ?

SATURNIN

Moi ? (*A part.*) Finassons ! (*Haut.*) Je ne sais pas... on ne m'a jamais appris...

FRANCASTOR

C'est pourtant pas bien difficile... Tenez, par exemple, voyez-vous cette lettre qui est en tête et plus grande que les autres... comme qui dirait un tambour-major ?

SATURNIN, *regardant.*

Cette grande lettre qui a trois jambes ?

FRANCASTOR

Juste. Voulez-vous savoir...

SATURNIN

C'est-y pas un O ?

FRANCASTOR, *riant.*

Ça, un O ! c'est un *Isque*, ignorante.

SATURNIN

Allons, défrichez-moi ça..., le photographe.

FRANCASTOR

Tout de suite. (*A part, retournant le papier.*) Si encore je savais lire ! Les livres, ça va encore... mais, pour les papiers, j'ai de la peine... Par bonheur que je me suis fait apprendre celui-ci par mon ami le caporal, qui me fait mes lettres.

(Il le retourne encore.)

SATURNIN

C'est peut-être votre trique qui vous gêne... passez-moi la trique.

(Il prend la canne par le milieu.)

FRANCASTOR, *la reprenant.*

Laissez donc... Vous y avez encore fourré de la crème ! (*Il y pose les lèvres.*) Heureusement qu'elle est bonne.

SATURNIN

Voyons ce testament.

FRANCASTOR

Voici : « Moi, Pierre-Ignace-Pantaléon Dandelou, donne-z-et lègue six mille francs à ma nièce Louisette... »

SATURNIN

C'est moi la nièce Louisette.

FRANCASTOR

Hélas, oui ! (*Retournant le testament.*) « Sous condition qu'elle épousera son cousin Francastor, » c'est moi, « à moins qu'il ne refuse. » (*Il met le testament dans sa poche.*) Mais je ne refuse point... pas si bête : il y a six mille francs à encaisser, et il ne siérait pas à un tambour de dédaigner la caisse. (*Riant.*) Oh ! ceci est une manière de calembourde à l'usage des gens d'esprit, appelée, je ne sais trop pourquoi, le *coq et l'âne*.

(Il rit.)

SATURNIN

Comme ça c'est moi qui suis le coq, et c'est vous qui êtes...

FRANCASTOR

Allons, pas de comparaisons inconsidérées !

SATURNIN

N'empêche pas que vous paraissez aimer diantrement la fortune.

FRANCASTOR

A peine assez, petite. L'or n'est point une chimère..., comme dit Figaro dans *Guimauve Tell*,... musique de Scribe.

SATURNIN

Ainsi donc, pour quelques écus, vous m'épouserez malgré mon ignorance !

(Louisette paraît à la grille.)

FRANCASTOR

Il est vrai, nymphe des champs, que vous êtes passablement inculte z'et agreste... Mais, tant pis... tel que tu me vois, j'ai de l'esprit pour deux. (*A part, pendant que Louisette et Saturnin se concertent un instant*\*.) C'est égal, ce physique ne me séduit point... Moi qui me faisais une idée superbe de ma cousine, et qui me plaisais à la comparer à une gravure que nous avons dans la chambrée, et qui représente la belle Judith tranchant la tête de Roméo ! Je trouve du déchet.

SATURNIN, *lui frappant sur l'épaule.*

J'y pense, mon cousin, il fait chaud ; vous voudriez peut-être bien vous rafraîchir un brin ?

FRANCASTOR

Ça n'est pas de refus !

SATURNIN

Il y a le puits, à côté...

FRANCASTOR

Allons donc ! le puits ! est-ce que tu me prends pour un canard... sauvage ?

LOUISETTE, *descendant la scène, à Saturnin.*

Louisette !

FRANCASTOR, *à part.*

Dieu, ma belle !... attention.

(Il va poser son bonnet et sa canne sur le banc.)

\* Louisette. Saturnin. Francastor.

## SCÈNE VII

### SATURNIN, LOUISETTE, FRANCASTOR

LOUISETTE, *à Saturnin.*
Louisette, allez chercher du rhum, et du meilleur.

SATURNIN
Bien, Mademoiselle. (*A Francastor.*) Adieu, cousin ! *Il lui envoie des baisers qu'il fait sur la paume de sa main, et il sort en gambadant et en criant)* Mon cousin est arrivé ! mon cousin est arrivé !


## SCÈNE VIII

### LOUISETTE, FRANCASTOR

FRANCASTOR, *à part.*
Quel cocombre! Mais je conçois l'apologe : la belle a voulu renvoyer la paysanne.

LOUISETTE
Vous aimez le rhum, je suppose.

FRANCASTOR
Je l'adore. (*Déclamant.*) Rhum ! l'unique objet de mon contentement !... comme dit au Théâtre-Français le fameux Grassot... Le rhum et ma pipe c'est mon bonheur ! (*Il tire sa pipe de sa poche et la présente à Louisette.*) Flairez-moi un peu ça... quel bouquet !... depuis seulement deux mois que je la fume.

LOUISETTE, *souriant et repoussant le bras de Francastor.*
Je vous crois.

FRANCASTOR

Vous avez bien raison!

AIR

La pipe culotée
Est un creuset divin
D'où s'envole en fumée
Le plus sombre chagrin.
Négociants en crise,
Notaires en danger,
Femmes qu'on tyrannise,
Maris qu'on fait rager ;
Pour guérir votre mal,
Que rien ne vous retarde,
Bourrez votre bouffarde,
Fumez du caporal,
　Rien n'est égal
　Au caporal!

(Louisette, en se promenant, va vers le fond à droite.)

Sacrebleu! qu'elle est belle !
Quel objet séduisant!
Tout me ravit en elle,
Et physique et talent;
Efforçons-nous de plaire,
Je serai trop *chançard*
Si, pour ma ménagère
Je l'obtiens tôt z-ou tard.

De ma prestance,
Et de mon élégance,
Il faudra, je le dis,
Que son cœur soit épris.
Bonne aventure,
Non, jamais, je le jure,
Non, jamais, je ne vis objet plus séduisant,
Plus charmant.

LOUISETTE *s'avançant*\*. (*A part.*)

De sa prestance,
De sa noble élégance,

---

\* Francastor. Louisette.

Et de ses mots fleuris
Il croit mon cœur épris.
Quelle aventure !
Non, jamais, je le jure,
Jamais je ne connus un fat plus amusant,
Plus pédant.

### FRANCASTOR, *à part.*

Décidément, c'est l'ange de mes rêves ! Il faut que je me redéclare ! (*Haut, avec embarras.*) Madame !... pour quant à moi... tel que tu me vois... j'ai une âme sincère et franche de port, et je vous fais à savoir que le sentiment... dont un cœur qui soupire... et l'amour, la passion philosophale... voilà.

(Entrée de Saturnin par la grille. Il pose sa bouteille sur le banc et il écoute.)

### LOUISETTE

Monsieur, votre franchise me plaît... et, à mon tour, si je n'étais point une timide jeune fille, je vous avouerais...

### FRANCASTOR

Avouez ! avouez ! Madame !

### LOUISETTE

Que si jamais je donne mon cœur et ma main, ce sera à un homme dont les avantages physiques...

### FRANCASTOR

Assez, Madame, *sulcifit!* (*A part.*) Elle est prise ! (*A Louisette.*) Moi aussi, je suis libre, et dès lors conséquemment nous pouvons visiter cette *murnicipalité !*

### LOUISETTE

Permettez ! Il faut d'abord savoir si nos caractères, nos goûts se conviendront en tout point.

### FRANCASTOR

C'est juste, mais nous avons les mêmes goûts... j'aime la pipe et vous aussi...

LOUISETTE

Moi ?

FRANCASTOR

Puisque vous m'avez dit que vous aimiez les parfums. Ainsi donc, puisque je vous concorde autant que vous me concordez, l'affaire est *consumée*... * (*Il se met à genoux et veut embrasser la main de Louisette ; Saturnin s'interpose et lui met sa tartine sous le nez.*) Allons donc ! toujours de la crème !

(Il se relève.)

## SCÈNE IX

FRANCASTOR, SATURNIN, LOUISETTE

SATURNIN, *portant le rhum et un verre.*

V'là le rhum, mon cousin Castor.

FRANCASTOR, *en colère.*

Francastor... (*A part.*) Dieu ! quelle oie ! (*Il se verse un verre. A Louisette.*) A la vôtre, Madame.

(Il boit.)

SATURNIN

J'ai annoncé votre arrivée à mon tuteur, et il m'a dit qu'il serait content de vous parler après sa fenai... ai...son.

FRANCASTOR, *l'imitant et se versant un autre verre.*

Sa fenai...ai...son ! Crelotte ! qu'elle est laide, mon Dieu ! (*Il dépose la bouteille et le verre et passe au milieu.*) ** Rien ne presse, petite, car, comme vous savez que nous n'avons point la même conformation de goûts ni de taille, pour notre bonheur à vous et à moi, j'épouse mademoiselle.

* Francastor. Saturnin. Louisette.
** Saturnin. Francastor. Louisette.

SATURNIN, *pleurant.*

Ah! Comment, mon cousin, quand vous m'aviez promis!...

LOUISETTE

J'aurais une rivale !

FRANCASTOR, *mettant la main sur la bouche de Saturnin qui sanglote.*

Non, non, Madame! (*A Saturnin qui pleure en ouvrant une grande bouche.*) Chut!... Fermez le caisson.

SATURNIN, *pleurant toujours.*

Mais est-ce que ce n'était pas moi que vous aviez d'abord choisie pour votre motié?

FRANCASTOR

Ma moitié... allons donc! vous feriez mon tiers tout au plus, et encore à peine assez, à peine assez. (*Gémissements de Saturnin.*) Fermez donc le caisson !

SATURNIN

Mais le testament de votre oncle Dandelou vous ordonne de vous marier avec moi !

FRANCASTOR, *sortant le testament de sa poche.*

Ça m'importe peu. (*A Louisette.*) Tenez, Madame! le voilà le testament de l'oncle Dandelou, je le déchire en mille millions de pièces. (*Il le déchire et lance les morceaux.*) J'en fais de la neige.

(Saturnin et Louisette rient aux éclats.)

SATURNIN, *dansant.*

Ah! quel bonheur! vous v'là héritière, maintenant, mam'zelle Louisette !

FRANCASTOR

Comment, mam'zelle Louisette!... où donc?... (*Désignant Louisette.*) Ici ?

SATURNIN

Oui.

FRANCASTOR

Eh bien !... et toi?

SATURNIN

Aou! aou! aou!

FRANCASTOR

Aou! aou! Dieu! cette femme est un homme... (*Au public.*) Je suis refait, tel que tu me vois !

SATURNIN, *tapant sur le ventre de Francastor.*

A peine assez, tambour, à peine assez !

FRANCASTOR, *avec colère.*

Ah! coquin! il faut que je te casse ma canne sur ton *homéopathe !*

(Il va prendre sa canne sur le banc à droite et menace Saturnin *.)

SATURNIN, *l'implorant.*

Comment, tambour! vous frapperiez une faible femme?

FRANCASTOR, *à part.*

Ah çà ! voyons... est-ce une femme, ou un homme... ou un Auvergnat ?

SATURNIN, *allant vers lui.* **

Ne vous fâchez pas... c'est une finasserie... nous nous aimions depuis longtemps, Louisette et moi... faut nous pardonner !

FRANCASTOR

Comment, te pardonner! et les six mille francs.. crois-tu que ça se pardonne?

SATURNIN

Eh bien ! ça va-t-y? nous sommes trois, partageons : un tiers chacun.

---

* Saturnin. Louisette. Francastor.
** Louisette. Saturnin. Francastor.

FRANCASTOR, *à part.*

Deux mille francs... sans me marier... j'y gagne encore. (*Haut.*) J'accepte, et je retourne au régiment.

(Il va prendre son bonnet.)

SATURNIN

Un instant! vous restez à dîner avec nous.

FRANCASTOR

Je dîne avec vous, c'est dit! Donne-moi ta main, et restons unis comme Daphnis et Cléopâtre, Polusque et Francastor!

ENSEMBLE

Je }
Il } reste au régiment pour qu'on s'écrie encor :

Le beau tambour-major!
C'est ainsi qu'on { me / le } nomme;
Je suis } 
Il est } assurément
Je suis }
Il est } le plus bel homme
De tout le régiment!

FIN

PIÈCES INÉDITES

———

# LA BOURSE ET LA MAISON

COMÉDIE-VAUDEVILLE EN UN ACTE

# PERSONNAGES

POTINIER.
ALFRED.
JOSEPH.
HERMINIE.
JULIE, femme de chambre.

# LA BOURSE ET LA MAISON

---

Un salon ouvrant sur la campagne. — Portes latérales au second plan. — Une table à droite. — Un divan à gauche.

## SCÈNE PREMIÈRE

### ALFRED, HERMINIE

ALFRED, *lisant.*
Les moissons, pour mûrir, ont besoin de rosée,
Pour vivre et pour sentir l'homme a besoin de pleurs,
La joie a pour symbole une plante brisée
Humide encore de pluie et couverte de fleurs.

HERMINIE
C'est charmant ! Quelle grâce ! Quel sentiment profond et vrai !

ALFRED
Et quelle passion ! C'est écrit avec des larmes.

HERMINIE
Musset est vraiment le poète du cœur. Vous m'avez fait éprouver le plus vif plaisir en lisant ces beaux vers. Je vous en remercie.

ALFRED

Pourquoi donc, chère cousine ? Tout le charme n'est-il pas pour moi, dans nos lectures, nos entretiens, nos promenades, et ne dois-je pas, d'ailleurs, chercher à distraire une pauvre veuve...

HERMINIE, *souriant*.

Comment ! une veuve... Et mon mari ?

ALFRED

Votre mari... Ah ! c'est vrai... Mais franchement, grâce à toutes ses préoccupations de Bourse, grâce à ses reports, à ses déports, à ses actions, obligations, liquidations, compensations et autres opérations de spéculation, n'est-il pas véritablement mort pour tous ceux qui l'entourent ? Il est quelquefois auprès de nous, mais son esprit est bien ailleurs ! Pendant que nous parlons art, théâtre, poésie, il fait tacitement le compte de ses valeurs, il les apprécie, les compare et les passe en revue pour la grande bataille de la Bourse. Vous croyez être avec lui, ah bien oui ! il voyage dans son portefeuille.

HERMINIE

Vous êtes injuste, Alfred. Mon mari est souvent d'une amabilité.

ALFRED

A la hausse, j'en conviens. Oh ! alors, il rayonne de satisfaction, et semble sourire à la création entière. Mais à la baisse !... Changement complet, il devient d'une humeur intolérable. Pour mon compte, quand je veux connaître le cours de la Bourse, je n'ai besoin que de regarder sa physionomie : C'est un bulletin qui ne trompe jamais.

HERMINIE

J'avoue que cette maudite fièvre de spéculation qui s'est répandue partout, sévit particulièrement sur mon mari, mais j'espère que l'accès finira par se calmer.

ALFRED

Pour moi, je ne saurais m'en plaindre, car je suis trop heureux de pouvoir réparer de mon mieux l'incroyable délaissement dans lequel sa manie lui fait abandonner la femme la plus charmante. Je bénis même cette passion qui cloue M. Potinier dans son cabinet et qui me permet le charme de votre conversation, ici, et pendant nos longues promenades dans ces beaux environs de Beaugency, n'ayant en tiers que notre ami discret, (*Il désigne le volume.*) dont nous lisions tout à l'heure les ravissantes poésies. Aussi plutôt que de renoncer aux délices de cette situation, me suis-je empressé de refuser hier, je ne sais quelle place de substitut...

HERMINIE

Comment ?

ALFRED

Un personnage très influent, ancien ami de mon père, me proposait de me faire obtenir ce poste qui est vacant à Narbonne.

HERMINIE

Et vous avez refusé ?

ALFRED

Sans hésitation.

HERMINIE

Vous avez eu tort. Acceptez, car je me reprocherais toujours d'avoir, pour le plaisir de quelques distractions, contribué à vous faire manquer une position honorable.

ALFRED

N'ayez pas ces regrets, ma chère Herminie, je préfère l'indépendance à la servitude des places... si recherchée qu'elle soit aujourd'hui. Il m'est impossible d'envisager sans effroi cette perspective d'exercer la magistrature à Narbonne ; je sens trop que je périrai d'ennui dans cette lointaine patrie du miel et des olives. Comment renoncer ainsi à vous voir, à vous entourer de toute mon affection, de tout mon dévouement ? Je ne pourrai jamais m'y résoudre, quelle que soit votre indifférence pour moi.

HERMINIE, *à part.*

Mon indifférence !

ALFRED, *voyant Potinier qui entre par le fond à gauche.*

Mais voici votre mari.


## SCÈNE II

### Les Mêmes, POTINIER

(Il est préoccupé et tient un carnet à la main).


POTINIER

Le Graissesac qui a fermé hier à 105 ! et moi qui l'ai acheté à 112 50. Encore une fois mes calculs renversés ! D'où peut donc provenir cette baisse ? L'augmentation kilométrique de la 21ᵉ semaine a pourtant été de 12 1/2.

HERMINIE

Bonjour, mon ami.

POTINIER, *distrait.*

Bonjour. (*Continuant.*) 12 1/2 pour cent, sur 1870, de 9 1/4 sur 1871, de 10, 34 centièmes sur 1872,.. les frais d'exploitation sont de...

(Il grommelle en écrivant sur son carnet.)

ALFRED

Toujours ses calculs.

HERMINIE

C'est une vraie monomanie.

ALFRED

La Bourse tout entière à sa proie attachée !

POTINIER

Il est vrai qu'on vient d'émettre 125 obligations à 250.

HERMINIE

Eh bien, mon ami.

POTINIER, *avec humeur*.

Oui, ma bonne. (A *part*.) Tout à l'heure... je vais être obligé de tout recommencer. C'est insupportable.

ALFRED, *bas, à Herminie*.

Il y a de la baisse !

POTINIER, *regardant l'heure à sa montre*.

Le train doit être arrivé... Joseph est-il revenu de la gare ?

HERMINIE

Vous l'y avez envoyé ?

POTINIER

Oui.

HERMINIE, *lui prenant le bras*.

Sans doute, mon ami, pour chercher ce cachemire des Indes ?

POTINIER

Quel cachemire ?

HERMINIE

Celui qu'à notre dernier voyage à Paris nous avions marchandé sur le boulevard, et que vous avez promis de me faire envoyer.

POTINIER

Moi ?

HERMINIE

Vous-même... hier matin.

POTINIER, *réfléchissant*.

Hier matin... c'est possible !

ALFRED, *à Herminie*.

Il y avait de la hausse.

POTINIER

Mais j'ai réfléchi, je ne le trouve pas assez beau pour toi.

HERMINIE

Cependant.

POTINIER

J'ai bien, d'ailleurs, l'esprit à me préoccuper de ces vains colifichets, quand j'attends avec impatience le journal que doit m'apporter Joseph... (*Il va voir vers le fond.*) Mon Dieu, que ce garçon est donc lent ! Il n'y a pourtant que cinq minutes d'ici la gare. C'est insupportable !

ALFRED

Vous ne paraissez pas, mon cher ami, d'une humeur bien folâtre, ce matin.

POTINIER

C'est ce qui vous trompe, je suis on ne peut plus content, on ne peut plus guilleret. Eh ! eh ! eh !

(Il rit, puis devient sombre tout à coup.)

ALFRED, *d'un air de doute.*

Oh !

POTINIER

Je vous répète que je suis de très bonne humeur, que diable !

ALFRED

Pardon, je ne voyais pas. Maintenant, je n'en doute plus. Aussi ai-je l'espoir que vous accepterez une invitation.

POTINIER

Une invitation ?

ALFRED

De M. et madame Devillers, vos voisins de campagne que je viens de quitter et qui vous prient d'être aujourd'hui d'une partie de chasse qu'ils doivent diriger.

POTINIER

Madame Devillers aussi.

ALFRED

Elle-même, en amazone. Et serait enchantée d'avoir votre femme pour compagne.

POTINIER

Nous n'irons pas.

ALFRED

Ah !

HERMINIE

Pourquoi, mon ami ?

ALFRED, *bas, à Herminie.*

La baisse !

POTINIER

Aller à la chasse, gaspiller un temps précieux et pour quel profit ?... Pour rien le plus souvent.

ALFRED

Aussi n'est-ce pas précisément le profit que nous aurions en vue, mais l'agrément !

POTINIER

L'agrément est joli ! Se meurtrir les pieds dans le chaume, dans les buissons, patauger au bord des mares infectes, et dans les prés fleuris, qu'arrose beaucoup trop la Seine ; escalader des murs, des talus, des rochers et cela pour quelques misérables pièces de gibier qu'on vise, qu'on tire, pan ! et qu'on n'attrape pas. Allons donc, c'est une duperie. D'ailleurs, aujourd'hui le temps n'est pas beau.

ALFRED

Pardonnez-moi !

POTINIER

L'horizon est sombre.

HERMINIE

Je ne trouve pas.

ALFRED, *à Herminie.*

Que voulez-vous, c'est la baisse. Il voit tout en noir.

POTINIER

Il y aura certainement de l'orage. Notre récolte va être perdue par le vent, la pluie...

ALFRED

Quand je disais...

POTINIER

La grêle, les inondations. (*Apercevant Joseph.*) Ah! enfin!... Arrive donc ici, lambin!

## SCÈNE III

Les Mêmes, JOSEPH

JOSEPH, *entrant lentement.*

J'y accours, Monsieur, j'y accours.

POTINIER, *prend le journal et le déplie avec une agitation fébrile.*

Ah! mon cœur bat!

HERMINIE

Quelle émotion!

POTINIER, *avec enthousiasme après avoir lu quelques lignes.*

Vivat! grande nouvelle!

TOUS, *avec curiosité.*

Ah!

JOSEPH

Qu'est-ce que c'est?

POTINIER

Une hausse de 15 francs sur les Graissesac, 15 francs! Et ce n'est qu'un commencement.

JOSEPH, *désappointé.*

C'est ça la grande nouvelle !... Les Guersac, qu'est-ce que c'est donc que ça ?

(Il sort.)

## SCÈNE IV

Les Mêmes, moins JOSEPH

POTINIER, *avec joie.*

Comprends-tu, ma chère amie, j'en avais acheté cent dont dix. (*A Alfred.*) Cent dont dix !...

ALFRED

Cent dont dix ?

POTINIER

C'est magnifique !

ALFRED

Splendide !

POTINIER

N'est-ce pas, mon cher Alfred... ma bonne Herminie?

(Il l'embrasse.)

ALFRED

Bien ! la hausse fait son effet.

HERMINIE

Que j'aime à vous voir de cette humeur.

POTINIER

Mais je suis toujours ainsi ! — Comment ne pas être heureux auprès de toi, cher ange que j'adore !

HERMINIE

Vraiment !

POTINIER

Mais oui... mais n'ai-je pas pour cela cent raisons...

ALFRED, *bas, à Herminie.*

Dont dix!

POTINIER

Nous fêterons ce grand événement! Et d'abord, nous allons nous livrer au plaisir de la chasse.

HERMINIE

Vous acceptez?

POTINIER

Avec bonheur!

HERMINIE

J'en suis ravie.

(Elle range sa coiffure devant la glace.)

POTINIER

C'est un divertissement si agréable que celui-là! Tout vous charme et vous ravit : le grand air, l'aspect de la campagne, le chant des oiseaux... et puis il fait un temps si magnifique.

ALFRED, *souriant.*

Il y a bien quelques nuages à l'horizon.

POTINIER

Ce n'est rien. C'est au contraire signe de beau temps.

ALFRED

Les courses à travers les fossés et les murs ne vous effrayent donc plus?

POTINIER

Nullement. Nos jambes ont vingt ans... si j'en ai cinquante.

ALFRED

Cinquante ans... pas possible!

POTINIER

Et bien sonnés pourtant. Jugez plutôt... j'ai été émis en 1823. Ainsi, calculez!

#### ALFRED

C'est juste; mais vous avez une si belle santé! Vous irez à cent ans.

#### POTINIER

Cent ans! — Vous croyez que j'atteindrai le pair. Merci de la prédiction, et disposons-nous à giboyer dans le canton... ton ton tontaine ton...

#### ALFRED

Adieu, je vais bien vite annoncer à M. Devillers que vous acceptez son invitation.

#### POTINIER

Allez, cher ami, nous attendons votre retour pour déjeuner.

#### ALFRED

Je vous remercie, j'ai promis chez M. Devillers, mais je reviendrai pour vous prendre.

#### HERMINIE

A bientôt, Alfred.

(Elle sonne.)

#### ALFRED

A bientôt!

(Il lui serre la main, la tend à Potinier, qui réfléchit et sort par la droite sans insister davantage. Herminie sonne deux fois.)


## SCÈNE V

### HERMINIE, POTINIER

#### HERMINIE

Voyez donc si Joseph viendra.

#### POTINIER

Un peu de patience, chère amie. Il est peut-être au jardin.

#### HERMINIE

Voilà ce que c'est que de prendre pour son domestique son jardinier : le service et le jardin en vont plus mal.

#### POTINIER

C'est une notable économie. Un domestique se paye dès les cours de cinq à six cents francs. C'est le prix de douze Bonnard et...

*(Joseph paraît.)*

#### HERMINIE

Ah! enfin! Joseph, vous allez servir le déjeuner, deux couverts seulement.

#### JOSEPH

M. Alfred ne mange point ?

#### POTINIER

Non !

#### JOSEPH

Bien. Deux couverts. *(A part.)* Alors, madame va joliment s'en...nuyer.

*(Il sort.)*

#### POTINIER

Dois-je me liquider? Non, il vaut mieux attendre et même acheter. Les probabilités sont à la hausse, car le divi...

#### HERMINIE

Je me promets une journée charmante à suivre la chasse à cheval.

#### POTINIER

Moi aussi... le divi...

#### HERMINIE

Que vous avez été aimable d'accepter cette invitation, mon ami.

#### POTINIER

Cher ange? le divi...

#### HERMINIE

Vous calculez encore?

#### POTINIER

C'est très pressé. J'expédierai peut-être un ordre télégraphique pour la Bourse d'aujourd'hui. Mais n'est-ce pas l'heure à laquelle vous allez visiter vos géraniums?... Allez voir vos géraniums. Ça vous aiguisera l'appétit pour déjeuner.

#### HERMINIE

Ah! vous désirez être seul?

#### POTINIER

Quelques minutes, pas davantage... l'opération est urgente. Revenez bientôt, chérie.

(Il l'embrasse.)

## SCÈNE VI

### POTINIER, seul, puis JOSEPH

#### POTINIER, *avec satisfaction*.

Ah! (*Reprenant son calcul.*) Le dividende sera de 15, ce qui fait 2.15 de plus que l'an dernier. Par conséquent on peut affirmer que la hausse se prolongera. (*Joseph entre et met le couvert en fredonnant.*) Il est vrai qu'on peut répondre à cela...

#### JOSEPH, *chantant*.

Chantons ce refrain joyeux.

#### POTINIER

En rappelant la prochaine émission de 2,500 obligations...

#### JOSEPH

Ah! qu'ils sont heureux
Tous les amoureux.

#### POTINIER

Mais ce n'est rien par rapport au capital actions. En définitive, hausse indubitable, je vais faire acheter aujourd'hui même.

#### JOSEPH

Que chacun répète
Ce refrain joyeux.

#### POTINIER

Ah çà! mais tu as l'air bien content ce matin, mon garçon.

#### JOSEPH

Moi? Oh! pas du tout, Monsieur. Je ne dois pas avoir cet air-là, bien au contraire... je suis triste. J'ai ma pauvre tante qu'est défunte.

#### POTINIER, *d'un air compatissant.*

Comment... Ta tante est...

#### JOSEPH, *sanglotant.*

Ah! Monsieur! Monsieur! c'est une grande perte! une grande perte! Elle m'a laissé dix mille francs!

#### POTINIER

Ah! bien! (*A part.*) Je comprends le refrain joyeux. Et que vas-tu faire de cet argent?

#### JOSEPH

Ce n'est pas encore bien décidé, j'en ai causé ce matin avec ma femme et mon cousin.

#### POTINIER

Tu as un cousin ici?

#### JOSEPH

Depuis hier. Un cousin de ma femme, qui est dragon de son état, et en congé pour l'instant.

#### POTINIER

Ah! et vous avez donc pleuré ensemble ce matin?

#### JOSEPH

Oui, Monsieur, à grosses larmes. Et puis, quand nous

avons été secs, nous nous sommes mis à causer de l'héritage.

POTINIER

Eh bien?

JOSEPH

Eh bien! ma femme veut que nous achetions une petite vigne. (*Il montre un point dans la campagne.*) là-bas... qui est à vendre... avec une petite maison, un petit jardin et des petits lapins.

POTINIER

Que vous élèveriez pour vous en faire trois mille petites livres de rente.

JOSEPH

Dame... le tout serait d'en avoir trois mille qu'on vendrait vingt sous pièce.

POTINIER, *riant.*

Parfaitement calculé. Tu ferais un excellent spéculateur.

JOSEPH

Mon Dieu! Monsieur, on n'est pas plus bête qu'un autre.

POTINIER

Et que pense ton cousin de cette merveilleuse opération?

JOSEPH

Il est de l'avis de ma femme complètement, comme du reste ça lui arrive presque toujours.

POTINIER, *haussant les épaules.*

Le beau conseil qu'ils t'ont donné là!

JOSEPH

Est-ce que Monsieur ne penserait pas comme eux?

POTINIER

Je pense que tu ferais une lourde sottise... Qu'est-ce que ça te rapportera, ta petite vigne, ton petit jardin, et même tes petits lapins? Quatre pour cent tout au plus. Tandis que tu retireras dix fois plus de ton argent en le plaçant à la Bourse.

JOSEPH

A la bourse de qui?

POTINIER

A la Bourse de Paris.

JOSEPH

Comment! j'en retirerais dix fois plus?

POTINIER

Sans aucun doute!... en le faisant travailler.

JOSEPH

Eh bien! c'est une idée. Je m'en vais le faire travailler... comme un nègre!... Au fait, pourquoi donc qu'il ne travaillerait pas?... je travaille bien, moi... Vous me conseillerez, n'est-il pas vrai?

POTINIER

Assurément. (*D'un air profond.*) D'autant plus que je connais la recette infaillible de pouvoir s'enrichir à la Bourse.

JOSEPH

Oh! dites-la-moi, Monsieur, dites...

POTINIER

Eh bien!... c'est...

JOSEPH

C'est?...

POTINIER

D'acheter bon marché et de vendre cher, pour racheter ensuite!

JOSEPH, *continuant la pensée de Potinier.*

Bon marché et revendre très cher.

POTINIER

Tout est là! tout! Voilà le secret que m'ont révélé

mes profondes méditations et ma longue expérience des opérations financières.

JOSEPH

Alors, qu'est-ce que je pourrais bien avoir à bon marché pour le moment ?

POTINIER

Bien des choses : Peux-tu acheter des mines, des canaux, des chemins de fer, des...

JOSEPH

Tout ça pour 10,000 francs.

POTINIER

Non. Choisis. — Du *Canal Sambre-et-Meuse*, par exemple ; tu peux avoir 25 actions.

JOSEPH

Non, je ne veux pas me mettre tout entier dans le canal. J'aimerais mieux un peu de chaque chose, mêlé.

POTINIER

Soit ! Veux-tu de la *Caisse Hypothécaire* ?
(Il lui indique du doigt sur le journal.)

JOSEPH, *regardant*.

Euh ! euh ! (*Lisant.*) *Vieille-Montagne*, 125 francs. Si je prenais de la Vieille-Montagne... ça doit monter, ça.

POTINIER

Mais ça descend aussi, et les actions peuvent dégringoler parfaitement.

JOSEPH, *lisant*.

*Voitures de Paris*, 95 francs. — C'est meilleur marché, ça, j'en prendrai.

POTINIER

Il y aura peut-être un versement à faire prochainement.

JOSEPH

Bigre ! Si on est exposé à verser !... Je ne veux pas de ces voitures. (*Lisant.*) *Gaz de Beaugency*.

POTINIER

Ça ne vaut rien. Les administrateurs viennent de filer en Amérique.

JOSEPH

Alors, laissons le gaz, il y a trop de fuites.

POTINIER

Prends plutôt des *Graissesac*. — Je vais en acheter pour moi à 117.50.

JOSEPH

C'est bon ?

POTINIER, *accentuant*.

Ex...cel...lent. (*Un peu vite.*) Les frais d'exploitation ne sont que de 22,333,225 francs 33 centimes, et le service des obligations de 18 millions pour les anciennes, et 459,156 pour les nouvelles.

JOSEPH, *répétant machinalement, et cherchant à comprendre.*

Les nouvelles...

POTINIER

Or, il y a 12 o/o d'augmentation kilométrique.

JOSEPH, *de même.*

Métrique...

POTINIER

Et 32,777,777 francs de recettes brutes.

JOSEPH

Brutes.

POTINIER

Et comme on a mis en outre cinq millions à la réserve et qu'il y en a huit de majoration... tu vois d'ici le dividende ?...

JOSEPH

Moi ? Quoi que c'est, le dividende ?

POTINIER

Ce qu'on te donnera, c'est-à-dire quinze francs au

moins par actions qui monteront alors à 200 et peut-être à 300 si la paix se maintient.

JOSEPH

Si la paix se maintient?

POTINIER

De sorte qu'en vendant lorsqu'on aura détaché le coupon, tu gagneras trois fois ton argent.

JOSEPH, *joyeux.*

Trois fois mon... Voilà l'essentiel à savoir!... Trois fois mon argent! Vous qui savez calculer, Monsieur, dites-moi combien que ça fait trois fois dix mille.

POTINIER

Trente mille !

JOSEPH

Trente mille !

POTINIER

Que tu pourras tripler encore dans six mois quand on aura détaché l'autre coupon.

JOSEPH

C'est ça... de manière qu'au bout de cinq à six tournées, je pourrai avoir un château, des chevaux et des domestiques ! (*Se laissant aller à la rêverie.*) J'irai me promener dans mon parc... en voiture... étalé de tout mon long, sur de beaux coussins en velours brodé d'or.

POTINIER, *d'un air assez impérieux.*

En attendant, sers le déjeuner.

JOSEPH, *comme surpris.*

Ah! c'est vrai... ça n'est pas encore arrivé !...

POTINIER, *écrivant sur son carnet.*

Aussi, je donne l'ordre d'acheter 75 *Graissesac* pour moi et 75 pour toi; il te reste environ 1,200 francs. Veux-tu prendre de la *Caisse Hypothécaire* pour achever e compte ?

#### JOSEPH

C'est entendu. Du reste, faites toujours comme si c'était pour vous... Dirigez ma petite affaire... je sais que vous êtes un malin, on a beau dire...

#### POTINIER

Comment, on a beau dire ?... Qui donc ?

#### JOSEPH

Ce n'est pas moi, Monsieur, c'est les gens du pays.

#### POTINIER

Les idiots ! (*Signant la feuille du carnet.*) Voilà qui est terminé.

#### JOSEPH

Bon. Seulement pour payer, je n'aurai l'argent que le mois prochain.

#### POTINIER

Qu'à cela ne tienne, nous achèterons fin courant. (*Il le mentionne sur son carnet, détache la feuille et la remet à Joseph.*) Porte bien vite ceci à la gare.

#### JOSEPH

Bon. J'y accours. Quelle belle chose que la Bourse ! trois fois mon argent... et puis encore trois fois... toujours trois...

#### POTINIER

Eh bien ?

#### JOSEPH

J'y accours, Monsieur, j'y accours.


## SCÈNE VII

### POTINIER, puis HERMINIE

POTINIER, *regardant le journal.*

Le Lombard est assez bas. J'aurais peut-être mieux

fait d'acheter du Lombard. (*Il va vers le fond pour appeler Joseph.*) Jo... (*Revenant.*) Non, il y a diminution kilométrique de 25 0/0, ce qui fait pour le dividende... (*Tirant son carnet et écrivant.*) 9 de 15, reste...

HERMINIE, *entrant avec un bouquet.*

Eh bien! toujours le crayon à la main.

POTINIER

Toujours! C'est le modeste outil de ma fortune, l'arme toujours effilée de nos luttes financières.

HERMINIE

Malheureusement vous ne vous contentez pas de manœuvrer cette arme à la Bourse, et vous aimez beaucoup à faire l'exercice à domicile. Voyez donc le beau bouquet que je viens de cueillir.

POTINIER, *calculant.*

Oui, charmant!... 9 de...

HERMINIE

Comment trouvez-vous ces renoncules?

POTINIER

Charmantes!... 9 de 15...

HERMINIE

Et ces myosotis?

POTINIER.

Et ces myosotis? Charmants! reste 6.

HERMINIE, *avec dépit.*

Ah!

(*Elle va placer le bouquet sur la cheminée.*)

POTINIER, *à part.*

Bien! Encore de l'humeur! Vous n'êtes jamais contente. Je trouve tout charmant. Que vous faut-il de plus?

HERMINIE

Rien! (*Elle sonne.*) La promenade m'a donné de l'appétit, déjeunons. (*Elle sonne encore.*) Joseph ne vient donc pas?

POTINIER

Il est au télégraphe!

HERMINIE

Au télégraphe?

POTINIER

Électrique; pour porter un ordre à mon agent de change.

HERMINIE

Ah! c'est vraiment fâcheux.

POTINIER, *avec humeur.*

Dame! Vous voulez habiter la campagne, respirer l'air de Beaugency, il faut bien que, ne pouvant aller à la Bourse, j'expédie mes ordres. Croyez que j'aimerais mieux faire mes affaires moi-même, causer avec les agents de change et les banquiers pour leur expliquer mes intentions... mais j'espère bien que l'an prochain...

HERMINIE

Vous voulez rester à Paris?

POTINIER

J'y suis décidé. Ici, les nouvelles sont trop tardives, et la Bourse est trop loin. J'ai les mains liées pour la spéculation, et puis j'ai besoin de capitaux pour une importante opération.

HERMINIE

Comment, vous auriez l'intention de vendre cette propriété?

POTINIER

C'est indispensable pour ma grande affaire.

HERMINIE

Quelle grande affaire?

POTINIER

L'exploitation des cendres du Vésuve.

HERMINIE

Comment?

POTINIER

Je retire la potasse de ces amas de cendres qui restent perdus... Il y a des millions à gagner, des millions !

HERMINIE

Je ne sais, mais cette propriété est si agréable. (*Elle va vers le fond.*) Un parc magnifique ! entouré d'arbres séculaires, et puis ne comptez-vous pour rien les charmes de la campagne ?

AIR

N'aimez-vous pas les brises folles,
La fraîcheur des vallons ombreux,
Et murmurant entre les saules,
La rivière au cours paresseux ?

POTINIER

Peste soit des cours paresseux !
Que l'eau meuve une usine entière
Je trouverai que c'est fort bien,
Mais je déteste la rivière,
Quand la rivière ne fait rien.

## SCÈNE VIII

Les Mêmes, JOSEPH

JOSEPH

Monsieur, j'ai remis le papier au monsieur du télégraphe.

POTINIER

Bien !

JOSEPH

A l'heure qu'il est, notre affaire est sur le fil.
(Il se frotte les mains.)

HERMINIE

Voyons, Joseph, songez donc à aller chercher le déjeuner.

JOSEPH

J'y accours, Madame, j'y accours.
(Il sort.)


## SCÈNE IX

HERMINIE, POTINIER, puis JOSEPH


HERMINIE

Nous n'avons pas de temps à perdre si nous voulons profiter de l'invitation que nous avons reçue... Alfred ne tardera pas à venir nous prendre.

POTINIER, *regardant sa montre.*

Oh ! il n'est pas encore ici... Et j'avouerai que j'attends son retour avec une extrême patience.
(Joseph entre, portant un plat. — Ils s'asseyent.)

HERMINIE

Pour mon compte, je suis vraiment enchantée de passer la journée avec M. et madame Devillers, ce sont d'excellentes personnes, et je trouve que nous ne répondons pas assez souvent aux aimables invitations qu'ils nous adressent. Ils sont si proches voisins. A dix minutes tout au plus.

POTINIER

Que voulez-vous, chère amie... Je ne sympathise pas

beaucoup avec M. Devillers. Il n'y a pas moyen de causer avec lui... C'est un homme qui n'a en tête que l'agriculture.

(Il lit le journal.)

### HERMINIE

Ces occupations ont bien leur charme. Elles donnent la liberté d'esprit, la vie calme et indépendante. (*Potinier ne répond pas.*) Toujours ce maudit journal.

### POTINIER

Mon Dieu ! vous vous plaignez sans cesse !... Tenez, en voici un.

(Il en sort un de sa poche et le donne à Herminie.)

### HERMINIE, *lisant le titre.*

L'*Écho des chemins de fer.* Ah ! bien, voilà qui est intéressant !

(Elle le rejette dédaigneusement et prend le volume de vers, lisant, à part.)

Aux feux du jour naissant que la campagne est belle,
Comme un réseau d'argent, la rosée étincelle.

### POTINIER, *lisant.*

Les Séville-Xérès-Cadix sont demandés à 512.

### HERMINIE

Déjà l'oiseau chanteur
S'éveille dans la plaine.

### POTINIER

Les Saragosse font 517.

### HERMINIE

Déjà du laboureur
S'entend la voix lointaine.

### POTINIER

Et 525 dont dix.

### HERMINIE

De grâce, mon ami, laissez un instant ce journal et dites-moi votre avis sur ce morceau que nous lisions ce matin avec Alfred.

### POTINIER, *avec un soupir.*

Voyons.

(Herminie lit lentement, pendant que Potinier, feignant d'écouter, jette néanmoins à la dérobée de fréquents coups d'œil sur le journal.)

### HERMINIE, *lisant.*

C'est une dure loi, mais une loi suprême
Vieille comme le monde et la fatalité,
Qu'il nous faut du malheur recevoir le baptême
Et qu'à ce triste prix...

(Elle jette un regard sur son mari qui cesse aussitôt de lire.)
tout doit être acheté.

### POTINIER

Sans doute... c'est le moment... surtout pour la rente.

### HERMINIE

Les moissons pour mûrir ont besoin de rosée.

### POTINIER

C'est vrai ; la récolte est en retard, ça ferait monter.
(Il lit.)

### HERMINIE

Pour vivre et pour sentir, l'homme a besoin de pleurs,
La joie a pour symbole une plante brisée,
Humide encore de pluie et couverte de fleurs.

### POTINIER, *à part.*

J'aurais peut-être mieux fait de prendre des Pampelune.

### HERMINIE

Eh bien, comment trouvez-vous ces vers ?

POTINIER

Ce sont des vers ?

HERMINIE, *avec dépit.*

Mon Dieu !

POTINIER

Voyons ! Voulez-vous que j'aille me passionner pour vos plantes brisées, votre pluie, vos fleurs et le reste?... Est-ce que je m'occupe de ces futilités? Peut-on y perdre son temps... le temps, c'est l'argent.

HERMINIE

Joseph, servez le dessert.

(Joseph prend dans le buffet des confitures et du fromage.)

POTINIER

Au lieu de ces billevesées, ne vaudrait-il pas mieux causer dans une douce intimité de mon dernier achat de Graissesac... Une affaire d'or! (*Joseph, sur le point de servir, s'arrête avec enthousiasme.*) Je triplerai mon capital, si la paix n'est pas troublée.

HERMINIE

Et s'il y a la guerre?

POTINIER

Impossible !

JOSEPH

Impossible !

POTINIER

Il y a bien quelques nuages du côté de l'Angleterre. (*Joseph va regarder le ciel.*) Quelques dissentiments sur la question d'Orient...

JOSEPH

Ah !

(Il va voir le journal par-dessus les épaules de Potinier.)

HERMINIE

Eh bien, Joseph?

JOSEPH

Voilà, Madame est servie. Qu'est-ce qu'il leur prend donc aux Anglais?

(Il se croise les bras avec les deux plats.)

HERMINIE, *s'impatientant.*

Voyons, Joseph.

JOSEPH

Voilà! voilà! (*A part.*) la guerre qui peut venir à présent!

(Il met les plats sur la table.)

HERMINIE

Maintenant, une assiette.

JOSEPH

Très bien! très bien! (*A part.*) Gueux d'Anglais!

POTINIER

Mais il y a lieu d'espérer que tout s'arrangera.

JOSEPH, *au moment de prendre l'assiette,*
*se rapproche vivement.*

Ah!

POTINIER

Surtout si nous faisons des concessions.

JOSEPH

C'est certain, des concessions... allons-y, des concessions.

HERMINIE

Servez-moi donc, Joseph.

JOSEPH

Ah! très bien!

(Il sert un verre.)

HERMINIE

Mais c'est une assiette que j'ai demandée.

JOSEPH

Très bien! très bien! (*Il va chercher une assiette et*

*gesticule avec.*) C'est moi qui en ferais bientôt des concessions.

(Il sert une assiette après s'être approché et avoir reculé à plusieurs reprises tout en écoutant Potinier.)

POTINIER, *à Herminie.*

Nous devons à tout prix éviter la guerre. C'est un reste de barbarie qui répugne aux idées modernes, à la civilisation, au progrès...

HERMINIE

Et qui fait baisser les actions.

JOSEPH

C'est affreux!

HERMINIE, *riant.*

Est-ce que tu en aurais aussi?

JOSEPH

Oui, Madame.

POTINIER

75 Graissesac.

JOSEPH

Avec de la *Caisse apothicaire*. Et je vais devenir millionnaire... dans quelque temps. Je sais le secret.

HERMINIE, *de même.*

Ah! et quel est-il?

JOSEPH

C'est bien simple.— Le tout est d'acheter cher et de vendre bon mar...

POTINIER

Mais non... c'est le contraire.

JOSEPH

C'est-à-dire que c'est le contraire... acheter...

HERMINIE

Et tu as déjà acheté?

#### JOSEPH

Oui, Madame... j'ai acheté avec Monsieur... *chien courant*... Et nous allons gagner gros, allez !

#### HERMINIE, *d'un air de doute.*

Oh !

#### JOSEPH

Dubitablement. C'est prouvé d'avance... Les frais de majo... majoritisation sont de... beaucoup de millions. Il y a d'un autre côté une forte dose de recettes *brutales*... Alors, en déduisant... le... ce qu'il y a à déduire... il s'en suit... vous voyez d'ici la dividende...

#### HERMINIE, *riant.*

A merveille !

#### JOSEPH

C'est clair comme un et un font deux, et au bout de quelque temps, je retirerai trois fois mon argent en revendant mes actions quand on aura détaché le poupon.

#### HERMINIE, *riant.*

Ah ! ah !

#### JOSEPH

C'est ma femme qui va être contente... quand je vais lui annoncer ça tout à l'heure ! Trois fois, mon argent !


## SCÈNE X

#### Les Mêmes, ALFRED

#### ALFRED, *rentrant par la droite.*

Eh bien, mes chers cousins, êtes-vous prêts ?

#### POTINIER

A l'instant.

#### ALFRED

M. et madame Devillers sont ravis de vous avoir et vous attendent avec impatience... (*On entend le son du cor, à droite.*) Écoutez la fanfare ; c'est la grande déclaration de guerre à tout le gibier du canton.

#### HERMINIE

Je suis à vous, le temps seulement de passer une robe.

#### ALFRED

A vos ordres, ma cousine.

(Herminie entre dans sa chambre à droite. — Alfred l'accompagne et se montre empressé.)

## SCÈNE XI

### POTINIER, ALFRED

#### POTINIER

A propos, Alfred, puisque nous voilà seuls, j'aurais à vous parler sérieusement.

#### ALFRED, *un peu troublé.*

A moi ?

#### POTINIER

A vous-même. N'avez-vous aucun dessein en tête ?

#### ALFRED, *de même.*

Aucun, je vous le jure.

#### POTINIER

Eh bien, alors, j'ai quelque chose à vous proposer. Voulez-vous être mon associé ?

#### ALFRED

Comment ?

#### POTINIER

Et gagner un million ?

###### ALFRED

Un million !...

###### POTINIER

Rubis sur l'ongle ! Placez vos fonds dans une grande entreprise que j'ai en tête... l'exploitation des cendres du Vésuve.

###### ALFRED

Les cendres du Vésuve.

###### POTINIER

Pour en retirer des quintaux de savon.

###### ALFRED

Et faire la lessive de toute l'Italie... C'est superbe! mais je vous remercie, cher cousin. Je déteste les spéculations, et jamais je ne mettrai les pieds à la Bourse.

> Je redoute ce bois perfide
> Semé de pièges à nigaud,
> Si l'on y glisse un pas timide,
> On s'y trouve pris aussitôt.
> Votre argent y file à la course ;
> Ces lieux sont la mort aux écus,
> Et, dans la poche, l'on n'a plus
> Rien que la place de la bourse.

###### POTINIER

Mais ma société du Vésuve est une affaire excellentissime, et j'espère bien que mon prospectus une fois composé et lancé, la souscription ira d'un train d'enfer.

###### ALFRED

Si je pouvais le faire rester ici pendant la chasse! (*Haut.*) Cependant, je ne vous dissimulerai pas que j'ai entendu parler d'un projet analogue.

###### POTINIER, *vivement*.

Il serait possible?

###### ALFRED

Oui, pour les cendres de l'Etna, mais vous pouvez arriver le premier.

POTINIER

Et je n'y manquerai pas.

ALFRED

Avant tout, il importe de ne pas être devancé.

POTINIER

Devancé! Mais ce serait à se suicider! heureusement que ce travail est des plus simples. Il me faut dix millions de capital, divisé en 18,000 actions.

(Il tire son carnet et calcule.)

## SCÈNE XII

Les Mêmes, HERMINIE

HERMINIE, *en amazone.*

Me voici prête!

ALFRED

Ce costume vous sied à ravir.

HERMINIE *à Potinier qui est absorbé dans ses calculs.*

Quand vous voudrez, mon ami.

POTINIER, *comme réveillé.*

Hein! quoi donc?

HERMINIE

Eh bien! aller chez M. Devillers.

POTINIER

Ah! c'est vrai!... Mais c'est qu'il m'est bien difficile aujourd'hui...

HERMINIE

Pourquoi?

POTINIER

Un important travail à faire pour établir les bases de ma grande entreprise. Vous comprenez qu'il est d'un

immense intérêt de ne pas laisser aller sur mes brisées,
j'y perdrais des millions! Alfred vous accompagnera.

### HERMINIE, *un peu troublée.*

Alfred... (*A Potinier.*) Mon ami, je vous en prie, remettez à plus tard ce travail.

### POTINIER

Impossible! J'ai des concurrents, et en pareil cas, un quart d'heure, une minute, une seconde même, est une chose précieuse.

### ALFRED

Le temps, c'est de l'argent.

### POTINIER

Oui : *Times is money*. (*Il prononce* : *Thimes is monney*.) Comme je te le disais ce matin. Et vous faites bien, Alfred, de rappeler cette belle maxime. (*A part.*) Il a du bon, ce garçon-là.

### ALFRED

Voyons, ma cousine, puisque votre mari se trouve obligé de rester, grâce, veuillez vous résoudre à venir.

### POTINIER, *à part.*

Comme il prend mes intérêts... Excellent jeune homme!

### ALFRED

Vous ne voudriez pas qu'il eût à vous reprocher de lui avoir fait manquer la fortune, de s'être laissé devancer.

### POTINIER

Oui, si j'allais l'être!

### ALFRED

Et cela se pourrait fort bien.

### POTINIER

N'est-ce pas, qu'il se pourrait fort bien que je le fusse?

### ALFRED

Parfaitement.

#### POTINIER

Quelle catastrophe suspendue sur ma tête ! Et je pourrais l'oublier... Non ! non !

(Alfred fait de nouvelles instances.)

#### HERMINIE, *prenant le bras d'Alfred.*

Allons, puisqu'il le faut.

#### POTINIER, *à part.*

Il l'a décidée (*A Alfred en lui serrant la main.*) Merci !

#### ALFRED

Il n'y a pas de quoi.

#### HERMINIE

Je m'en vais donc sans vous... et c'est vous qui le voulez.

#### POTINIER

Mon amie...

#### HERMINIE, *accentuant.*

C'est vous qui le voulez.

#### POTINIER

Non, ce sont les affaires... Les affaires sont les affaires... *Times is money*.

#### HERMINIE

Adieu !

#### POTINIER

Adieu ! *Times is money*.

(Herminie et Alfred sortent.)

## SCÈNE XIII

#### POTINIER, seul, puis JULIE

#### POTINIER

Elle est piquée... Elle m'aime tant ! (*Il s'assied et fouille dans des papiers.*) Où donc est ma note pour les frais d'exploitation... Pauvre Herminie, je l'aime aussi, moi. Elle a tout ce qu'on peut désirer chez une femme; une jolie dot et de la modération dans les toilettes... mais sentimentale à l'excès. A l'en croire, on passerait tout son temps en douces causeries, langoureux soupirs, tendres roucoulements et autres fadaises. Ah! voici cette note. (*La regardant.*) Nous disons donc qu'en supposant cinq livres de potasse par quintal de cendre...

JULIE, *donnant une lettre à Potinier.*

Monsieur, voici ce qu'on vient d'apporter du télégraphe.

POTINIER, *ouvrant la lettre.*

Ah! c'est de mon agent de change, il a acheté. (*Sonnant.*) Joseph! (*A Julie.*) Joseph n'est pas là?

JULIE

Non, Monsieur, il est allé au jardin trouver sa femme et son cousin le dragon.

POTINIER

Bien! (*Julie sort; lisant la lettre.*) Ordre excec. Baisse gén. à la clôt. — surtout sur les Bilbao. — Ça ne m'étonne pas. — Graissesac à 110. — Nous perdons 10 francs par action. (*Relisant le papier.*) Baisse générale à la clôture... pourquoi? L'électricité n'est point bavarde... c'est là son moindre défaut. Si la baisse se déclare aujourd'hui, elle se prolongera nécessairement jusqu'à la liquidation, la place étant très chargée à la hausse. Oui, c'est évident, nous ferons une excellente affaire en nous mettant à la baisse. Le Bilbao est au-dessus de son cours normal, je vais donner ordre d'en vendre fin courant 50 pour moi et pour Joseph, puisqu'il m'a chargé de ses intérêts. (*Il écrit.*) Il faut profiter du moment. (*Il sonne, à Julie qui entre.*) Portez ceci au bureau des dépêches.

JULIE

Oui, Monsieur.

#### POTINIER

Opération magnifique. (*Il se frotte les mains.*) La liquidation sera superbe pour les vendeurs.

(Joseph entre par le fond à gauche.)

## SCÈNE XIV

#### POTINIER, JOSEPH

#### POTINIER

Joseph, je viens de recevoir une lettre de mon agent.

#### JOSEPH

Ah! combien gagnons-nous déjà?

#### POTINIER

Nous perdons 750 francs chacun.

#### JOSEPH

Nous perdons!... Ah! mon Dieu! 750 francs! (*Il chancelle.*) Quelle affreuse chose que la Bourse. Et moi qui voulais acheter un château, des chevaux et des domestiques! Je ne pourrai même pas avoir ma petite vigne... Oh! mes petits poulets!... mes lapins!... Oh! mon Dieu! Guerdin de sort! 750 francs! (*Avec colère.*) Mais pourquoi ça? Pourquoi m'avoir fait jouer? Qui vous l'a dit?

#### POTINIER

Eh! quoi! ne m'as-tu pas... toi-même... ici, tantôt!...

#### JOSEPH

Est-ce qu'il fallait croire un homme qui n'a pas d'instruction?... Certainement je voulais jouer à la Bourse, mais à condition de gagner. Du moment qu'on peut perdre... je n'en veux pas.

#### POTINIER

Tu gagneras, mais un peu de patience.

JOSEPH

Je gagnerai!

POTINIER

Le double de ce que tu espérais.

JOSEPH

Le double!

POTINIER

Indubitablement, grâce à la nouvelle spéculation que je viens de faire pour toi... Tu es à la baisse.

JOSEPH, *étonné.*

Je suis à la baisse.

POTINIER

Tu as vendu 50 Bilbao.

JOSEPH

Moi!... 50 Biblao!... mais je n'en ai pas un. Je n'ai pas pu vendre ce que je n'ai pas.

POTINIER

A la Bourse, ça se fait tous les jours. Je viens de donner l'ordre... ils baisseront d'ici à la fin du mois de 50 francs au moins... ce qui fait qu'en rachetant nous gagnons 50 francs par action.

JOSEPH

Mais si ça ne baissait pas?

POTINIER

C'est impossible autrement. Il y a eu dernièrement un incendie qui a dévoré une gare de chemin de fer et brûlé pour plus de trois cent mille francs de marchandises.

JOSEPH

Ah! très bien.

POTINIER

De plus, par suite d'une rencontre de deux convois, quatre wagons ont été brisés et vingt-cinq voyageurs ont péri.

JOSEPH, *se frottant les mains.*

Bon ! Pourvu qu'il y ait encore des accidents, mon Dieu !

POTINIER

C'est à espérer ! Le chemin est très mal construit.

JOSEPH

Quelle chance !

POTINIER

Et puis, il y a une raison générale pour la baisse, c'est la probabilité de la guerre. Notre honneur l'exige.

JOSEPH

Certainement, pas de concessions. Nous sommes Français, et les Français seront toujours Français... voilà mon opinion, et quand nous aurons gagné 50 francs sur nos machines... nos biblots... combien ça fera-t-il ?

POTINIER

Deux mille cinq cents francs.

JOSEPH

Deux mille cinq cents francs ! Vive la Bourse, quoi qu'en dise ma femme.

POTINIER

Comment, elle désapprouverait ce que tu as fait ?

JOSEPH

Entièrement. Nous nous sommes disputé, et elle m'a dit des choses...

POTINIER

Quoi donc ?

JOSEPH

Eh bien, que je perdrais tout mon saint-frusquin, que je deviendrais comme Monsieur, absorbé, inquiet, ennuyeux, maussade...

POTINIER

Silence ! Tu oses me répéter...

#### JOSEPH

Vous me l'avez demandé ! Ensuite elle a voulu aller se promener avec moi, mais comme je voulais savoir la réponse de l'agent, j'ai refusé.

#### POTINIER

Tu as bien fait. Les affaires avant tout.

#### JOSEPH

Alors, elle a pris le bras de mon cousin le dragon... et j'aurais autant aimé... je sais bien que... cependant...

#### POTINIER

Quoi ?

#### JOSEPH

Ça m'inquiète un peu... un peu beaucoup... extrêmement.

#### POTINIER

Voyons, pas de jaloux soupçons... pour une simple promenade... on te met martel en tête.

#### JOSEPH

Si encore on ne m'y mettait... que martel ! (*Il va regarder vers le fond à gauche.*) Ah ! voyez donc comme il fait le gentil avec elle ! (*S'animant.*) Tiens, qu'est-ce qu'il ramasse donc par terre ? C'est une fleur ! il l'offre à ma femme et il la met lui-même dans son estomac.

#### POTINIER

Dame ! un cousin peut bien se permettre...

#### JOSEPH, *s'animant.*

Oh ! les cousins ! les cousins ! voyez-vous, ça ressemble à ceux qu'on voit voler, en été, le long des rivières. C'est mignon, c'est pimpant, c'est joli à l'œil, mais quand ces petites volailles viennent à bourdonner à l'entour de vous, vous asticotent et vous piquent jusqu'au sang. Eh bien, Monsieur, les cousins de famille, c'est tout comme ces petits *incestes*. C'est gentil, mais venimeux.

POTINIER, *souriant.*

Voyons, calme-toi.

JOSEPH

Et ma femme... ma femme qui m'a dit en prenant son bras : Adieu, Joseph, adieu ! rappelle-toi bien que c'est toi qui l'as voulu. Seigneur Dieu, mon Dieu !

POTINIER

Pauvre garçon !

(Il rit.)

JOSEPH

C'est pas vot' femme qu'aurait dit ça.

POTINIER, *devenant tout à coup sérieux.*

Ma femme ! mais si...

(Il va vers le fond à droite.)

JOSEPH

C'est toi qui l'as voulu ! Quoi ? qu'est-ce que j'ai voulu ? (*Pleurant.*) Qu'est-ce qu'on va me faire, Monsieur ?

POTINIER

Laisse-moi tranquille ! (*Il regarde à droite. Joseph regarde à gauche.*) Et Alfred qui fait aussi l'empressé, le joli cœur.

JOSEPH

Il se dandine, il retrousse ses moustaches. (*Il l'imite.*) Ce qui est la grande manière d'être aimable pour messieurs les militaires.

POTINIER

Bien ! il a l'air de faire de la poésie maintenant, il gesticule comme s'il récitait des vers langoureux.

JOSEPH

Ils se donnent de grands coups de poing. Et ma femme rit, et elle a l'air de le trouver charmant, cet homme ; pourquoi ? Parce que c'est un dragon, parce qu'il porte un casque qui reluit et qui a des cheveux... Un dragon !... Voilà-t-il pas ! Ça n'est pas toujours un dragon de vertu.

POTINIER

Ils chevauchent tout près l'un de l'autre ; ils se donnent la main, se regardent avec tendresse. (*Remontant un peu la scène.*) Ah ! mon Dieu !

JOSEPH, *poussant un cri.*

Ah ! ils s'embrassent.

POTINIER

Comment ! tu as vu...

JOSEPH

Oui... deux gros baisers comme ça.
(Il veut embrasser Potinier qui le repousse.)

POTINIER, *agité.*

Il serait possible.

JOSEPH

Que trop ! (*Il pleure.*) Seigneur Dieu ! (*Il se promène de son côté.*) Guerdin de cousin !
(Ils se promènent tous deux avec agitation.)

POTINIER

Fatalité !

JOSEPH, *à part*

Comme ça lui fait de la peine ! (*A Potinier.*) Je vous remercie, Monsieur, de l'intérêt que vous prenez à mon malheureux...

POTINIER

Sors, tu m'ennuies.
(Il va regarder au fond.)

JOSEPH, *regardant aussi.*

Bien ! il se jette aux pieds de ma femme et il fait de grands gestes. (*Il reproduit les gestes d'une déclaration à Potinier.*) Pourquoi, Monsieur, pourquoi mon cousin fait-il comme ça?

POTINIER, *brusquement.*

Eh! pardieu! pour exprimer sa flamme!

JOSEPH

Sa flamme!

POTINIER

Puisqu'il brûle pour ta femme.

JOSEPH

Il brûle! oh! pristi!

(Fausse sortie.)

POTINIER

Où vas-tu?

JOSEPH

Je cours l'éteindre!... Au feu!

(Il disparait.)

## SCÈNE XV

POTINIER, puis JULIE

POTINIER, *regardant.*

Toujours ensemble! (*On entend le son du cor à gauche.*) Toujours éloignés du reste de la chasse... Ciel! ils sont tout près de disparaître dans la forêt... je vais... mon chapeau... (*Il sonne.*) Non... ils s'arrêtent, ma femme prend congé d'Alfred... Il veut l'accompagner, elle résiste... Elle revient ici... et d'un beau galop encore. (*Avec un soupir de satisfaction.*) Ah! je l'ai échappé belle!

(Il s'essuie le front.)

JULIE

Monsieur a sonné?

POTINIER

Ah! oui... un ordre que je voulais donner, mais j'ai changé d'idée.

JULIE

Monsieur n'a donc rien à me dire?

POTINIER

Non... laissez-moi. (*Julie sort.*) Décidément, le danger était grand et je me méfierai du cousin Alfred. Mais pas d'éclat... de l'habileté, tâchons de tout réparer et de regagner l'affection de ma femme... Elle se plaint de mes préoccupations, elle exècre la Bourse, eh bien! disons-lui que nous abjurons la Bourse. Elle aime le sentiment, il suffit. Je vais en faire de mon mieux. La voici.

## SCÈNE XVI

HERMINIE, POTINIER

POTINIER, *d'un air aimable*.

C'est vous, chère amie; vous avez donc quitté la chasse?

HERMINIE, *avec humeur*.

Oui, une affreuse migraine m'a surprise et...

(Elle s'assied sur le divan à gauche.)

POTINIER, *avec empressement*.

Vous êtes malade, cher ange, je cours chercher le docteur.

HERMINIE

Non, n'allez pas aggraver ma situation... ça ne sera rien.

POTINIER

Ah! tant mieux! tant mieux! Voulez-vous prendre une tasse de thé, (*Herminie fait signe que non.*) de tilleul, de camomille? (*Même jeu.*) respirer des sels? (*Il présente un flacon qu'elle repousse.*) Voulez-vous?...

#### HERMINIE

Rien.

POTINIER, *allant mettre un coussin sous le bras d'Herminie.*

Tenez, gardez ce coussin sous votre bras... (*Herminie le refuse.*) Affreuse migraine !... C'est sans doute le soleil qui vous aura causé...

#### HERMINIE

Non, Monsieur, ce sont les contrariétés dont vous m'abreuvez, votre résistance à venir avec nous quand je vous en priais.

POTINIER, *d'un air câlin et mettant un genou sur un tabouret près du divan.*

J'ai eu tort !... oh ! bien tort ! Je suis si heureux auprès de toi, mon amie, ma... (*A part.*) donnons-lui des noms d'oiseau. (*Haut.*) Ma tendre colombe, ma douce gazelle. (*A part.*) Ce n'est peut-être pas un nom d'oiseau, ça ne fait rien. (*Haut.*) Ma tourte...

#### HERMINIE

Laissez-moi, vous devenez fade.

#### POTINIER

Ah ! (*A part.*) Comment faire ?... Ah ! son livre de ce matin.

(Il prend le livre de Musset sur la cheminée et semble le lire avec admiration en faisant de grands gestes et en poussant des exclamations.)

#### HERMINIE, *surprise.*

Qu'y a-t-il donc ?

#### POTINIER

Oh ! la poésie !

(Il se passe la main dans les cheveux qu'il rejette en arrière.)

#### HERMINIE, *à part.*

Quel changement ! (*Haut.*) Vous lisez des vers, maintenant ?

POTINIER

Avec enthousiasme. Écoute, mon ange, quels vers!... écoute!

(Il lit avec emphase, en s'arrêtant à chaque hémistiche.)

Ce fut aux premiers jours d'automne, au mois d'octobre,
Que Mardoche revint — au monde, il était sobre,
D'habitude, il mangeait — vite son cuisinier.

HERMINIE, *riant.*

Ah! ah! il mangeait son cuisinier.

POTINIER

D'habitude, il mangeait — vite son cuisinier
Ne le gênait pas plus — que son palefrenier.

HERMINIE

Vous déclamez admirablement, je vous en félicite.

POTINIER

C'est que je me sens... Oh!

Un dimanche observez — qu'un dimanche la rue
Vivienne est tout à fait vide et que la cohue
Est aux Panoramas — ainsi qu'au boulevard.
Un dimanche matin, une heure, une heure un quart.

(A part.)

L'heure de la réponse des primes, Mardoche...

HERMINIE

C'est bien! (*Il continue ses gestes d'enthousiasme.*) Comment, mon ami, vous aimez la poésie?

POTINIER

Avec fureur.

HERMINIE

Eh bien! je ne m'en serais pas doutée.

POTINIER

Ni moi ce matin. Je viens de le découvrir tout à l'heure. Tous les jours, il arrive qu'on découvre des aptitudes dont on ne se serait jamais douté. (*Avec passion.*) Oui, j'aime la poésie, les brises du matin, les brises du soir, les brises de la nuit, enfin toutes les brises, les rêveries bleues au clair de la lune, les extases d'un cœur, d'un cœur de flamme... que... dont... que... qui bat pour toi. (*A part.*) Ouf! c'est dur, le sentiment, lorsqu'on n'en a pas l'habitude.

HERMINIE, *à part.*

Ah çà! mais, je ne le reconnais plus.

POTINIER

N'est-ce pas que tu oublieras tout, ô Herminie?

HERMINIE

Vous m'avez bien contrariée, Anténor.

POTINIER

Oh! je m'en suis bien repenti, va! Mais tu me pardonnes, n'est-ce pas? (*Il s'essuie les yeux.*) Regarde... je verse des larmes... dis, seras-tu insensible à ce versement? Mes spéculations financières t'ont souvent mécontentée.

HERMINIE

Bien souvent.

POTINIER

Eh bien! j'y renonce. Mes actions vont totalement changer. Je connais mes obligations, et désormais tout mon souci sera de satisfaire tes moindres désirs, tes moindres caprices... Tu veux un cachemire des Indes, tu l'auras... fin courant... après ma liquidation, dussé-je aller le chercher moi-même dans son pays natal.

HERMINIE

Vous m'aimez donc?

POTINIER

Si je l'aime! Elle me le demande, grand Dieu! Mais tout mon espoir, toute ma tendresse, n'est-ce pas sur toi que j'en ai fait le report? Eh bien! loin de s'affaiblir, mon amour pour toi est en voie de hausse, chère Herminie.

### HERMINIE

A la bonne heure. Je trouve enfin chez vous quelques paroles d'affection.

### POTINIER

De l'affection! — Dis donc de la passion! du délire!

### HERMINIE

Cela durera-t-il?

### POTINIER

Éternellement, âme de ma vie. Sois tranquille, les sentiments qui sont là (*Il se frappe le cœur.*) resteront toujours... d'une fermeté remarquable... jusqu'à la clôture.

### HERMINIE

Comment la clôture?

### POTINIER

La fin de mon existence. C'est ce que je voulais dire. Jamais de réaction, et il peut nous rester encore un gros dividende de bonheur à partager.

### HERMINIE, *souriant*.

Votre langage sent encore un peu la Bourse, mais je vous sais gré de vos excellentes intentions et je vous pardonne.

### POTINIER

Que de grâces!

(Il lui baise la main.)

### HERMINIE

Alfred!

## SCÈNE XVII

#### Les Mêmes, ALFRED

POTINIER

Victoire! nous avons fusionné!

ALFRED

Comment!

HERMINIE

Oui. (*Après un silence.*) Une petite discussion qui est terminée.

POTINIER

Au mieux.

ALFRED

Ah! vous avez eu une discussion?

HERMINIE

C'était à propos de cette place de substitut qu'on vous offre à Narbonne. Nous n'étions pas d'accord sur le point de savoir si nous devions vous engager à accepter.

ALFRED, *à Potinier.*

Comment, vous voulez m'exiler dans cette ville lointaine?

POTINIER, *surpris.*

Moi?

HERMINIE, *bas à Potinier.*

Il faut bien lui donner un prétexte, (*A Alfred.*) et c'était moi qui exprimais le désir de vous voir accepter...

ALFRED

Vous?

HERMINIE

Moi-même. Et j'espère que dans l'intérêt de votre

avenir, auquel je m'intéresse beaucoup, vous vous rendrez à ce conseil.

ALFRED

Mais...

HERMINIE, *accentuant.*

Je vous en prie très instamment.

ALFRED, *à part.*

Allons, mon congé est signé ! Que s'est-il donc passé ?


## SCÈNE XVIII

Les Mêmes, JOSEPH

POTINIER, *à Joseph.*

Eh bien ?

JOSEPH.

Il était temps... Une minute plus tard, ils allaient brûler tous les deux.

HERMINIE

Comment ?

POTINIER, *souriant.*

Rien... un commencement d'incendie dans son hangar.

HERMINIE, *à Joseph.*

Vous en êtes quitte, grâce à Dieu !

JOSEPH

Heureusement pour cette fois.

HERMINIE

Pour l'avenir, je vous conseille de vous faire assurer.

JOSEPH

Par malheur, il n'y a pas d'assurance pour ça... Et pourtant, s'il y avait une mutuelle... que de monde ! (*A Potinier.*) N'est-il pas vrai, Monsieur, qu'il...

POTINIER, *l'interrompant brusquement.*

C'est bien. Tu sauras que nous allons arrêter toutes nos opérations.

JOSEPH

Ah! tant mieux! Ça me rongeait de souci et j'en aurais bientôt eu par-dessus la tête. Décidément, j'achèterai la petite vigne d'à-côté, où je vivrai seul avec avec ma femme et mes... (*S'attendrissant.*) Oh! je les vois déjà sauter autour moi!

POTINIER

Qui donc?

JOSEPH

Mes petits lapins.

HERMINIE, *à Potinier.*

Et vous, mon ami, c'est bien décidé, n'est-ce pas, vous renoncez à la Bourse?

POTINIER

C'est fini; plus d'achats, de ventes, de primes, plus de Bourse, jamais plus! (*A part.*) Une fois que je me serai rattrapé.

FIN

# LE CHASSEUR AUX SECRETS

COMÉDIE EN UN ACTE

## PERSONNAGES

FOUINET, 40 ans.
MONTRICHARD, 50 ans.
EDMOND.
ALFRED.
D'OUTRETOMBE, notaire
DUBOIS.
BOULARD.
LUCIEN.
JACQUES, domestique.
CLARA.
ADOLPHINE.
INVITÉS.

# LE CHASSEUR AUX SECRETS

Le théâtre représente un salon élégant. — Portes au fond. — A gauche, au fond, une table de jeu. — A droite, sur le second plan, une petite bibliothèque au bas de laquelle se trouve un bureau élégant. — En face, une glace et une pendule. — Du même côté, au fond, une table de jeu.

## SCÈNE PREMIÈRE

### MONTRICHARD, puis ADOLPHINE

MONTRICHARD, *écrivant.*

Prenons une tournure plus habile : « Je désire à mon tour... » Non, ce serait trop direct.. « Permettez-moi » de vous faire part d'un vœu qu'ont formé tous mes » amis, qui sont aussi les vôtres... » Je crois que ce tour-ci est préférable, et qu'il s'enchaîne mieux au reste de la lettre. Voyons un peu : *(Il lit.)* « Mon cher monsieur ». Hum, c'est bien sec... Mettons monsieur le député... avec un grand D. Il n'y a rien de flatteur comme une majuscule. *(Il corrige sa lettre, puis continue de lire.)* « J'ai appris votre réélection avec beaucoup de joie... » C'est faible. — « Avec la joie la plus vive. — On devait » bien cet hommage à votre mérite supérieur, à votre

» vaste intelligence, à votre génie transcendant. Je suis
» fier, pour mon compte, d'avoir contribué à ce beau
» triomphe, autant qu'il était en moi, notamment dans
» le canton de Sablonville, où mes propriétés ont l'hon-
» neur d'être voisines des vôtres. Permettez-moi, main-
» tenant, de vous faire part d'un vœu qu'ont formé
» tous mes amis, qui sont aussi les vôtres... » — Oui,
c'est cela!... (*Il prend la plume.*) Aussi les vôtres...
(Pendant qu'il cherche, Adolphine entre.)

ADOLPHINE

Donnez-moi votre avis, mon bon oncle.

MONTRICHARD, *continuant.*

« Ce désir serait... »

ADOLPHINE

Comment me trouvez-vous pour le bal?

MONTRICHARD, *distrait.*

Charmante... (*Il continue. — Adolphine se pose devant la glace.*) « Ce désir serait de me voir décerner la déco-
» ration comme une récompense à mes longs travaux...
» au ministère de la guerre. » (*A part.*) De la guerre!
Ça peut compter très bien pour des services militaires.

ADOLPHINE

Ma robe est-elle assez bouffante?

MONTRICHARD

A ravir. — « Je crois sans vanité en être digne, et
» par les services que j'ai rendus et par ceux que je
» me propose de rendre dans l'avenir. Vous savez que
» depuis vingt-cinq ans je suis chef des expéditionnaires
» au ministère de la guerre... »

ADOLPHINE

Cette coiffure est-elle bien?

MONTRICHARD

On ne peut plus belle. — « Le ruban rouge a été le
« rêve de ma vie. »

ADOLPHINE, *devant la glace.*

Je me félicite alors d'en avoir mis dans ma coiffure... (*Elle s'approche de Montrichard.*) Si j'y plaçais des fleurs auprès ?

MONTRICHARD

Quelles fleurs ?

ADOLPHINE

Mêlées aux rubans rouges.

MONTRICHARD

Des fleurs mêlées au ruban rouge ?

ADOLPHINE

Dans mes cheveux.

MONTRICHARD

Ah ! — Du moment que nous parlons toilette, je ne pourrai jamais continuer.

ADOLPHINE

Je vous laisse, mon oncle, si votre lettre est pressée.

MONTRICHARD

Non, mon enfant. — D'ailleurs les idées ne me viennent pas facilement ce soir. Demain, je terminerai.

(Il serre la lettre sous un large presse-papier.)

ADOLPHINE

Vous faites bien d'ajourner, car vos invités vont arriver. (*Elle regarde la pendule.*) Voici l'heure du bal.

MONTRICHARD

Hélas ! oui.

ADOLPHINE

Savez-vous que vous n'avez pas l'air du tout satisfait de donner cette petite fête ?

MONTRICHARD

Mon Dieu ! je m'y suis résolu pour rendre les invitations que nous avons reçues, et je ne te dissimulerai pas que rien au monde me paraît moins séduisant. Etre obligé de faire amuser pendant toute la nuit une foule de gens que l'on connaît à peine, et qu'on a été obligé d'inviter afin de pouvoir se procurer ce phénix indispensable qui s'appelle un danseur et dont l'espèce tend chaque jour à disparaître.

ADOLPHINE

C'est vrai.

MONTRICHARD

Je ne parle pas des mille petits accidents d'une soirée dansante : les bougies qui coulent, les sorbets qui fondent, les verres de punch qu'un domestique maladroit laisse tomber sur une toilette, la corde qui se casse au piano, les moqueries sur votre fête qu'échangent sournoisement vos invités... en absorbant votre punch. Bref, tout un monde de soucis, de tribulations, au milieu desquels il vous faut paraître la lèvre souriante et le front joyeux, quand la mauvaise humeur vous étouffe...

ADOLPHINE, *souriant.*

Si vous commencez déjà...

MONTRICHARD, *avec douceur.*

Je commence aussi à la réprimer et à sourire, ma bonne Adolphine. D'ailleurs, ne devais-je pas donner ce bal, ne fût-ce que pour toi... une demoiselle à marier !... (*A part, et prenant une prise.*) Ce sont les frais de publicité.

ADOLPHINE

Quoi ! vous penseriez à mon mariage ?

MONTRICHARD

Et qui donc devrait y songer si ce n'est moi, ton oncle et ton tuteur ? Il est vrai que ta dot sera modeste, et que par le temps qui court les maris sont hors de prix... encore même n'en a-t-on pas toujours pour son argent ! Mais tu es si gentille et si bonne qu'il sera heureux et fier celui que j'appellerai mon neveu.

ADOLPHINE

Il le sera surtout parce qu'il vous aime beaucoup.

MONTRICHARD

Comment? il m'aime beaucoup...

ADOLPHINE

Oui, je vous assure.

MONTRICHARD

Qui?

ADOLPHINE

Vous le savez bien..., M. Edmond.

MONTRICHARD

Ah!... j'étais loin de me douter... Il t'aime donc?

ADOLPHINE

De toute son âme. — Il me l'a répété cent fois, et il a chargé sa famille de vous le dire ; je croyais la chose faite, mais ces grands-parents sont d'une telle négligence !...

MONTRICHARD

Allons, je vois à ton impatience que les prétentions d'Edmond ne te déplaisent pas. Après tout, ma foi, c'est un fort aimable garçon, avocat et pourtant modeste, très élégant et pourtant très instruit. — Un brave garçon qui sera riche à la mort de son oncle. Si tu le préfères à tous, mon Adolphine, eh bien ! ce sera aussi celui que j'aimerai le mieux.

ADOLPHINE

Mon bon oncle !

(Elle présente son front à Montrichard qui l'embrasse.)

MONTRICHARD, *l'imitant.*

Mon bon oncle !... On est toujours votre bon oncle quand on fait tout ce que vous voulez.

(Adolphine s'approche de la glace et arrange sa toilette.)

## SCÈNE II

### Les Mêmes, JACQUES

MONTRICHARD, *apercevant Jacques qui entre par la porte de droite portant un lustre.*

Qu'est-ce donc ?

JACQUES, *d'un air très naïf.*

C'est moi, monsieur Montrichard.

MONTRICHARD

Est-ce qu'on entre comme ça sans frapper?

JACQUES

Je viens de la part de votre cousin, M. Oscar Beaudrineau, chez qui donc que je suis jardinier. Il m'a dit comme ça de vous porter ce quinquet, et d'aider votre domestique François pour votre bal de ce soir.

MONTRICHARD

Ah! très bien! Tu remettras ce lustre à François, qui le placera dans la salle. Il te donnera en même temps ta livrée.

JACQUES, *joyeux.*

Une livrée! J'aurai une livrée avec de beaux galons!

MONTRICHARD

Oui, va trouver John.

JACQUES

John... Qu'est-ce que John?

MONTRICHARD

C'est François.

JACQUES

Ah!

MONTRICHARD

Et toi, comment te nomme-t-on?

JACQUES

On me nomme Jacques.

MONTRICHARD

C'est encore bien commun. Pour ce soir, tu t'appelleras Fritz.

JACQUES

Ça suffit, Monsieur; *Friss!* un drôle de nom.

MONTRICHARD

C'est un nom allemand. Surtout, ne dis rien à personne de ce changement!

JACQUES

Monsieur peut être tranquille. Seulement, il est bien convenu avec monsieur que je ne suis *Friss* que jusqu'à demain... parce que, voyez-vous, je suis habitué à être Jacques... (*A part.*) Friss! Friss!... Après ça, c'est un nom italien.

(Il sort.)

## SCÈNE III

### MONTRICHARD, ADOLPHINE

ADOLPHINE

Mais, mon oncle, pourquoi prendre ce domestique, qui, du reste, paraît fort niais? François aurait bien suffi.

MONTRICHARD

D'accord, mais deux domestiques à livrée, cela fait bien dans un bal... car ils auront des livrées; j'en ai loué de superbes.

ADOLPHINE

Une dépense qui, je l'avoue, me paraît inutile.

MONTRICHARD

Elle était complètement indispensable à cause des invités de distinction que nous devons avoir, notamment le cousin de M. le comte de Tournovent, notre député; M. de Maurepois, à qui je ne saurais faire trop d'honneur. J'ai quelque chose à lui demander. Nous aurons aussi des hommes politiques.

ADOLPHINE

Ce n'est pas gai.

MONTRICHARD

J'en conviens : ils se tiennent d'ordinaire dans l'embrasure des croisées où ils se chuchotent de grands secrets sur de petites choses ; mais cela donne du relief à un bal... C'est comme un lustre de plus dans la salle. En somme, nos invités seront tous fort bien, sauf... M. Fouinet.

ADOLPHINE

Celui-là est un grand causeur, cependant.

MONTRICHARD

Beaucoup trop causeur !... Quel indiscret personnage... et curieux ! Certes ! ce n'est pas lui qui, au paradis terrestre, aurait eu besoin, pour mordre à la pomme, des exhortations d'Ève et des tentations du serpent : il aurait couru bien vite à l'arbre. Son bonheur est de surprendre, pour le divulguer ensuite, tout ce qu'on voudrait laisser dans le mystère. Nul n'est plus habile à faire la chasse à un secret ; il le poursuit dans les replis les plus cachés de votre âme, et, lorsqu'après vous avoir harcelé de questions, il est parvenu à le saisir, il s'en va tout joyeux le porter en pâture au premier venu. Importun comme une guêpe, malicieux comme un singe, bavard comme une pie, c'est un homme à chasser de partout, et je me serais bien gardé de l'inviter, sans l'amitié qui te lie avec sa femme.

ADOLPHINE

Je vous remercie bien vivement de ce sacrifice à mes affections. Clara est, en effet, une de mes meilleures amies, et j'aurai le plus grand plaisir à me trouver ce soir avec elle.

## SCÈNE IV

Les Mêmes, JACQUES, puis FOUINET, CLARA

JACQUES, *en livrée, paraissant à droite et refermant la porte.*
Monsieur...

MONTRICHARD, *avec impatience.*
Ne t'ai-je pas dit de ne jamais entrer sans frapper ?

JACQUES
C'est juste — et puisqu'il faut frapper... (*Il va taper sur la porte, puis se rapproche de Montrichard.*) Comme vous voyez, je viens de me costumer.

MONTRICHARD
Très bien.

JACQUES
Pas tout à fait très bien, cette houppelande m'est un peu grande... et ces gants un peu petits.

MONTRICHARD
C'est pourtant du n° 18 3/4.

JACQUES
Eh bien! j'ai mis tout de même un quart d'heure à les chausser... mais c'est égal, je suis content. Avec ça, au moins, je ne ressemble pas à un paysan... j'ai l'air d'un domestique!
(*Il se pavane en écartant les doigts.*)

MONTRICHARD
Tu es superbe ! mais tiens-toi à l'antichambre.

### JACQUES

C'est dommage, les uniformes ça fait bien dans un salon.

(Il se dirige vers le fond, et au moment où il va disparaître, on entend la voix de Fouinet.)

### FOUINET, *au dehors.*

Annoncez M. et madame Fouinet.

### JACQUES

Tiens, pourquoi donc faut-il que je vous annonce?... Vous n'avez qu'à entrer, on verra bien que c'est vous.

(Ils entrent.)

### MONTRICHARD, *à Jacques avec vivacité.*

Monsieur a raison et...

### JACQUES

Du moment que vous y tenez. (*Élevant la voix.*) Je vous annonce que M. et madame Fouinet sont entrés.

(Fouinet a les allures frétillantes, toujours le nez au vent, la curiosité en éveil.)

### MONTRICHARD, *allant au-devant de Clara.*

Madame...

### ADOLPHINE

Bonjour, Clara.

### MONTRICHARD, *à Fouinet.*

Je vous salue, mon cher Fouinet... Tout à l'heure encore nous parlions de vous.

### FOUINET

Vous êtes vraiment trop bon, je vous remercie mille fois.

### MONTRICHARD, *à part.*

Il n'y a pas de quoi.

(Il s'éloigne et disparaît vers le fond à gauche.)

### ADOLPHINE, *à Fouinet.*

Monsieur Fouinet, je vous enlève Clara, je veux lui

montrer la salle de danse — le théâtre de ses triomphes pour ce soir.

(Fouinet s'incline.)

FOUINET, *à Clara.*

Allez, Madame. (*A Adolphine.*) Et vous aussi, Mademoiselle ; en attendant que je puisse dire : Allez, Madame. (*A Adolphine, d'un air confidentiel.*) Ce qui sera bientôt, d'après certains bruits...

ADOLPHINE

Je ne crois pas, Monsieur.

FOUINET

Très bien. Les demoiselles doivent tout ignorer, c'est convenu.

JACQUES, *qui entre par la droite, aperçoit Montrichard, qui va entrer par la gauche, et l'annonce à haute voix.*

M. Montrichard !

MONTRICHARD

Mais, animal, on n'annonce pas le maître de la maison.

JACQUES

Fallait le dire.

(Il sort par la gauche. Clara et Adolphine s'en vont par la droite en riant.)

## SCÈNE V

MONTRICHARD, FOUINET, puis JACQUES

FOUINET, *lançant ses questions avec vivacité et un sentiment de curiosité avide.*

Eh bien ! cher monsieur Montrichard, toujours rayonnant de santé ?

MONTRICHARD

Toujours.

FOUINET

Votre sœur est-elle bien aussi ?

MONTRICHARD

A merveille.

FOUINET

Et... votre beau-frère est-il toujours sous-préfet à Remiremont ? hein ?

MONTRICHARD

Oui.

FOUINET

Voilà bien longtemps qu'il occupe ce poste ; je le croyais pourtant en lutte avec le conseil municipal.

MONTRICHARD

L'harmonie s'est rétablie.

FOUINET

Tant mieux, tant mieux ! Et nous, mon cher ami, quand aurons-nous cette étoile de l'honneur qui rayonne si bien sur une poitrine ?

MONTRICHARD, *troublé*.

Moi ?... mais je n'espère pas...

FOUINET

Ah ! je croyais que vous étiez dans l'intention de vous mettre sur les rangs.

MONTRICHARD

Mais pas du tout, je vous assure. (*A part.*) Comment diable sait-il cela ? (*A Fouinet.*) Je ne demande rien.

FOUINET

Alors on m'aura mal renseigné. C'est fâcheux, car personne n'est plus digne que vous de cette distinction.

MONTRICHARD

N'est-ce pas que j'ai des titres ?... (*Se ravisant.*) si jamais il m'arrive de la solliciter.

FOUINET

Des titres superbes !

MONTRICHARD

Trente-cinq ans de services ! Oui, monsieur, voilà trente-cinq ans que je commande un corps d'expéditionnaires — au ministère de la guerre ! ! J'ai eu six fauteuils usés sous moi.

FOUINET

Et puis, n'êtes-vous pas, de plus, ancien militaire ?

MONTRICHARD

Non, mais j'ai beaucoup de mes employés qui le sont.

FOUINET

Alors, ça revient au même.

JACQUES, *annonçant.*

M. d'Outretombe.

(Il sort.)

FOUINET, *à Montrichard.*

L'homme grave par excellence ! Quel réfrigérant pour votre soirée ! Vous pourrez le faire circuler avec les glaces.


## SCÈNE VI

FOUINET, MONTRICHARD, D'OUTRETOMBE
puis JACQUES et M. DUBOIS

(D'Outretombe est raide et compassé, il a une très haute cravate blanche et un toupet.)

MONTRICHARD

Votre serviteur, mon cher notaire.

D'OUTRETOMBE, *s'inclinant.*

Mes respects.

FOUINET, *à d'Outretombe.*

Ce bon monsieur d'Outretombe, quel plaisir de vous voir ! Comment n'avez-vous pas amené votre femme ? serait-elle malade ?

MONTRICHARD, *à part.*

Cet homme se pose toujours en point d'interrogation.

D'OUTRETOMBE, *à Fouinet.*

Madame d'Outretombe est momentanément à Lyon chez une de ses tantes.

FOUINET

Ah ! et les affaires ?... et l'étude ?... cela va bien toujours ? hein ?

D'OUTRETOMBE

Oui (*Il prononce ouâ.*) Je viens de faire un petit voyage.

FOUINET

Ah ! Où donc ?

D'OUTRETOMBE

En Italie.

FOUINET

Charmante excursion...

D'OUTRETOMBE

Oui.

(*Même prononciation.*)

FOUINET

Les beautés de la nature, les splendeurs de l'art !... le...

D'OUTRETOMBE

Pardon ! Tel n'était pas le but de mes pérégrinâtions (*il appuie sur l'a.*) Je m'y suis proposé un but plus digne d'un homme sérieux et j'ai dirigé spécialement mes observâtions, mes méditâtions, sur les diversités de législâtion et d'administrâtion des populâtions.

FOUINET, *à part.*

Quelle affectâtion dans sa prononciâtion !... (*A d'Outretombe, en lui serrant la main.*) Mes félicitâtions.

JACQUES, *à Dubois, vers le fond, à droite.*

Entrez... (*Se rappelant.*) Non, pas encore... (*Il le pousse à l'extérieur.*) Il faut que je vous annonce.

DUBOIS

Annoncez Du Bois et sa fille.

JACQUES

Bien — monsieur Dubois.

DUBOIS

Non, M. *Du Bois*... en deux mots...

JACQUES, *annonçant.*

M. Dubois en deux mots... avec sa fille. — (*A Dubois.*) En combien?

DUBOIS, *à Jacques.*

Imbécile !

JACQUES

Avec sa fille imbécile.

MONTRICHARD

Fritz !... (*Plus haut.*) Fritz !...

JACQUES, *appelant aussi.*

Fritz ! (*A part, se ravisant.*) Ah ! c'est moi... Fritz... j'avais oublié...

MONTRICHARD

Va-t'en et n'annonce plus qui que ce soit.

JACQUES

C'est entendu, Monsieur... (*Entre les dents.*) Pour l'agrément que ça donne.

MONTRICHARD, *sévèrement.*

Qu'as-tu donc à grommeler?

JACQUES

Rien, Monsieur. (*Se retournant au moment de sortir vers la droite.*) J'annonce que je sors.

(*Il disparaît.*)

MONTRICHARD, *à Dubois et à sa fille.*

Je suis vraiment désolé de la gaucherie de ce garçon... il est arrivé tout récemment d'Allemagne, et il ne comprend pas encore parfaitement...

(Il accompagne vers la salle de bal M. Dubois et sa fille.)

## SCÈNE VII

D'OUTRETOMBE, FOUINET

FOUINET

Il y a longtemps que je n'avais vu ce M. Dubois... C'est un de vos clients, je crois?...

D'OUTRETOMBE

Non, Môssieur.

FOUINET

Cela m'étonne, car vous êtes voisins. — A propos de clients, c'est vous, sans nul doute, qui rédigerez le contrat de mariage de mademoiselle Adolphine?

D'OUTRETOMBE

Mademoiselle Adolphine?

FOUINET

La nièce de M. Montrichard, notre amphitryon?

D'OUTRETOMBE

Est-ce qu'elle se marie?

FOUINET, *d'un air de mystère.*

Oui, je l'ai entendu dire... mais vous devez savoir mieux que personne avec qui, hein?

D'OUTRETOMBE

Je l'ignore absolument.

FOUINET

Hum... vous ne me persuaderez pas cela.

#### D'OUTRETOMBE
Je vous l'affirme pertinemment.

#### FOUINET
A d'autres. Voyons, avouez-le... entre nous... ça n'ira pas plus loin, hein ?... hein ?...

#### D'OUTRETOMBE
Mais puisque je ne sais rien, Môssieu ! (*Regardant vers le fond à gauche.*) Ah ! j'aperçois Montrichard au salon, excusez-moi si je vous quitte un instant, j'ai à lui parler...

#### FOUINET
De quoi ?... (*Il le retient.*) Serait-ce, par hasard, au sujet de.... (*Il montre sa boutonnière.*) Vous savez... hein?

#### D'OUTRETOMBE
En aucune façon.

#### FOUINET
Des gens haut placés m'ont affirmé qu'il sollicite la décoration (*Riant.*) pour services militaires... dans son bureau. (*Montrant vers le fond.*) Tenez, voyez comme il cause avec le cousin du comte de Tournovent, son député, là... dans l'embrasure d'une croisée, comme tous les intrigants.

#### D'OUTRETOMBE
Ouâ.

#### FOUINET
Ah ! je vous défie bien de l'aborder en ce moment. Quand il est avec un personnage influent, il ne reconnaît plus personne.

#### D'OUTRETOMBE
J'aime à croire le contraire, et je vais en faire l'expérience. (*Saluant.*) Mes respects ! (*A part.*) Quel méchant bavard ! (*Haut.*) Mes respects !

#### FOUINET
Au revoir ! (*A part.*) Quel affreux cachottier !

## SCÈNE VIII

### FOUINET, puis JACQUES

#### FOUINET

Dieu! craint-il de se compromettre! Oh! les notaires! Voilà des gens qui ne se prononceront jamais sur quoi que ce soit! Ils sont de tous les partis, de toutes les religions, de toutes les confréries ; ils cultivent tous les terrains pour y semer des sourires et y récolter des clients. (*Apercevant Jacques, qui traverse le fond de la salle avec un plateau*). Ah! un domestique! Il est probable que celui-là n'y mettra pas tant de mystère, (*A Jacques.*) Fritz! (*Jacques ne répondant pas, il lui frappe sur l'épaule.*) Dis-moi, mon garçon...

(Jacques, qui goûtait un verre de sirop, le dépose vivement.)

#### JACQUES

Plaît-il, Monsieur ?

(Il dépose son plateau sur une table.)

#### FOUINET

Approche, jeune fils de la blonde Germanie.

#### JACQUES, *riant*.

Moi? Je suis le fils de la blonde Germanie? Ma mère s'appelait Jacqueline, et elle était brune.

#### FOUINET

Tu es donc Français?

#### JACQUES

Non, Monsieur : je suis Auvergnat.

#### FOUINET

Alors, comment se fait-il que tu t'appelles Fritz ?

#### JACQUES

Moi? je m'appelle Jacques, Jacques Trifouillat... qui

est le nom de mes *pères* et mères. C'est M. Montrichard qui m'a baptisé Fritz... un nom espagnol...

FOUINET, *riant.*

Ah! je vois! La vanité! Pauvre homme!... Ainsi, il t'a imposé un nom, comme il a l'air de t'avoir imposé une livrée, car celle-ci n'est pas à ta taille.

JACQUES

C'est vrai, je nage dedans; mais regardez un peu (*Il montre ses jambes.*) J'ai des bas superbes... et des mollets... sont-ils beaux, hein? je viens de les mettre tout à l'heure. Il n'y a que les gants qui me taquinent, vu qu'ils sont joliment étroits. Heureusement que les mailles s'en vont et que ce n'est que pour ce soir. Demain, je reprends mon nom et mes habits de tous les jours. (*Fouinet rit.*) Au moins, Monsieur, n'en dites rien à personne.. Ça fâcherait M. Montrichard, qui m'a bien recommandé le secret.

FOUINET

Sois tranquille, je suis discret. Aussi tu peux me confier en toute sûreté si ce qu'on dit est vrai...

JACQUES

Qu'est-ce qu'on dit?

FOUINET, *à mi-voix.*

Qu'il y aura bientôt un mariage...

JACQUES, *d'un air mystérieux.*

Oui... c'est vrai!

FOUINET

Ah!

JACQUES

La noce se fera dans dix jours...

FOUINET

Dans dix jours...

JACQUES

Un superbe mariage, Monsieur... 400 francs de dot!

#### FOUINET

Quatre cents francs !

#### JACQUES

Sans compter les espérances !

#### FOUINET

Allons donc !

#### JACQUES

Je vous jure que je n'exagère pas d'un centime. Ma future m'apportera fort bien quatre cents francs de dot, dans son tablier.

#### FOUINET

C'est toi qui te maries ?

#### JACQUES

En personne individuelle, avec mademoiselle Thérèse, la cuisinière de M. Montrichard... Et je vous remercie de vous intéresser...

(Il lui tend la main, mais Fouinet ne la prend pas.)

#### FOUINET

Comment, c'est là tout ce que tu sais en fait de mariage ?

#### JACQUES

Tiens, mais c'est déjà beaucoup pour moi.

#### FOUINET

Et tu n'aurais pas entendu parler de celui de mademoiselle Adolphine ?

#### JACQUES

Non, Monsieur. Du reste, je ne suis pas de la maison. Je suis jardinier chez M. Oscar Baudrineau... qui m'a donc prêté pour ce soir, avec un lustre...

#### FOUINET, *riant.*

L'un portant l'autre...

#### JACQUES

Oui, Monsieur... (*Naïvement..*) C'est moi qui portais

le lustre. De sorte que, servant chez M. Baudrineau, je ne peux pas vous renseigner.

(Il prend un plateau et va vers la porte.)

FOUINET

Et lui ?... ne se marie-t-il pas... M. Oscar ?

JACQUES, *déposant son plateau et parlant avec mystère.*

Pour ça, oui, d'après les *on dit-on.*

FOUINET

Ah ! très bien.

JACQUES

D'après les *on dit-on*, vous savez. C'est un bruit des cuisines.

FOUINET

Et avec qui le mariage ? hein ?

JACQUES

J'ignore.

FOUINET, *désappointé.*

Ah !... (*Pendant que Jacques va reprendre son plateau.*) Mais... c'est cela ?... J'y suis... puisqu'Adolphine se marie aussi... position équivalente... deux cousins... ça s'aime toujours, deux cousins... (*A Jacques.*) Ainsi tu n'as jamais vu la future de ton maître ?

JACQUES, *revenant et remettant le plateau sur la table.*

Non, Monsieur, ce que j'ai pu savoir, d'après les *on dit-on...*

FOUINET

Toujours les bruits de cuisine.

JACQUES

C'est que cette prétendue, de M. Oscar, est une grande brune.

FOUINET

Précisément, Adolphine est assez grande, à peu près brune. — Il n'y a pas à s'y tromper.

JACQUES

Un caractère très doux.

FOUINET

C'est de toute évidence. (*A Jacques.*) Merci, mon garçon !

JACQUES, *reprenant le plateau.*

Alors, je vas continuer de rafraîchir la société avec du vin chaud.

FOUINET

Il te faudra aller chercher un autre plateau, par exemple, car tu n'as plus qu'un verre que je prends... Encore n'est-il pas plein... (*Il boit.*) Hum ! c'est âpre !

JACQUES

N'est-ce pas que ça manque de sucre ?

FOUINET

Complètement. Mais comment sais-tu ça ?

JACQUES, *se retirant.*

J'y avais déjà goûté tout à l'heure.

FOUINET

Comment, drôle !

JACQUES

Oui, Monsieur... même c'est pour ça que le verre n'était pas plein. A propos, c'est entendu, — *motus* sur tout ce que je vous ai dit ! M. Montrichard m'a tellement recommandé...

(Fouinet fait un signe affirmatif. Jacques disparaît.)

FOUINET

Oh ! la bonne histoire ! Montrichard qui emprunte des jardiniers qu'il déguise en domestiques et qu'il appelle Fritz! (*Il rit*). Ah ! j'aperçois d'Outretombe. C'est la froideur personnifiée, un homme de marbre, un homme qu'on devrait poser sur un piédestal de jardin public Eh bien ! je gage qu'il rira pour la première fois de sa vie quand je lui aurai raconté cette singulière métamorphose. (*D'Outretombe paraît au fond à droite. Fouinet court à lui.*) Cher monsieur d'Outretombe, voulez-vous me permettre de vous dire un mot ?

D'OUTRETOMBE

Ouâ.

FOUINET

Figurez-vous... (*Ils sortent par la gauche en même temps qu'Adolphine et Clara entrent en se donnant le bras. Il les salue. — A d'Outretombe*). Figurez-vous, mon cher ami...

(Ils disparaissent.)

## SCÈNE IX

### ADOLPHINE, CLARA

CLARA, *désignant une dame qui se promène au fond, au bras de Lucien.*

Ah ! ma chère, regarde donc, madame de Mortemare en robe rose... si ce n'est pas ridicule, à son âge !

ADOLPHINE

Et notre amie Alice... As-tu remarqué son corsage cerise, parsemé de grands nœuds qui étaient à la mode il y a deux ans.

CLARA, *de même.*

Et puis une berthe avec une garniture chicorée en torsade, et à sa jupe deux rangs de bouillonnés vert-pomme... Est-elle fagotée, mon Dieu ! On dit qu'elle va se marier.

ADOLPHINE

Ah !

CLARA

Mais oui, elle est fort recherchée.

ADOLPHINE

Ce ne sont pourtant pas ses qualités qui...

CLARA

Elle est riche, et comme aujourd'hui on ne prise que les qualités contrôlées par le notaire...

ADOLPHINE

C'est juste.

CLARA

Et toi, chère Adolphine, est-ce que tu ne te décideras pas à suivre notre exemple, à balbutier devant M. le Maire le *oui* sacramentel?

ADOLPHINE

J'avoue que j'hésiterai longtemps à quitter la maison de mon oncle : il est si bon, si affectueux.

CLARA

D'accord ; mais le meilleur des oncles ne vaut pas un mari passable, et tôt ou tard...

ADOLPHINE

C'est à lui que je confie le soin de trouver le moment opportun et de choisir...

CLARA

Ah! de sorte que de ton côté tu n'aurais distingué personne.

ADOLPHINE

Personne.

CLARA

Hum!... C'est pourtant le premier souci qui nous vient en sortant de pension et souvent même auparavant.

ADOLPHINE

Ne dois-je point avant tout me confier en l'expérience de mon oncle?

CLARA

Sans doute. De façon que s'il te proposait M. Ruffin, par exemple, tu accepterais tout de suite?

ADOLPHINE

Je ne le choisirai pas, bien certainement, il est trop vieux.

CLARA

Et s'il te présentait M. Vandré?

ADOLPHINE

Quelle supposition ! il est trop grand.

CLARA

Monsieur Berton?

ADOLPHINE

Trop petit.

CLARA

Et... s'il s'agissait de M. Edmond ?

ADOLPHINE

Je... Je ne sais...

CLARA

Il est fort gentil.

ADOLPHINE, *vivement*.

N'est-ce pas ?

CLARA, *l'imitant*.

Ah! — N'est-ce pas ?

ADOLPHINE

Est-ce que mon oncle y aurait songé ?

CLARA

Je l'ignore, mais ce qui est certain c'est que tu y as pensé plus d'une fois.

ADOLPHINE

Moi?

CLARA

Oui, toi! Voyez-vous la petite sournoise: *Je n'ai distingué personne... je me soumettrai au choix de mon oncle...* Oui, à condition qu'il choisira celui que je préfère...

#### ADOLPHINE

Voyons, cesse de railler, puisque je t'avoue que tu as deviné.

#### CLARA

A la bonne heure, te voilà sincère. Et pourquoi dissimuler? Le grand mal, mon Dieu! de se marier par inclination... ne fût-ce que pour la rareté du fait, aujourd'hui que le mariage n'est plus que l'échange de deux portefeuilles et le jeu de la fortune et du hasard!

#### ADOLPHINE

Chut! le voici.


## SCÈNE X

Les Mêmes, EDMOND


#### EDMOND

Je vous cherchais, Mesdames, pour vous prier de vouloir bien m'accorder une contredanse.

#### CLARA, *regardant son carnet.*

Impossible, Monsieur, mon carnet est entièrement grevé d'inscriptions.

#### ADOLPHINE, *même jeu.*

Le mien également.

#### EDMOND

Combien je suis désolé!...
(Il salue et va se retirer.)

#### ADOLPHINE, *feuilletant son carnet.*

Voyons cependant, si, en dépit de tout, je ne parviendrai pas à trouver un quadrille.

#### EDMOND

Oui... un tout petit quadrille.

CLARA, *à part.*

Elle en trouvera.

ADOLPHINE

Ah!... en voici un.

CLARA, *à part.*

Ah!

ADOLPHINE

Je puis vous promettre le onzième.

EDMOND

Je vous suis très reconnaissant, Mademoiselle.

(On entend un air de polka.)

ADOLPHINE

Ah! l'orchestre prélude. (*Regardant son carnet.*) Encore une dette inscrite. Et voici nos créanciers qui viennent... leur carnet à la main, demander leur polka.

(Deux messieurs se présentent et emmènent Adolphine et Clara. Elles se retirent en saluant Edmond qui baise la main d'Adolphine.)

## SCÈNE XI

EDMOND, puis FOUINET

EDMOND

Qu'elle est charmante!... C'est égal..., le onzième quadrille! C'est bien long... Enfin je tâcherai de prendre patience en causant avec elle quand l'orchestre fera silence. En attendant, allons la voir danser.

(Il va sortir. Fouinet lui frappe sur l'épaule.)

FOUINET

Tiens, te voilà, Edmond?

EDMOND

Bonsoir, mon ami.

FOUINET

Quelle agréable surprise! Comment te trouves-tu invité chez M. Montrichard, hein?

EDMOND

C'est un ami.

FOUINET

Ah! depuis quand?

EDMOND

Depuis quelques semaines seulement; je l'ai connu aux eaux de Vichy.

FOUINET

Tu as donc voyagé? Aussi bien, voilà pour le moins un an que nous ne nous sommes vus?

EDMOND

C'est vrai. Et toi, qu'as-tu fait?

FOUINET

Pas grand'chose, je me suis marié.

EDMOND

Marié!

FOUINET

Il y a trois mois. Quelques jours après cet accident... de mon existence, je suis allé dans les propriétés de ma femme pour m'enivrer d'air pur... et vérifier leur étendue.

EDMOND

Marié! Toi qui chérissais tant la vie de garçon!

FOUINET

Que veux-tu? Je connaissais depuis longtemps tous les plaisirs, tous les mystères du célibat! — Cela devenait monotone... j'ai voulu alors essayer du mariage : il faut bien connaître un peu de tout.

EDMOND

Surtout quand on est naturellement très curieux. Et sans doute tu es satisfait de l'expérience?

FOUINET

Mais oui, Clara — c'est le nom de celle que je me suis annexée — est une femme très simple, très enjouée, ce qui ne l'empêche pas d'être d'une fidélité... de Pénélope. Excuse, mon cher, cette comparaison classique, mais ce n'est pas ma faute s'il faut remonter jusqu'à l'antiquité la plus reculée pour trouver un exemple de ce genre à citer. — Et toi, quand donc allumes-tu cet antique flambeau de l'hymen ?

EDMOND

Rien ne presse... on s'y brûle si souvent les doigts !

FOUINET

Ta position te permet de choisir, car te voilà riche, avec l'héritage de ton oncle.

EDMOND

Mais il n'est pas mort.

FOUINET

Comment, le gros bonhomme vit encore ? Et moi qui croyais que la Parque avait tranché le fil de ses jours... et les cordons de sa bourse ! Il était si malade quand tu es allé le voir à Dieppe, que son état laissait bien peu d'espoir... de guérison.

EDMOND

Il est vrai, on le croyait perdu ; et, quelques jours après mon arrivée, il était au plus mal ; à tel point que les médecins l'avaient abandonné... Eh bien ! c'est précisément ce qui l'a sauvé.

FOUINET

Et l'héritage est tombé dans l'eau, comme la proie qui se détache de l'hameçon aux yeux du pêcheur désappointé. — Il faut en prendre ton parti, mon cher, car je ne crois pas que tu puisses saisir de longtemps encore cet héritage fantastique, maintenant que voilà ton oncle brouillé avec la faculté.

EDMOND

Aussi ne suis-je point du tout impatient.

FOUINET

Ah! voici la polka terminée. Danses-tu la prochaine contredanse?

(On voit passer des groupes dans le fond.)

EDMOND

Ah! bien oui! La onzième seulement!

FOUINET

C'est tant soit peu reculé. Avec qui? hein?

EDMOND

Avec mademoiselle Adolphine.

FOUINET

La nièce de notre amphitryon. C'est une amie de ma femme, une amie de pension.

EDMOND

Ah! comment la trouves-tu?

FOUINET

Pas mal.

EDMOND

Dis donc qu'elle est d'une beauté ravissante!... un démon d'esprit! un ange de douceur!

FOUINET

D'accord; du reste, les demoiselles à marier sont toujours des anges. Elles s'évertuent à se donner tous les avantages possibles, et font pour ainsi dire la toilette de leur caractère comme celle de leur personne; mais une fois le contrat signé, patatras!... le masque tombe, l'épouse reste, et l'archange s'évanouit!... (*Confidentiellement.*) A propos, tu sais qu'elle va se marier?

EDMOND, *souriant.*

Oui, cela se pourrait bien.

FOUINET

Avec son cousin.

EDMOND

Son cousin ?

FOUINET

M. Oscar Baudrineau... Chut !

EDMOND

C'est impossible ! Qui te l'a dit ?

FOUINET

Ma discrétion, bien connue, me défend de nommer personne. Qu'il te suffise de savoir que je tiens cette nouvelle de gens bien informés.

EDMOND, *d'un air de doute.*

Oh !

FOUINET, *appuyant.*

Très bien informés.

EDMOND

C'est inconcevable !

(Il marche avec agitation.)

FOUINET

Eh bien ? D'où vient cette humeur ?

EDMOND

Ce n'est rien.

FOUINET, *le suivant.*

Dis-moi... je t'en prie... Hein ? hein ?

EDMOND

Non.

FOUINET, *à part.*

Il faut pourtant que je le sache ! (*A Edmond.*) Voyons, mon cher, ce n'est pas bien, confie-moi tes peines. (*Avec une sensibilité comique.*) L'amitié ne doit-elle pas en partager le fardeau ?... Épanche-toi, mon ami, épanche-toi dans le sein de Pylade.

EDMOND

La perfide !

FOUINET

La perfide. Tu as dit cela comme un élève du Conservatoire dramatique... Carton des tragédiens...

EDMOND

Elle épouserait cet Oscar !

FOUINET

Comment, tu aurais songé à mademoiselle Adolphine, toi ! Je ne l'aurais jamais supposé. Allons donc ! Tu peux élever bien plus haut tes prétentions... Quand on est avocat, avocat qui plaide à deux cents francs l'heure ! quand on possède un oncle...

EDMOND

Qu'importe !

FOUINET

Comment, qu'importe ! Un oncle a toujours sa valeur — posthume, mais réelle.

EDMOND

Enfin, si j'aimais Adolphine, peut-on blâmer ce choix ? N'est-elle pas charmante et n'appartient-elle pas à une famille parfaitement honorable ?

FOUINET

Charmante... famille honorable... très bien... c'est-à-dire qu'elle n'a pas le sou.

EDMOND

Elle a toutes les qualités, tous les charmes qui assurent le bonheur.

FOUINET

Le bonheur ne fait pas la fortune ; et la fortune est chose indispensable. Attends encore et tu en viendras à suivre le courant du siècle, et à t'inquiéter surtout des beaux yeux de la cassette.

#### EDMOND
Est-ce possible ! Adolphine... Elle ne voudrait plus de moi ?...

#### FOUINET
Eh bien ! c'est le vrai moment de dire que tu ne veux plus d'elle. Règle générale, quand un mariage se manque, c'est toujours des deux côtés qu'on n'a pas voulu. Je me charge de te trouver ce qu'il te faut. Qui te presse, d'ailleurs ? Crois-en mes conseils, mon cher Edmond, profite encore de ce temps de bénédiction céleste qu'on appelle le célibat et qu'on n'apprécie bien que lorsqu'il est passé, comme on ne connaît le prix de la santé que lorsqu'on est malade. Tu ne peux réussir à épouser une petite coquette qui te trompe, eh bien ! sois inconstant comme elle, et hâte-toi d'inscrire quelque jolie victime de plus sur ton carnet de garçon. Une nouvelle conquête et un mariage évité... deux bonnes fortunes dont je te félicite d'avance.

#### EDMOND
Oui, tu as raison. On est sot et maladroit d'avoir l'air affligé pour un abandon, et je saurai faire comprendre à mademoiselle Adolphine que si son cœur tourne à chaque soupir qu'elle fait naître comme la girouette à chaque souffle qui l'effleure, je suis au-dessus de tous ses caprices.

#### FOUINET
Bon.

#### EDMOND
Et d'abord je vais lui rendre sa parole pour le onzième quadrille.

#### FOUINET
Très bien. Le onzième quadrille ! Mais c'est un refus déguisé, on ne part jamais avec ces numéros-là, c'est tout au plus si on est jamais de la réserve.

#### EDMOND

Je montrerai mépris pour mépris, comme elle, je porterai mon amour ailleurs.

#### FOUINET

Bravo ! Et tu verras qu'alors elle se mettra à t'adorer. L'aiguillon de la jalousie ! c'est encore le meilleur stimulant pour l'amour.

#### EDMOND

Je le pense aussi... je l'espère. Tu verras, tu seras content de moi.

(Il sort.)

## SCÈNE XII

#### FOUINET, seul.

Le voilà lancé ! (*Se frottant les mains.*) Je rirais bien s'il résultait de tout ceci quelque bonne petite aventure. Du reste, rien n'est plus probable. Un bal, c'est une sorte de serre chaude où les intrigues poussent vite... elles s'y enlacent, se brouillent et se débrouillent avec les évolutions du quadrille... (*Il regarde les livres de la bibliothèque.*) — *Histoire des régiments de Champagne.* — Et puis, rien ne favorise les amourettes comme les petits manèges de l'éventail et du bouquet... Ce sont les télégraphes du sentiment, encore plus électriques que les autres... (*Il regarde encore.*) *Traité des hypothèques... Commentaires sur les tragédies de Crébillon.* J'espère que Montrichard vous a des livres amusants ! Il ferait bien mieux de les mettre dans sa chambre à coucher. Ce n'est toujours pas ce qui l'empêcherait de dormir... (*Il examine la glace qui est en face du bureau.*) Cette glace est bien mesquine : le verre n'a pas trois millimètres d'épaisseur ! et le cadre est en carton-pâte. Mon Dieu ! quel luxe de camelote! (*Il ouvre machinalement le carnet qui est sur le bureau.*) Tiens! une lettre commencée.

(Entre Montrichard.)

## SCÈNE XIII

### FOUINET, MONTRICHARD

MONTRICHARD, *à part.*

Fouinet! Il a lu ma lettre! (*A Fouinet.*) Que faisiez-vous là?

FOUINET

Rien! je rangeais machinalement quelques objets qui...

MONTRICHARD, *sévèrement.*

Vous avez ouvert ce portefeuille, donc vous avez lu ma lettre! Je vous connais.

FOUINET

Je puis vous assurer...

MONTRICHARD

Je vous répète que je vous connais! Or, comme votre indiscrétion a besoin d'une petite leçon, je suis homme à vous la donner...

FOUINET

Mais, Monsieur, je...

MONTRICHARD

Est-il besoin d'ajouter que cette lettre contenait un secret, un de ces secrets qui tuent celui qui les surprend, comme certains poisons subtils brisent le flacon qui les contient. Vous devez savoir cela, Monsieur!

FOUINET

Je l'ai entendu dire dans les mélodrames, Monsieur.

MONTRICHARD

Et si je vous demandais raison de votre indiscrétion?

FOUINET, *fièrement.*

Ma réponse ne serait pas douteuse !

MONTRICHARD

A la bonne heure. Demain vous recevrez mes témoins.

FOUINET

Bien.

MONTRICHARD

Chut ! voici du monde. A demain !

(Il sort. Entrent Alfred et Dubois qui préparent au fond une table de jeu.)

## SCÈNE XIV

FOUINET, ALFRED, LUCIEN, puis EDMOND
et un Invité

FOUINET, *à part, d'un air martial.*

Non, certes, ma réponse n'est pas douteuse... et la voici (*Avec naturel.*) : Je ne me battrai pas ! Aller me couper la gorge pour un secret, et un secret que j'ignore ! Ah ! bien oui !... L'affaire s'arrangera... demain Montrichard sera plus calme ; j'enverrai avant lui des témoins qui lui donneront des explications... ou plutôt j'irai moi-même... Les témoins nous feraient battre...

(Entre Edmond.)

EDMOND

Ah ! mon cher, j'ai fait ce que tu m'as dit.

FOUINET

Ah !

(Il prend le bras d'Edmond et se promène avec lui.)

EDMOND

D'abord, j'ai rendu à mademoiselle Adolphine sa promesse de onzième quadrille.

#### FOUINET
Bien !

#### EDMOND
Ensuite, j'ai suivi ton conseil jusqu'au bout.

#### FOUINET
Très bien. (*Riant.*) Une victime ?

#### EDMOND
Peut-être...

#### FOUINET
Qui donc ?

#### EDMOND
Tu ne sauras rien.

#### FOUINET, *à part.*
Je saurai tout !

#### ALFRED, *à un invité qui entre.*
Acceptez-vous une carte pour le whist ?
(Il présente la carte. L'invité remercie et refuse.)

#### FOUINET
Esquivons le whist. (*Il prend le bras d'Edmond.*) Tu me conteras ça, n'est-ce pas, hein ?
(Ils sortent par la droite.)


## SCÈNE XV

BOULARD, ALFRED, DUBOIS, Deux Invités
puis MONTRICHARD et D'OUTRETOMBE

#### ALFRED
Monsieur, une carte pour le whist ?

#### BOULARD
Merci ! Merci !

#### ALFRED
Ma foi, j'y renonce !
(Il replace la carte et se dirige vers le fond.)

BOULARD

Est-ce que vous allez dans la salle ?

ALFRED

Oui, Monsieur.

BOULARD, *le retenant vivement.*

Prenez garde !... on va lire des vers.

ALFRED

Ah !

BOULARD

C'est ce qui nous a chassés. Le poète a déjà déployé son manuscrit, de sorte que :

Tout fuit, et sans s'armer d'un courage inutile,
Dans le salon voisin, chacun cherche un asile.

DUBOIS, *paraissant.*

Ouf! Ici du moins on respire un peu... Quelle cohue dans cette salle de bal! quelle chaleur étouffante !

BOULARD

Que voulez-vous! les invités sont dix fois plus nombreux qu'il ne faudrait. Mais aujourd'hui chacun a la vanité de vouloir donner de grands bals tout en n'ayant que de petits salons.

ALFRED

Si encore les rafraîchissements abondaient !...

DUBOIS

Chut ! Voici M. Montrichard.

MONTRICHARD, *saluant.*

Messieurs, vous avez donc quitté la salle de bal ?

ALFRED

Pour organiser une petite partie, mais ce n'est pas sans un vif regret. Votre soirée est vraiment charmante, mon cher Montrichard.

#### BOULARD
Délicieuse ! Vous faites vos honneurs avec une distinction !...

#### DUBOIS
Une grâce... une cordialité !...

#### MONTRICHARD
Messieurs... trop heureux... (*Saluts réciproques.*)

#### ALFRED, *à Dubois.*
Puisque nous ne trouvons pas de quatrième pour le whist,... si nous faisions un écarté ?...

#### LUCIEN
Volontiers.
(Il arrange les jetons.)

#### MONTRICHARD, *à part.*
Comment ! voilà un jeune homme que j'ai invité comme danseur, et il veut jouer ! (*A Lucien en lui tapant sur l'épaule.*) Pardon, Monsieur, j'aurais un petit service à vous demander : je cherche un danseur...

#### LUCIEN
Ah !
(Il remonte la scène avec Montrichard ; Alfred et Dubois jouant à l'écarté. Boulard regarde jouer Alfred).

#### MONTRICHARD
Pour mademoiselle Pulckriska, que je vois avec peine faire tapisserie depuis le commencement du bal ; et ce serait bien aimable et bien galant à vous...

#### LUCIEN, *souriant et à mi-voix.*
Mais c'est qu'elle est bossue.

#### MONTRICHARD
Oh ! à peine ; l'épaule droite un peu en ogive, voilà tout. Et comme vous la verrez de l'autre côté...

#### LUCIEN
Cependant...

MONTRICHARD

Du reste une conversation charmante, (*Il le pousse.*) un esprit distingué... allez. (*Il l'entraîne jusqu'à la porte de droite.* — *A part.*) A la bonne heure ! je ne l'ai pas invité pour s'attabler au jeu. (*Il regarde dans la salle de bal au fond à gauche.*) Ah ! mais, il lui manque un vis-à-vis maintenant... Comment faire ! j'aperçois mon notaire. (*Appelant.*) Mon cher ami, pardon !

D'OUTRETOMBE

Plaît-il ?

MONTRICHARD

Voulez-vous m'obliger grandement ?

D'OUTRETOMBE

Oui. (*Prononcer ouâ.*) De quoi s'agit-il ?

MONTRICHARD

De danser.

D'OUTRETOMBE

Moi ?

MONTRICHARD

Vous-même. Invitez mademoiselle Léocadie, qui est fort jolie, mais qui, cette fois, se trouve sans danseur... C'est un hasard, car elle est fort demandée.

D'OUTRETOMBE

Y songez-vous ? Moi ! à mon âge !

MONTRICHARD

Précisément : votre âge convient parfaitement, puisque les jeunes gens ne dansent pas. Allez, il manque un vis-à-vis.

D'OUTRETOMBE

Je dois faire vis-à-vis ? Et par devant qui ?

MONTRICHARD

Par devant maître... (*Se reprenant.*) Par devant M. Lucien et sa danseuse... je vous en supplie...

D'OUTRETOMBE

Mais... (*A part.*) Oh! s'il n'était pas mon client! (*Haut.*) Quoi, vous voudriez que je condescendisse à...

MONTRICHARD

Je vous en conjure... Allez bien vite...

(Il le pousse.)

D'OUTRETOMBE

Oui... nonobstant...

MONTRICHARD

Vous serez charmant à la pastourelle, j'en suis sûr... Allez au quadrille...

D'OUTRETOMBE

Enfin, puisqu'il le faut, et vu l'urgence, je vais comparoir sans délai.

(Il agite alternativement ses deux jambes.)

MONTRICHARD

C'est ça, dérouillez-vous un peu les jointures.

(D'Outretombe disparaît dans le fond à droite.)

ALFRED, *jouant.*

Pique!

BOULARD

A votre place, j'aurais joué trèfle, et puis cœur...

ALFRED

Hum!

BOULARD

C'était le jeu!

(Jacques paraît et se rend dans la salle de bal avec un plateau.)

MONTRICHARD, *l'appelant.*

Fritz! Fritz!...

(Voyant qu'il n'entend pas, il va à lui et lui tape sur l'épaule. Ils descendent la scène.)

## SCÈNE XVI

### MONTRICHARD, JACQUES, ALFRED, BOULARD, Invités

MONTRICHARD, *à Jacques.*
Pourquoi ne viens-tu pas quand on t'appelle ?
JACQUES
Vous m'appelez Friss... alors, n'étant habitué...
MONTRICHARD
Écoute : tâche de porter des rafraîchissements un peu partout... les dames réclament du punch... pourquoi n'en fais-tu pas circuler autour de la salle ?
JACQUES
Dam ! Si vous croyez que c'est facile de faire circuler un plateau dans tout le bal ! Ah ! ben !... Mais je suis arrêté, Monsieur, assailli, dévalisé, dès la porte de la salle. Ils sont là un troupeau qui se tiennent en embuscade, et qui se précipitent sur mon plateau tout aussitôt que je parais. Si, à force de pousser, je parviens à m'avancer un peu, ils me suivent comme des requins, et m'arrachent tout ce qu'ils peuvent ; de sorte qu'au bout de dix pas, il ne me reste plus rien du tout. Mais cette fois-ci, j'ai mon idée, je vais passer par la porte qui est de l'autre côté.
MONTRICHARD
Garde-t'en bien ! tu trouverais les musiciens ! Passe plutôt par celle du milieu, et va tout droit vers les banquettes.
JACQUES
Quelle porte du milieu ?
MONTRICHARD
Je vais te l'indiquer.

JACQUES

A la bonne heure, faites-moi escorte... sans ça je ne réponds de rien.

ALFRED, *à son partner.*

Je propose.

BOULARD, *à Alfred.*

Moi, j'aurais joué... vous aviez la vole.

ALFRED

Avec un seul atout !

BOULARD

C'est égal. Tierce majeure à trèfle par le roi et un atout, ça se joue toujours, ça se joue toujours.

ALFRED

Je ne pense pas que...

BOULARD

Toujours, Monsieur, toujours.

## SCÈNE XVII

### FOUINET, BOULARD, ALFRED, Invités, puis EDMOND

FOUINET, *s'avançant dans le groupe avec curiosité.*
Qu'est-ce qu'on dit ? hein ? hein ?
(Il regarde les autres personnages d'un air interrogatif.)

ALFRED

Rien. Nous discutons sur un coup.

FOUINET

Ah !... (*A part, descendant la scène pendant que la discussion continue*). Je vais peu m'amuser ici... mais pourquoi ce diable d'Edmond m'a-t-il dit de le quitter ? Malgré tous ses mystères, je suis pourtant parvenu à savoir que sa chère conquête lui a promis un entretien particulier. Les amoureux sont si fats que les plus discrets se laissent toujours prendre à révéler quelque chose.

BOULARD, *à Alfred.*

A votre place, j'aurais joué pique et passé mon roi.

ALFRED

Mais non, j'aurais perdu le point.

BOULARD

Pas du tout, vos trèfles étaient bons.

ALFRED

Il aurait coupé.

BOULARD

Non.

ALFRED

Mais si, je vous assure.

FOUINET

Ah! ah! l'écarté s'anime. (*Il s'approche.*)

DUBOIS, *à Alfred.*

A vous de faire.

(Alfred distribue les cartes pendant que Boulard continue en grommelant à soutenir son opinion.)

FOUINET, *regardant le jeu de Dubois d'un air piteux.*

Ah! (*Regardant celui d'Alfred.*) Oh! oh!

ALFRED, *à Fouinet.*

Mais, Monsieur...

FOUINET

Je ne dis rien... Seulement, Monsieur n'a qu'à bien se tenir.

DUBOIS

Je propose.

ALFRED, *à Fouinet d'un ton de reproche.*

Voyez!...

FOUINET, *à Lucien.*

Impossible! Impossible!

DUBOIS, *jouant.*

Pique !

ALFRED

Je coupe.

FOUINET

Atout, atout et passe !... pan !... pan !... pan !...

ALFRED, *avec impatience.*

Mais enfin, Monsieur, vous compromettez ma partie.

FOUINET

Du tout. C'est le jeu... pan !... pan !... pan !...

ALFRED, *jouant.*

Trèfle !

DUBOIS

Je prends. Atout et carreau. (*Alfred montre son jeu.*) J'ai le point, et comme vous avez joué d'autorité, j'ai gagné.

(*Alfred se lève.*)

ALFRED, *à Fouinet d'un air de reproche.*

C'est à vous, Monsieur, que je dois cela. Vous êtes cause que mon adversaire a proposé.

FOUINET

Moi, par exemple ! (*A part.*) Est-il mauvais joueur !

BOULARD, *à Alfred et le suivant.*

Si vous aviez joué carreau, vous faisiez le point, parce qu'il vous prenait votre trèfle. (*Alfred veut se dégager, il le prend par le bouton de son habit.*) Il vous prenait, mais un instant ! vous l'attendiez à pique.

ALFRED, *impatienté.*

Très bien...

BOULARD

Vous ne comprenez pas que vous l'attendiez à pique ?

ALFRED

Mais si... parfaitement.

19.

BOULARD, *à Fouinet.*

N'est-ce pas, Monsieur? il l'attendait à pique?

FOUINET

Évidemment, à pique !

BOULARD, *indiquant la place vide.*

Vous ne jouez pas ?

FOUINET

Non, Monsieur, j'ai autre chose en tête pour le moment, et je m'apprête à rire d'une petite aventure...

BOULARD

Ah ! quoi donc ?

ALFRED, *qui s'est approché.*

Dites-nous...

FOUINET

Je ne puis... c'est un secret... un bonheur qui arrive à mon ami Edmond.

BOULARD

Son oncle serait-il ?...

FOUINET

Pas du tout.

ALFRED

Alors une bonne fortune?

FOUINET, *d'un air mystérieux.*

Peut-être...

BOULARD

Une conquête qu'il a faite à Vichy d'où il revient?

(Signe négatif de Fouinet.)

ALFRED

Au jardin des Tuileries ?

(Même jeu.)

LUCIEN

Ici ?

(Fouinet fredonne.)

LUCIEN

C'est ici, n'est-ce pas ?

FOUINET

Mon Dieu, puisque vous l'avez deviné... car ce n'est pas moi qui vous l'ai dit, au moins !

ALFRED

Et,.. peut-on savoir ?

FOUINET

On ne peut rien savoir. (*A part.*) Sont-ils indiscrets !

ALFRED

Ah ! j'y suis ! (*A mi-voix.*) C'est madame Jolivette.

FOUINET

Quelle idée !

ALFRED

Dame, elle est si jeune, si frivole, et son mari est si cassé, si...

FOUINET

Chut ! (*Épelant*) Ca-ssé-si... je sais le reste.

ALFRED

Eh bien ! dites-moi...

FOUINET

Nix.

BOULARD

Y a-t-il un rendez-vous ?

FOUINET

Vous ne saurez rien, rien... rien !...

ALFRED

Alors c'est bien ; nous n'insistons plus.

(Ils se retirent un peu.)

FOUINET, *désappointé.*

Ah ! (*Il ramène Alfred et Boulard.*) Vous comprenez qu'il y a de ces choses délicates... que les convenances exigent... assurément ce n'est pas pure cachotterie de ma part... et la preuve, c'est que... si vous promettez de garder le secret...

ALFRED

Oh! pour cela, soyez sûr!...

BOULARD

Nous le jurons.

(Ils se rapprochent.)

FOUINET, *baissant la voix.*

Eh bien! puisque nous ne sommes qu'entre nous... je vous dirai confidentiellement que rendez-vous est pris pour ce soir même... on doit causer en tête-à-tête...

ALFRED

Où donc?

FOUINET

Je ne sais, probablement dans ce salon... C'est le seul endroit un peu commode pour un entretien sentimental.

BOULARD, *regardant vers le fond à droite.*

En effet, et voici déjà le don Juan.

FOUINET

Ah! ah! nous allons rire... Chut!

(Edmond paraît. Les autres personnages se retirent vers le fond à gauche.)

EDMOND, *regardant la pendule.*

C'est l'heure... Attendons.

FOUINET, *bas et gaiement à ceux qui l'entourent.*

La Dulcinée ne tardera pas à venir.

ALFRED

J'entends justement le frôlement d'une robe.

FOUINET, *riant et se frottant les mains.*

La voici.

## SCÈNE XVIII

### Les Mêmes, CLARA

FOUINET, *à part.*

Ma femme !

(Clara s'approche d'Edmond.)

BOULARD, *souriant.*

Eh bien, vous ne riez pas ?

FOUINET.

Mais si... je ris... (*A part, avec colère.*) Oh !

CLARA, *confidentiellement.*

Monsieur Edmond, mon amie Adolphine, étonnée de l'air piqué que vous aviez tantôt, m'a priée de...

EDMOND, *à Fouinet qui s'est approché.*

Laisse-nous.

FOUINET

Mais...

EDMOND

Va-t'en !

FOUINET, *allant vers Clara.*

Comment, Madame, je...

CLARA

Mais laissez-nous donc, je désire être seule avec monsieur...

FOUINET

Sachez...

CLARA

Vous serez donc toujours indiscret ?

FOUINET, *à Edmond.*

Quand je...

#### EDMOND

Tu seras donc toujours curieux?

#### FOUINET, *éclatant*.

Ah çà! mais c'est bien plutôt toi que je trouve curieux!...

(Montrichard paraît avec Adolphine, d'Outretombe et Dubois.)

## SCÈNE XIX

Les Mêmes, MONTRICHARD, ADOLPHINE D'OUTRETOMBE, DUBOIS

#### MONTRICHARD

Eh bien... qu'y a-t-il?

#### EDMOND

Une importunité de monsieur!... (*A Fouinet.*) Tu m'en rendras raison.

#### D'OUTRETOMBE, *levant les bras*.

Une rencontre!

#### MONTRICHARD, *à Edmond*.

Pardon, monsieur est déjà retenu pour la première. Vous l'aurez après moi, s'il en reste... (*A Fouinet.*) S'il en reste!

#### FOUINET, *à Edmond*.

En vérité, c'est un peu fort, quand je te trouve en tête-à-tête avec ma femme!

#### EDMOND

Sa femme!

#### CLARA, *qui s'était éloignée, allant vers Fouinet*.

Mais enfin, pourquoi vous fâcher, mon ami?

#### FOUINET

Pourquoi? Vous trouvez cela étonnant, vous?

#### CLARA

En effet, y a-t-il de quoi s'irriter parce que je viens de la part de mon amie Adolphine, la fiancée de M. Edmond, pour le prier de me donner l'explication de la froideur qu'il lui a montrée tout à l'heure, et qui, j'en suis sûre, provient d'un malentendu?

#### EDMOND

Beau malentendu!... quand elle épouse M. Oscar Beaudrineau!...

#### CLARA

Qui a pu vous dire?...

#### EDMOND, *désignant Fouinet.*

C'est lui...

#### MONTRICHARD

Mais il n'en a jamais été question.

#### FOUINET

On m'avait assuré...

#### MONTRICHARD

Des sornettes que vous avez eu grand tort de répéter... Et la preuve que rien n'est plus faux, c'est que je donne ma nièce à M. Edmond.

#### EDMOND, *à Montrichard.*

Que de reconnaissance!

(Il va vers Adolphine. Jacques passe dans le fond avec un plateau.)

#### MONTRICHARD, *l'appelant.*

Fritz! Fritz!

(Il lui fait signe de passer dans le groupe.)

#### JACQUES

Oh! Monsieur! ce n'est pas la peine de vous gêner pour me donner ce nom polonais... Tout le monde sait que je m'appelle Jacques.

#### MONTRICHARD, *troublé.*

Comment... Qui donc a dit?...

JACQUES, *désignant Fouinet.*

C'est monsieur... J'y avais pourtant bien recommandé le secret !

(Montrichard et Jacques s'approchent de Fouinet avec colère.)

CLARA, *bas à Fouinet.*

Voyez les conséquences de votre caractère !... Si encore tout cela pouvait vous empêcher d'être aussi curieux et indiscret !

FOUINET

Oui, chère amie, c'est fini ! me voilà bien corrigé.

UNE DAME, *à Jacques qui lui présente le plateau.*

Avez-vous là du sirop de groseille ?

JACQUES

Non, Madame, pas encore... mais on est en train d'en faire avec du restant de confitures.

(On rit.)

FOUINET, *quittant sa femme, à laquelle il faisait des protestations et s'adressant au groupe qui rit.*

Qu'est-ce que c'est ? qu'est-ce qu'il dit ? hein ? hein ? *Se tournant vers le public.*) Hein ?

FIN

# LE VEUF DU MALABAR

OPÉRA-BOUFFE EN UN ACTE

## PERSONNAGES

LE GOUVERNEUR.
KARABOUL.
MARTIN.
OCTAVE.
ISABELLE
SAUVAGES.

# LE VEUF DU MALABAR

La scène représente un paysage exotique.

## SCÈNE PREMIÈRE

Le temps s'éclaircit peu à peu. — Bruit sourd du tonnerre.

LE GOUVERNEUR, KARABOUL

KARABOUL
Entendez-vous, derrière la montagne
L'orage s'éloigne en grondant,
Le ciel s'épure et la campagne
Se pare d'un éclat charmant.

LE GOUVERNEUR
La mer impétueuse
S'apaise, et de ses flots
L'émeute si tumultueuse
Laisse une trêve aux matelots.

ENSEMBLE
Oui, c'en est fait, derrière la montagne
L'orage s'éloigne en grondant.

KARABOUL
Voyez, monsieur le gouverneur, comme votre île de Ratakaboula, la plus belle du Malabar, paraît plus

fraîche et plus verdoyante après cette tempête. Certes, ce n'était pas sans besoin, il n'avait pas plu de cinquante jours, et nous avions, pour l'ordinaire, 75 degrés...

LE GOUVERNEUR

Réaumur.

KARABOUL *s'inclinant*.

Oui, Majesté... 75 degrés Réaumur... ainsi appelés Réaumur, parce que les murs se fendent de chaleur.

LE GOUVERNEUR

Tu es fort, Karaboul.

KARABOUL

Mais enfin la pluie est venue, grâce à l'heureuse influence de votre auguste gouvernement sur cette île fortunée.

LE GOUVERNEUR

Tu me flattes, mon cher Karaboul, en m'attribuant ainsi la fin de la sécheresse... cependant, il ne serait pas mal de dire cela à mon peuple.

KARABOUL

Il le saura, ô grand prince... étoile d'Orient, soleil...

LE GOUVERNEUR

C'est bien, Karaboul — je déteste les flatteurs, mais je paye les flatteries — voilà dix sequins. Seulement je ne suis point venu sur ce rivage pour écouter des compliments, mais bien pour voir si la tempête n'a pas jeté sur la plage quelques trésors ou quelques naufragés. (*Il cherche.*) Je ne dissimule point que j'aimerais mieux trouver quelques trésors.

KARABOUL

Moi aussi... dans l'intérêt de l'État.

LE GOUVERNEUR

Oui, car tout ce que la mer jette sur cette île, art. 6788 de notre loi (*Il ouvre le livre et montre l'article.*) appartient à l'État... or l'État (*Se désignant.*) c'est bibi.

KARABOUL

Vous savez parfaitement votre droit, Majesté, votre peuple connaît son devoir... tout ce qu'il doit connaître ; et, s'il trouve quelque épave, il s'empressera de l'apporter à votre palais.

(Il veut se retirer.)

LE GOUVERNEUR

Sans doute, j'ai la plus grande confiance en mon bon peuple, mais j'aime autant trouver moi-même. (*Il regarde autour de lui avec une lorgnette.*) Ah ! je découvre quelque chose dans un canot à moitié brisé.

KARABOUL

Des valeurs ?

LE GOUVERNEUR

Non, c'est une femme.

KARABOUL, *avec satisfaction.*

Ah ! une femme !

LE GOUVERNEUR

Une très jolie femme. — J'aperçois encore quelque chose.

KARABOUL

Est-ce toujours joli ?

LE GOUVERNEUR

Non, c'est un homme.

KARABOUL, *désappointé.*

Ah !

LE GOUVERNEUR

Ça fait deux sujets de plus dans mon île — c'est toujours ça de gagné.

KARABOUL

Votre État prospère chaque jour, et la Providence protège votre haute Majesté, qui le mérite par sa prudence, sa force, sa bonté...

LE GOUVERNEUR, *lui donnant de l'or.*

Voilà dix sequins.

KARABOUL

Sa clémence, sa magnifi...

LE GOUVERNEUR

Assez, assez ! Je n'ai plus de monnaie. — Songeons à recevoir mes deux nouveaux insulaires.


## SCÈNE II

Les Mêmes, MARTIN, ISABELLE

LE GOUVERNEUR
Sans crainte aucune
Ici présentez-vous,
Puisque la fortune
Vous a conduits vers nous.

ISABELLE
Pour votre bonté souveraine
De sentiments notre âme est pleine.
Car dans un grand péril, en cette île lointaine,
Nous avions peur d'être engagés.

MARTIN
Nous avions peur d'être mangés.

ENSEMBLE

| LE GOUVERNEUR, KARABOUL | MARTIN, ISABELLE |
|---|---|
| Sans crainte aucune | Sans crainte aucune |
| Ici présentez-vous | Ici recevez-nous, |
| Puisque la fortune | Puisque la fortune |
| Vous a conduits vers nous. | Nous a conduits vers vous. |

LE GOUVERNEUR
De quelle contrée venez-vous ?

ISABELLE

De France.

LE GOUVERNEUR

Je connais... Joli pays... Vous en êtes bien loin pour le moment, c'est ici l'île de Ratakaboula, sur la côte de Malabar, aux antipodes de Paris.

MARTIN

Je m'aperçois, en effet, que ça ne ressemble en rien à Paris, ni même à Courbevoie (*Regardant.*) Des arbres avec des feuilles de chou, des maisons avec des collerettes...

LE GOUVERNEUR

Et au moral, c'est bien différent !

ISABELLE

Comment donc ?

LE GOUVERNEUR

Rien ne se fait dans ces climats
Ainsi que dans votre hémisphère,
C'est un lieu comme on n'en voit guère
C'est un lieu comme on n'en voit pas.

Tous les marchands ont le renom
D'une franchise sans pareille :
Le vin est produit par la treille,
Le lait n'est point fait d'amidon.

Dans notre pays les grisettes
N'ont pas d'amants... à ce qu'on dit;
Les écrivains n'ont pas de dettes
Et les lions sont pleins d'esprit.

Les procureurs, tous délicats,
Aux clients ne sont point funestes,
Les avocats y sont modestes,
Et les juges ne dorment pas.

Les commerçants sur leurs boutiques
Ne font réclames ni débats,
Vers d'hospitalières Belgiques
Plus tard ils ne se sauvent pas.

Du dévouement brûle le feu
En tout homme sur ces rivages ;
Chez nous les femmes sont sauvages,
Chez vous, elles le sont bien peu !

Le jeune opulent met sa gloire
Du pauvre à soulager les maux,
Et non pas à jouer, à boire,
Et faire courir des chevaux.

A la Bourse, la soif de l'or
Ne nous pousse pas sans mesure :
Nous causons arts, littérature,
Et non toujours prime ou report.

Les vieilles filles sont muettes,
Les orateurs sont convaincus,
Les femmes ne sont pas coquettes,
Les maris ne sont pas... confus.

Non, rien ne va dans nos climats
Ainsi que dans votre hémisphère :
C'est un lieu comme on n'en voit guère,
C'est un lieu comme on n'en voit pas.

ENSEMBLE

MARTIN, ISABELLE
Non rien ne va dans vos climats
Ainsi que dans notre hémisphère
C'est un lieu comme on n'en voit guère,
C'est un lieu comme on n'en voit pas.

LE GOUVERNEUR, KARABOUL
Non rien ne va dans ces climats
Ainsi que dans votre hémisphère,
C'est un lieu comme on n'en voit guère,
C'est un lieu comme on n'en voit pas.

MARTIN

Ça, c'est vrai, c'est un pays bien curieux, et je suis enchanté d'avoir abordé dans cette ile... de Rat... de Rata...

LE GOUVERNEUR

Ratakaboula... Je suis prêt, en ma qualité de gouverneur, à vous y admettre à domicile ; vous me paraissez fort bien, d'une figure avenante et gracieuse.

MARTIN, *minaudant avec modestie.*

Oh ! oh !

LE GOUVERNEUR, *désignant Isabelle.*

Je parle de madame.

MARTIN

Ah !

LE GOUVERNEUR, *à Isabelle.*

Oh oui ! j'aurai un véritable plaisir à faire votre acclimatation dans mon île.

ISABELLE

Nous vous remercions profondément d'un tel accueil.

LE GOUVERNEUR

Qui donc pourrait agir autrement à ma place, charmante... Votre nom ?

ISABELLE

Isabelle...

LE GOUVERNEUR

Charmante Isabelle.

MARTIN

Et moi, Martin... charmant Martin.

LE GOUVERNEUR

Ah ! un détail ! C'est trente sequins pour droits d'entrée. Donnez, je fais moi-même ma douane.

ISABELLE

Ah !

MARTIN

Fichtre !... (*Au gouverneur.*) Est-ce qu'il n'y aurait pas moyen de nous dispenser...

LE GOUVERNEUR

Impossible. Les entrées de faveur sont généralement suspendues. Cependant, comme les droits ne pèsent que sur les esprits... madame seule paiera. Karaboul, enregistre cette contribution que tu joindras au trésor. J'ai la plus grande confiance en toi... Seulement, tu ne manqueras pas de venir me rendre tes comptes.

(Isabelle paie, Karaboul l'inscrit sur son carnet.)

LE GOUVERNEUR

Maintenant, vous êtes naturalisés Ratakaboulins.

MARTIN

Je suis Ratakaboulin!... un fichu nom!

LE GOUVERNEUR

Je vous promets ma protection... vous en aurez pour votre argent. Voici d'abord un sauf-conduit qui vous préservera des indigènes qui sont anthropophages.

(Il leur donne un papier à chacun.)

MARTIN

Aïe! Il y a donc décidément des anthro...

LE GOUVERNEUR, *prenant un livre que Karaboul tient sous le bras.*

Pophages... oui... jeune homme. Prenez en outre ce petit volume qui contient 41,525 petites lois que personne n'est censé ignorer dans mon île. Vous y verrez notamment qu'ici nous détestons le célibat et que nous adorons le mariage.

MARTIN

Ah bah!... Enfin... tous les goûts sont dans la nature. Adorer le mariage!... on voit bien que nous sommes aux antipodes de Paris.

LE GOUVERNEUR

Si vous n'êtes pas mariés, il vous faudra songer au plus tôt à vous pourvoir d'une moitié chacun. (*A Isabelle.*) Je m'offrirais bien volontiers à vous... Ah oui! mais ma légitime s'y opposerait... En revanche, il nous reste quelques anthropophages parfaitement présentables... parmi lesquels vous choisirez. Je tiens à opérer la fusion des races.

MARTIN

Mais... nous sommes mariés, monsieur le gouverneur.

ISABELLE, *bas à Martin.*

Comment !... que dites-vous ?

MARTIN, *de même.*

Laissez donc : je vous sauve d'un sauvage.

LE GOUVERNEUR

Si vous êtes mariés, rien de mieux, mais la preuve ?

MARTIN, *bas, à Isabelle.*

Donnez-moi votre anneau. (*Il tend la main par derrière, prend l'anneau et le passe dans son doigt.*) La preuve ? Nos papiers ont disparu dans le naufrage... mais, tenez... cet anneau que j'ai au doigt.

LE GOUVERNEUR

Cela prouve, en effet... que vous avez un anneau.

MARTIN, *montrant l'anneau.*

Regardez la lettre gravée ici...

LE GOUVERNEUR

Eh bien !... c'est un I.

MARTIN

Bien! vous savez lire. C'est la première lettre du nom d'Isabelle que voici, et qui m'a donné le jour des nopces ce gage précieux d'une tendresse récitrospective.

LE GOUVERNEUR

Fort bien. Inscris, Karaboul, M. et madame Martin, mariés... Avez-vous des enfants ?

MARTIN

Pas encore... mais nous en espérons pour le terme. (*A Isabelle, lui montrant un banc de gazon.*) En attendant, si tu te reposais, chère amie. (*Il lui prend la main pour la conduire.*) Voici un banc de gazon fleuri, où tu pourras...

ISABELLE, *bas, à Martin.*

Je vous défends de me tutoyer.

MARTIN, *bas.*

Soit! (*Haut.*) Je t'en prie, assieds-toi.

ISABELLE

Insolent... butor!...

LE GOUVERNEUR, *à Martin.*

Que dit-elle?

MARTIN

Elle dit : Cher trésor... elle m'aime tant... elle est si bonne! Oui, chère amie, tu es bonne, tu es affectueuse, tu es le modèle des épouses par ton esprit, par ton cœur, dont les sentiments qui... dont... que...

LE GOUVERNEUR, *lui tapant sur l'épaule.*

En attendant que vous acheviez votre phrase, nous vous laissons.

MARTIN

Agréez l'assurance de la considération avec laquelle, monsieur le gouverneur, j'ai l'honneur d'être...

LE GOUVERNEUR

Bien... c'est l'heure de mon déjeuner... (*A Karaboul.*) As-tu fait réchauffer le prisonnier de guerre que j'ai entamé hier.

KARABOUL

Il est sur le gril.

LE GOUVERNEUR, *à Martin et Isabelle.*

A revoir, Monsieur, Madame. (*A Karaboul, après avoir fait deux ou trois pas.*) Ici, Karaboul.

(*Karaboul le suit.*)

## SCÈNE III

### ISABELLE, MARTIN

#### ISABELLE
En vérité, je vous trouve bien audacieux pour un domestique de prendre de telles façons avec moi...

#### MARTIN
Ne fallait-il pas leur persuader que nous étions mariés ? c'est-à-dire que vous devriez bien plutôt me remercier avec effusion, car, grâce à mon stratagème, je vous ai préservée d'un *ampothrophage*. Savez-vous bien ce que c'est qu'un *ampothrophage* ? Savez-vous que ça vient du latin, et que ça veut dire : manger les femmes, *ampotro*, je mange, *phages*, les femmes ; mais si vous étiez unie à un pareil être, le premier jour vous feriez ses délices comme épouse, et le second comme capilotade, quoique vous ne soyez guère tendre, ô ingrate !

#### ISABELLE
Suis-je malheureuse !...

#### MARTIN
Je vous conseille de vous plaindre, quand au lieu de ça vous épousez un homme beau, bien fait, vif, aimable, fidèle, charmant... et modeste !... (*Avec fadeur.*) Un homme qui, s'il vous mange, ne vous mangera que de caresses.

#### ISABELLE
Et Octave !

#### MARTIN
Ah ! oui... Octa...

#### ISABELLE
Vous savez que je l'aime et que j'ai juré de n'appartenir jamais qu'à lui.

#### MARTIN

Oh! tous les jours on jure de ces futilités-là... ce n'est pas une raison...

#### ISABELLE

Qu'est-ce à dire? Sachez que je n'ai qu'une parole et qu'Octave sera mon époux.

#### MARTIN

Ça me paraît difficile, comme dans notre naufrage la planche sur laquelle il s'est réfugié l'a porté je ne sais où, probablement chez les antropotages de l'île voisine, il est à croire qu'en le voyant frais et dodu, on se sera empressé de lui faire un sort.

*(Il fait un geste vertical indiquant qu'Octave est supprimé du nombre des vivants.)*

#### ISABELLE

Oh! j'ai confiance qu'il respire encore et qu'il brûle toujours pour moi des mêmes feux.

#### MARTIN, *à part.*

Pour brûler, je le crois aussi... probablement à la broche...

#### ISABELLE

Cependant, puisqu'il le faut, en attendant que la Providence me réunisse à lui, nous serons, vous et moi, censés mariés aux yeux du gouverneur, mais nous nous en tiendrons à l'apparence.

#### MARTIN

A l'apparence... non... je suis réaliste, moi; époux honoraire, mari *in partibus*, ça me paraît bien insuffisant.

### DUO

#### MARTIN

Isabelle, de grâce,
Permettez qu'un époux
Dans votre cœur trouve une place
Et pour commencer vous embrasse.

*(Il veut l'embrasser, Isabelle le repousse.)*

### ISABELLE
Non, non, ma foi.

**MARTIN**, *faisant un bruit de baisers.*
Embrassez-moi.

### ISABELLE
Votre ardeur m'outrage,
Un gage aussi doux
Sera le partage
De mon cher époux.

**MARTIN**, *se désignant.*
Mais ce cher époux...

### ISABELLE
Ne sera pas vous.

### ENSEMBLE

| ISABELLE | MARTIN |
|---|---|
| Votre ardeur m'outrage, | Montrez-vous plus sage, |
| Un gage aussi doux | Je suis votre époux, |
| Sera le partage | Et le mariage |
| De mon cher époux! | A des droits bien doux! |

### MARTIN
J'aurai pour vous mille tendresses,
Tous vos caprices, sur ma foi,
Seront ma souveraine loi :
Envers vous, jamais la colère
Ne me fera hausser le ton,
Je serai doux comme un mouton,
Comme un mouton qui tète encor sa mère.
          (Bruit de baisers.)
Embrassez-moi.

### ISABELLE
Non, laissez-moi.

### MARTIN
C'est trop me résister, Madame,
La loi vous a rendu ma femme
Et, si bien accueilli dans cette île, je tiens
A lui donner des citoyens,
De nombreux citoyens.

| ISABELLE | MARTIN |
|---|---|
| Votre ardeur m'outrage. | Montrez-vous plus sage. |
| Etc. | Etc. |

MARTIN

Puisqu'inutile est la prière
Et la tendresse et la douceur,
Je vais pour fléchir votre cœur
User d'une rigueur entière.

(Il prend un bâton qu'il fait résonner sur le plancher, avec un air menaçant, d'un ton impérieux.)

Embrassez-moi.

ISABELLE

Non, sur ma foi !

MARTIN

Ah ! nous verrons !...

(Il la menace.)

ISABELLE, *sortant un poignard.*

N'insistez pas, j'aimerais mieux me tuer.

MARTIN

Vous êtes libre, chacun prend son plaisir où il le trouve. Mais j'ai mon droit. (*Il prend le livre que lui a remis le gouverneur.*) Tenez, en jetant les yeux sur ce livre que nous a laissé le gouverneur, vous verrez par vous-même... (*Il ouvre le livre.*) Art. 1,924. *Celui qui bâtit un mur mito...* Ce n'est pas ça. Art. 25,851. *L'hypothèque judiciaire de l'usufruitier...* Ce n'est pas ça. Ah ! voici un endroit où il y a une corne, ça doit être le mariage. Juste. Art. 777,776. *La femme doit obéissance à son mari.* Ils ont pillé ça chez nous. (*Il montre l'article à Isabelle.*) Lisez. *La femme doit...* Ainsi, c'est comme une dette sacrée.

ISABELLE, *souriant.*

Une dette pour laquelle beaucoup de femmes sont insolvables. — D'ailleurs, je ne suis pas la vôtre.

MARTIN, *avec humeur*.

Vous l'êtes. Nous sommes inscrits sur les registres du gouvernement, — vous avez consenti.

ISABELLE

Pour ne pas épouser un sauvage, mais j'étais loin de m'attendre à ce que vous abuseriez de cette feinte.

MARTIN

J'ai tout pris au sérieux, et vous devez... (*Montrant le mot*) obé-i-ssance. (*Continuant de lire.*) *Si la femme s'y refuse, le mari pourra la convaincre par toutes les voies.* (*Faisant résonner son bâton, à part*). J'essayerai de la voie de bois. (*Haut.*) Article sept cent soixante-dix-sept mille sept... Art. suivant : *En cas de prédécès de l'un des conjoints, le survivant...* Ah ! mon Dieu ! (*Il se retourne et lit tout bas.*) *Le survivant ne lui survivra pas et devra se placer sur le bûcher destiné au défunt !...* Bigre !... mais si elle vient à décéder, je serai donc obligé de me partager la même braise !

(Il s'avance vers Isabelle.)

ISABELLE

N'approchez pas, ou ce poignard...

MARTIN

Ah ! mon Dieu ! elle veut se tuer !... (*Il accourt lui retirer le poignard.*) Oh ! laissez bien vite cette arme incendiaire... (*Avec douceur.*) Et pardonnez-moi ma colère de tout à l'heure... je vous en supplie...

ISABELLE, *à part*.

Quel changement !

MARTIN

Je suis un misérable, un gredin... un !... pas grand chose... d'avoir pu menacer une aussi douce et bonne et charmante créature.

ISABELLE, *à part.*

Tiens! tiens! tiens!
(Pendant qu'elle rentre le poignard dans le fourreau, Martin revient à elle.)

MARTIN

Oh! prenez donc garde de vous blesser!

ISABELLE

Mais vous devenez presque aimable, savez-vous?

MARTIN

Je le sais. Puis-je l'être trop pour vous? Je tiens à votre vie comme à la mienne. Dites-moi, je vous prie, comment vous portez-vous?

ISABELLE

Quel intérêt!

MARTIN

Votre santé est toujours excellente, n'est-ce pas?

ISABELLE

Non, je vous avouerai qu'en ce moment votre colère m'a fait grand mal.

MARTIN

Ah! mon Dieu!

ISABELLE

J'en ai la fièvre, mon gosier brûle, et je vais...
(Elle va cueillir un fruit qu'elle porte à sa bouche.)

MARTIN

Arrêtez. Que faites-vous?

ISABELLE

Ce fruit me rafraîchira.

MARTIN, *le lui arrachant et le jetant.*

Imprudente! mais les fruits, dans les îles sauvages, c'est comme les dîners à vingt-cinq sous dans les pays civilisés... on court risque de s'empoisonner; et, si vous vous empoisonnez, ah! je sens trop que je ne vous survivrais pas!...

ISABELLE, *souriant*.

Mon Dieu ! quelle tendresse !

MARTIN

Ce sera mon système dorénavant. Plus de menaces, j'attendrai patiemment que le temps vous fasse oublier M. Octave.

ISABELLE

Je lui serai toujours fidèle.

MARTIN

Toujours fidèle... c'est une puérilité qui se dit toujours... et un beau jour ou plutôt une...

ISABELLE

Martin !

MARTIN

Dam ! Il faut pourtant vous faire une raison, car, pour M. Octave, mon bon maître, il n'y faut plus songer, et je suis sûr qu'à l'heure qu'il est, le pauvre garçon doit être mort et digéré !


## SCÈNE IV

Les Mêmes, OCTAVE

TRIO

OCTAVE

Isabelle !

ISABELLE

C'est vous !
Cher Octave, à mes vœux, le ciel daigne vous rendre !

OCTAVE

Que ce moment est doux !
Je puis enfin vous voir et vous entendre.

MARTIN, *à part*.

Fatal retour qui trompe mon espoir !

#### OCTAVE

Que j'ai de joie à vous revoir !

(Octave remercie Martin.)

#### MARTIN, *à part.*

Oh ! comme au fond des mers je voudrais le savoir.

ENSEMBLE

#### ISABELLE OCTAVE.

Charmant retour qui comble mon espoir,
Une joie extrême
Inonde mon cœur,
J'ai retrouvé { Celui que j'aime.
{ Celle que j'aime.
Pour moi quel doux bonheur.
O bonheur !

#### MARTIN

Fatal retour qui trompe mon espoir,
Une peine extrême
Tourmente mon cœur,
Elle a revu celui qu'elle aime.
Pour moi quelle douleur.
O douleur !

#### OCTAVE

Oh ! loin de vous, mon Isabelle,
Que ma douleur était cruelle !
Enfin le bonheur s'offre à nous
Et bientôt, grâce au ciel, je serai votre époux !

#### MARTIN

Pardon, l'époux c'est moi, j'ai déjà pris la place.

#### OCTAVE

Comment, c'est toi !...

#### MARTIN, *d'un air calme.*

C'est moi !

#### OCTAVE

Voyez un peu l'audace !

#### MARTIN, *avec énergie.*

Oui, c'est moi, moi, moi, moi, je vous dis que c'est moi.

OCTAVE

Perds-tu la tête?

MARTIN, *passant la main sous son menton.*

Elle est en place,
Je la conserve... et n'y veux rien porter.

OCTAVE

Me diras-tu, maraud?

MARTIN

On va vous contenter.
Apprenez donc que par des lois formelles,
Le mariage est ordonné
Dans cet État infortuné.
Or, à moins de passer pour des sujets rebelles,
Nous avons obéi soudain,

(Désignant Isabelle.)

Et j'vous présente madame Martin.

OCTAVE, *à Isabelle.*

Serait-il vrai?

ISABELLE

Non, car ce mariage
Était seulement feint par nous,
Pour empêcher qu'on ne fît mon époux
D'un indigène anthropophage.

MARTIN

Quoi! ne sommes-nous pas parfaitement inscrits
Sur le martyrologe où l'on met les maris?
Donc, je suis votre époux : venez, mon Isabelle.

(Il s'éloigne en faisant signe à Isabelle de le suivre; celle-ci, qui était auprès de lui, va vers Octave. Martin, au moment de disparaître, se retourne étonné de la voir auprès d'Octave, il redescend la scène.)

Ah! l'on me prend ici pour un Jean de Nivelle!
C'est bien... puisqu'à mon droit il faut un protecteur,
Je vais me plaindre au gouverneur!

ENSEMBLE

OCTAVE

Cette étrange aventure,
Menace mon honneur,

Mais j'aurai, je le jure,
Raison de l'imposteur.

| MARTIN | ISABELLE |
|---|---|
| Il faut de cette injure | O funeste aventure |
| Que je trouve un vengeur. | Qui vient glacer mon cœur, |
| Oui, j'aurai, je le jure, | L'audace et l'imposture |
| Raison du suborneur. | Menacent mon bonheur. |

(Martin sort.)

## SCÈNE V

### OCTAVE, ISABELLE

#### OCTAVE

Que j'étais loin de m'attendre à pareille mésaventure, quand, après mille efforts, je suis parvenu à toucher le rivage de cette ile, où je vous avais vue aborder. Maudit valet! drôle! abuser ainsi d'un mensonge.

#### ISABELLE

Croyez bien, Octave, que, si je m'y suis prêtée, c'est parce que, forcée par la loi du pays de prendre immédiatement un époux, j'ai préféré Martin, espérant pouvoir m'en tenir à la feinte avec lui.

#### OCTAVE

Il s'y tient joliment, il veut des réalités, le maraud... Et si le gouverneur lui donne raison...

#### ISABELLE

C'est impossible, vous ferez valoir vos droits.

#### OCTAVE

Mes droits? si nous étions en France! (*Changeant de ton.*) Ce ne serait peut-être pas encore facile... mais ici que peut-on espérer?

#### ISABELLE

Il est vrai que dans cette île les lois sont assez singulières... celles du mariage surtout. On y trouve entre autres un article dont l'effet est vraiment magique.

OCTAVE

Comment ?

ISABELLE

Tout à l'heure Martin revendiquait ce qu'il appelle ses droits, il s'irritait de mes refus, il jurait, tempêtait, menaçait (*Désignant le bâton qui est par terre.*) avec cette arme, quand ses yeux se sont arrêtés sur un article de ce code dans lequel il cherchait des moyens pour appuyer ses prétentions. Soudain, tout a changé comme par enchantement ; ses regards terribles sont devenus tendres, ses lèvres contractées par la fureur se sont épanouies dans un sourire, le tigre est devenu mouton.

OCTAVE

Ah ! et quel est cet article ?

(Il ouvre le code.)

ISABELLE

Je ne sais, mais on devrait bien l'importer en France où tant de maris auraient besoin d'être ainsi apprivoisés... Martin n'a lu à haute voix que les premiers mots. Cet article commençait ainsi : « En cas de prédécès de l'un des conjoints... » Vous voyez ; le style est baroque.

OCTAVE

Style de loi... (*Après avoir cherché.*) Ah ! m'y voici. (*Il lit.*) « Art. 777,777. *En cas de prédécès de l'un des conjoints, le survivant ne lui survivra pas et devra se placer sur le bûcher destiné au défunt...* »

ISABELLE, *riant.*

Je comprends maintenant pourquoi ses menaces sont restées sans effet, et pourquoi il craignait de me voir manger des fruits suspects. Je croyais que c'était son affection, ce n'était que par égoïsme.

OCTAVE, *portant la main à son épée.*

Le lâche !... Il faudra que je l'extermine !

#### ISABELLE

N'en faites rien, juste ciel! car si ce maudit mariage est maintenu il me faudrait le suivre au bûcher.

(On entend l'air lointain d'une marche.)

#### OCTAVE

Voici le gouverneur. Martin a l'air triomphant.

#### ISABELLE

Oh! mon Dieu! lui aurait-on promis d'accueillir sa réclamation.

#### OCTAVE

J'en ai peur... si nous avisions au moyen de prévenir une telle catastrophe! (*Après avoir réfléchi.*) Oui... c'est cela; ma chère Isabelle, il vous faut disparaitre bien vite et vous cacher là-bas dans les épais massifs qui bordent le lac.

(Il les désigne.)

#### ISABELLE

Je me fie à votre amour, Octave, et je me hâte de suivre votre conseil.

#### OCTAVE

J'irai vous retrouver bientôt. (*Isabelle sort.*) Oui... peut-être cet expédient réussira-t-il.

(Le cortège qu'on a entendu s'approcher entre en scène.)

## SCÈNE VI

### OCTAVE, MARTIN, LE GOUVERNEUR, Un Brahmine, Cortège.

#### LE CHŒUR

Salut, honneur, hommage,<br>
Au chef prudent et sage<br>
Qui donne à ses sujets la paix et le bonheur.<br>
Vive le gouverneur !

LE GOUVERNEUR, *à Octave.*

Ah! c'est donc toi qui veux tenter de détourner de ses devoirs l'épouse d'un de mes fidèles sujets?

OCTAVE

Mais...

LE GOUVERNEUR, *avec une vivacité contenue.*

Tais-toi! oui, ceci est un de mes fidèles sujets. Je lui ai promis aide et protection... Je lui apporte aide et protection, lorsque tu tentes de briser les sacrés liens de son *matrimonion.*

OCTAVE

Oh! son matri...

LE GOUVERNEUR

*Monion.* Oui, tu as péché contre les lois les plus sacrées de mon royaume...

OCTAVE

Mais je vous assure que c'est Martin qui...

LE GOUVERNEUR

Martin n'est pas pécheur,... il est au contraire parfaitement marié avec Isabelle, attendu qu'ils sont couchés sur les registres de mon royaume... en partie double; et j'avais parfaitement raison de dire que tu as voulu arracher la jeune épouse des bras de son jeune époux, comme le chevreau des bras maternels de la gazelle qui...

OCTAVE

Cependant...

LE GOUVERNEUR

Tais-toi... surtout quand je suis en train de faire de la poésie orientale; voui, je saurai soutenir ses droits; voui, je protégerai cet infortuné mari; voui, je ferai respecter sa tendre et fidèle épouse... Je dis fidèle, parce qu'elle n'est mariée que depuis ce matin... Dans deux jours, je ne hasarderais certainement pas cette qualification téméraire... Ainsi, rien n'excuse les torts graves de ta conduite, et toi-même, tu te reconnais coupable par ton silence obstiné.

OCTAVE

Mais c'est...

LE GOUVERNEUR

Tais-toi !

OCTAVE

Je t'assure que...

LE GOUVERNEUR

Je te défends de me tutoyer, nous n'avons jamais gardé mes sujets ensemble. Quant à Isabelle, sache bien que si tu recommences à soupirer à son intention, à l'instant même je te livre à mon cuisinier. Maintenant, c'est à toi, Martin, de veiller sur ta légitime. Je sais que ce n'est pas facile, et que les plus fins y sont trompés. (*Désignant Karaboul.*) Témoin Karaboul.

KARABOUL

C'est vrai, sire, car vous m'avez fait... cet honneur.

LE GOUVERNEUR

Oui, Karaboul.

Nous portons tous les deux au front une couronne.

Mais toi, Martin, si tu vois jamais monsieur rôdailler aux environs de ta moitié, préviens-moi, et crac !... (*Il fait signe de tuer un lapin.*) nous exterminons le lapin.

OCTAVE

Oh ! mon Dieu, sa surveillance sera complètement inutile, car je n'aime point assez Isabelle pour braver vos ordres, sublime gouverneur !

LE GOUVERNEUR

Bien, jeune homme.

OCTAVE

J'ai pour vous trop de vénération.

LE GOUVERNEUR

Très bien, jeune homme.

OCTAVE

Et puisque vous prescrivez le mariage, j'épouserai une indigène de votre empire.

LE GOUVERNEUR

Parfait. En ce cas, j'ai ton affaire. Tu prendras ma fille Kougoula... une délicieuse enfant... quarante-cinq ans à peine, un peu bossue, un peu bancale, un peu chauve... mais à part ça, ravissante...

OCTAVE

Quel honneur, je suis confus...

LE GOUVERNEUR

Ainsi, c'est décidé. (*A part.*) Enfin, j'ai donc trouvé le placement de Kougoula !

OCTAVE

Dès demain, j'aurai l'honneur de me présenter à votre palais, étoile de l'Orient.

LE GOUVERNEUR

Très bien, tu épouseras Kougoula, et tu l'aimeras. Ici, l'on s'épouse et l'on s'aime.

OCTAVE

Alors, c'est la moitié plus que chez nous... A demain.

(Il sort.)

## SCÈNE VII

Les Mêmes, moins OCTAVE

LE GOUVERNEUR

Il est charmant... charmant ! (*A Martin.*) Eh bien, Martin, te voilà rassuré, et tu peux prendre livraison de ton Isabelle... quand bon te semblera.

MARTIN, *qui cherche*.

Mon Isabelle... voilà un quart d'heure que je la cherche, et je n'aperçois pas l'ombre du bout de son nez; qu'est-elle devenue, mon Dieu ?

LE GOUVERNEUR

Sois tranquille, nous la retrouverons. Que deux de nos gardes aillent à sa recherche, et récompense honnête à celui qui la ramènera.

(Deux gardes sortent.)

MARTIN

Merci, majesté... Mon Dieu, rendez-la-moi !

AIR

Viens, chère Isabelle
Ange aux yeux si doux,
Viens, ma tourterelle,
Près de ton époux.

(Effet de l'écho : *Coucou*.)

Hélas ! en vain j'appelle,
Rien ne dissipe mes ennuis,
Serais-je abandonné par elle ?
Ah ! je vois bien que je le suis.

(Écho.)

Oui, je le suis.
Viens, chère Isabelle,
Ange aux yeux si doux,
Viens, ma tourterelle,
Près de ton époux.

## SCÈNE VIII

Les Mêmes, OCTAVE. Il s'avance d'un air profondément affligé.

LE GOUVERNEUR

Mais qu'aperçois-je? Incliné vers la terre,
Encor cet étranger qui porte ici ses pas.

OCTAVE

Hélas ! Hélas !

LE GOUVERNEUR

D'où vient cette douleur amère ?

LE CHŒUR

D'où vient cette douleur amère ?

OCTAVE

BALLADE

Pauvre Isabelle, trop constante,
Perdue, ô mon Dieu, sans retour ;
  Tant de grâce touchante,
  Comme une fleur charmante,
  S'est flétrie en un jour !
Près du lac, qu'un bocage sombre
Entoure et couvre de son ombre,
J'ai trouvé ce billet cruel :

(Il lit.)

« Puisqu'hélas ! un ordre suprême
» Me ravit à celui que j'aime,
» J'ai cherché dans le lac un repos éternel ! »

ENSEMBLE

Pauvre Isabelle, trop constante,
Perdue, hélas ! et sans retour !
Tant de grâce touchante,
Comme une fleur charmante,
S'est flétrie en un jour !

LE GOUVERNEUR, *à Martin qui se désole.*

Tu pleures, Martin, mais tu ne connais donc pas l'heureux sort qui t'attend.

MARTIN

L'heureux sort ?

LE GOUVERNEUR

En mourant comme elle... car la loi du pays exige (art. 777,777) que tout individu devenu veuf aille aussitôt rejoindre sa femme au ciel.

#### MARTIN

Retrouver sa femme au ciel... mais alors, ça devient l'enfer.

#### LE GOUVERNEUR

Qu'on prépare le bûcher.

#### KARABOUL

Bûcher pour un! chaud! chaud!

#### UN INSULAIRE

Boum !

(On construit un bûcher dans le fond du théâtre.)

#### LE GOUVERNEUR

Selon l'usage antique et solennel, Isabelle devrait être brûlée avec toi, mais le lac est trop profond pour qu'il soit possible de la repêcher. Pour toi, tu peux être tranquille, on va te faire un joli petit bûcher... ben gentil.

#### MARTIN

Mais je m'y oppose; je repousse cette proposition incendiaire.

(Il veut empêcher de mettre du bois.

#### LE GOUVERNEUR

Que fais-tu, malheureux! quand tu dois voir dans quelques instants le paradis de Brahma!... Ignores-tu que le jour de ta mort est le plus beau jour de ta vie.

#### MARTIN

Ah bien oui! (*A part.*) Sapristi! que j'ai eu tort de dire que j'étais marié... j'en éprouve un regret... cuisant.

#### KARABOUL

Le bûcher demandé ! (*A Martin.*) Monsieur est servi.

#### FINALE

##### CHŒUR

Ah! quel destin et quelle fête,
Seigneur Martin, pour vous s'apprête,
Est-il une plus belle mort!
Dansons pour célébrer le bonheur de son sort.

(Danse d'insulaires.)

MARTIN
Moi de danser j'ai nulle envie,
Hélas!
LE GOUVERNEUR
Allons, un noble effort
Pour ton Isabelle chérie,
Tu brûlais tant, durant sa vie...
Brûle pour elle après sa mort.

MARTIN
Aïe! aïe! ô déplorable sort!

LE GOUVERNEUR, *arrêtant d'un geste le sacrificateur.*
Pour mieux sanctifier cette cérémonie,
Invoquons de Brahma la puissance infinie.

CHŒUR
Puissant Brahma, que ta bonté
Daigne accepter ce sacrifice,
Et qu'elle étende une main protectrice
Sur les adorateurs de ta divinité.

LE GOUVERNEUR
Pour exaucer dans ta bonté suprême
Les vœux les plus ardents de ce peuple qui m'aime,
Donne-moi la santé, les plaisirs fastueux,
Fais mon pouvoir plus fort, mes trésors plus nombreux,
Et tu rendras ainsi mon peuple très heureux.

CHŒUR
Puissant Brahma que ta bonté,
Etc., etc.

LE GOUVERNEUR
Après ce chant sacré, sois plein de confiance,
Tu peux avec une entière assurance
Monter ici!

MARTIN
Que l'on attende un peu!

LE GOUVERNEUR
Non, non, plus de délai.

MARTIN
Je vais crier au feu!

LE CHŒUR

Montez sur le bûcher sans tarder davantage.
(On veut l'entraîner.)

MARTIN

Eh bien ! Je dirai donc, puisqu'il en est ainsi,
Qu'Isabelle n'est point ma femme,
J'ajouterai qu'Octave est son mari.

OCTAVE

Enfin !

MARTIN, *à part.*

J'aime autant, en ceci,
Que ce soit lui qui soit roussi !

LE GOUVERNEUR, *montrant Octave.*

Serait-il son époux ? Jure-le sur ton âme.

MARTIN

Je le jure.

LE GOUVERNEUR

Bien, jure aussi.
(Faisant signe au brahmine qui ouvre le livre sacré.)
Sur le livre sacré qu'on te présente ici,
Prends-y garde, un affreux supplice
D'un parjure ferait justice
Au même instant !

MARTIN, *la main étendue sur le livre.*

Je jure !... que Brahma reçoive mon serment.

LE GOUVERNEUR

Ma Kougoula chérie alors sera ta femme.

MARTIN

Quel guignon !

LE GOUVERNEUR, *à Octave.*

Et c'est toi que le bûcher réclame.

OCTAVE

Soit, je saurai braver la mort
Et m'ensevelir dans la flamme,
Car je m'applaudis de mon sort

Puisqu'il me fait revoir une épouse fidèle.
Je vais te rejoindre, Isabelle.
(Très haut.)
Chère Isabelle !

## SCÈNE IX

### Les Mêmes, ISABELLE

ISABELLE
Me voici !

CHŒUR
Juste ciel ! est-ce une illusion ?
Oui vraiment, c'est bien elle,
C'est Isabelle.
Quelle étrange apparition !

OCTAVE, *confidentiellement à Isabelle.*
Notre bonheur enfin s'annonce,
A tous ses droits Martin renonce
Et notre ruse a réussi.

LE GOUVERNEUR, *à Isabelle.*
Et moi qui vous croyais noyée auprès d'ici,
Quel est ce miracle admirable ?

ISABELLE
Je savais trop nager, et, sans trouver la mort,
Du lac j'ai regagné le bord.

MARTIN
Le sort me revient favorable,
Et pour femme je vous reprends.

LE GOUVERNEUR
Aurais-tu fais de faux serments !
Faudrait-il t'infliger les affreux châtiments
Qu'on réserve au parjure infâme ?

MARTIN
Oh ! non ! non ! sur mon âme !

LE GOUVERNEUR
C'est bien, ma Kougoula demain sera ta femme,
Dans mon palais tu viendras la chercher.

MARTIN, *à part*.
Oh ! je regrette le bûcher !

CHŒUR
Salut, honneur, hommage
Au chef prudent et sage
Qui donne à ses sujets la paix et le bonheur.
Vive le Gouverneur !

FIN

# LA PROTÉGÉE DES FLEURS

OPÉRA-BOUFFE EN UN ACTE

## PERSONNAGES

POUSSAPOUF.
PATCHOULI.
OSMIN.
LE CHEF DES GARDES.
BERLINDINDIN.
NAÏDA.
LA ROSE.
LA TULIPE.
LE BLUET.
LA MARGUERITE.
LE PAVOT.
Fleurs diverses.
Papillons.

# LA PROTÉGÉE DES FLEURS

### SOMMAIRE

La scène se passe dans l'île des Fleurs, le jour où Brahma permet qu'elles se métamorphosent en femmes.

Naïda, qui prend soin de celles du parc du sultan, attend son fiancé Osmin qui doit l'amener à Mélinopoli, où le mariage doit s'accomplir. Mais elle est remarquée par le sultan qui veut l'enlever, et qui, à cet effet, envoie des gardes et vient ensuite lui-même avec des satellites. Naïda est protégée par les Fleurs, qui réussissent à paralyser les recherches et à lui permettre d'attendre le retour d'Osmin.

Tel est le résumé aride et succinct de cette pièce pour laquelle j'ai choisi un sujet fantastique, sachant combien les sujets de ce genre favorisent généralement l'inspiration du compositeur. Il y a des chœurs, des danses, etc.

---

Le théâtre représente des bosquets remplis de fleurs. Plantes exotiques. A gauche, au second plan, une chaumière auprès de laquelle s'élèvent des palmiers. Au fond, la mer.

## SCÈNE PREMIÈRE

### OSMIN, NAÏDA

OSMIN

Adieu, Naïda, il faut que je vous quitte.

###### NAÏDA
Tout à l'heure,... le matin naît à peine.

###### OSMIN
Il est vrai, mais n'est-ce pas aujourd'hui la plus grande fête de cette île, la fête des fleurs, et ne dois-je pas, en qualité de jardinier du sultan Poussapouf, parer de guirlandes et de riches tentures les serres de cristal de ces chères fleurs, que je cultive avec tant de soin et de plaisir ?

###### NAÏDA
Le moment de leur métamorphose est encore éloigné.

###### OSMIN
Hélas ! non. C'est bientôt qu'elles s'animeront par la toute-puissance de Brahma, il faut que tout soit prêt pour cet instant solennel. Ainsi, ma chère Naïda, adieu.

###### NAÏDA
Adieu, Osmin.

###### OSMIN
Je reviendrai ensuite ; car quel délassement à mes travaux serait plus doux qu'un entretien avec ma Naïda? Nous parlerons de nos projets, de notre voyage à Mélinopoli, où le grand brahmane nous unira.

###### NAÏDA
Nous partirons demain, n'est-ce pas ?

###### OSMIN
Aux premières lueurs du jour ; mon oncle Giaffar nous attend et nous serons reçus comme des princes... des princes qu'on reçoit bien.

###### DUO
Que nous serons heureux,
Quelle douce existence
Va couronner notre espérance,
Que nous serons heureux,
Tous deux.

OSMIN

De la ville chère aux génies,
Ensemble nous verrons tous les enchantements :
Ses palais rayonnants de splendeurs infinies,
Ses temples de saphir, sublimes monuments
Qu'éleva d'Aladdin la puissance magique.
Tout nous fera sentir les charmes enivrants
D'une vision magnifique.

ENSEMBLE

Que nous serons heureux !
Etc.

NAÏDA

Heureux ! oui, je l'espère... et pourtant je redoute...

OSMIN

Eh quoi, soupçonnez-vous mon cœur !

NAÏDA

Non, mais un songe affreux me remplit de frayeur.

OSMIN

Un songe... enfant !

NAÏDA

Voyez s'il est triste !...

OSMIN

J'écoute.

NAÏDA

AIR

Oh ! l'affreux rêve que j'ai fait !
Mon cœur en est tout inquiet.
J'errais au bord d'une rivière,
Sous les saules aux frais berceaux ;
Du soleil la vive lumière
Scintillait au loin sur les flots.
Leur bruit confus et le murmure
Du feuillage qui frémissait,
Tout me charmait dans la nature,
D'extase mon cœur s'emplissait.
Lorsque soudain dans la verdure,
Paraît un boa monstrueux,

Qui, bondissait impétueux,
Me prend, me serre et me torture !

ENSEMBLE

NAÏDA
Ah ! l'affreux rêve que j'ai fait !
Mon cœur en est tout inquiet.

OSMIN
Du triste rêve qu'elle a fait
Son pauvre cœur en est inquiet.

OSMIN

Quoi... votre esprit de terreur se consume,
Pour un rêve, jeu du sommeil,
Semblable au fantôme de brume
Que vient dissiper le soleil.
Chassons bien loin toute crainte frivole,
Quand pour nous du bonheur va briller l'auréole !

ENSEMBLE

Oui, nous serons heureux.
La plus douce existence
Couronnera notre espérance,
Que nous serons heureux
Tous deux !

(Osmin sort par la gauche.)

## SCÈNE II

### NAÏDA

Puisse-t-il bientôt revenir !... car avec lui j'oublie mes inquiétudes, mes pressentiments et mon chagrin de quitter demain ma chaumière, nos beaux palmiers et nos chères fleurs. Pauvres fleurs, qui les soignera désormais ! La chaleur du jour commence à flétrir leur corolle... Je ne leur ferai pas défaut la dernière fois.

(Elle arrose les fleurs et disparaît par la droite.)

## SCÈNE III

### POUSSAPOUF, PATCHOULI

POUSSAPOUF, *entrant par le fond à gauche.*

Oui, Patchouli, j'aime à suivre les errements du calife Haraoun-al-Raschid... salue !... (*Patchouli s'incline.*) mon ancêtre du côté des femmes... (*Patchouli s'incline encore.*) J'aime à me promener dans mon gracieux royaume, ma charmante île des fleurs, pour juger moi-même du bonheur de mes sujets.

PATCHOULI

Ils sont tous dans la félicité et l'enthousiasme d'avoir un prince tel que vous, sublime Poussapouf !

POUSSAPOUF

Je le pense, mais je tiens à entendre par mes yeux et voir par mes oreil... c'est-à-dire...

PATCHOULI

J'ai compris.

POUSSAPOUF

A la cour, je puis être trompé, je n'ai que des flatteurs, et je déteste ce genre de reptiles.

PATCHOULI

C'est ce que font les grands princes, tous les hommes de génie, et qui le fut si ce n'est vous ?...

POUSSAPOUF

Mais si je déteste profondément les flatteurs, je chéris les véritables amis qui, comme toi, me disent toujours la vérité.

PATCHOULI

Toujours, monarque phénoménal ! soleil de l'Orient ! et si jamais cette brutale franchise vous déplaît, prenez ma tête.

#### POUSSAPOUF

Bien, Patchouli. Tu sais que par ton langage tu t'exposes quelquefois à blesser ma modestie, mais tu n'hésites pas, c'est bien, c'est grand.

#### PATCHOULI

C'est que j'ai le courage de mes opinions, moi !

#### POUSSAPOUF

Et je sais le récompenser.

(Il lui jette une bourse.)

PATCHOULI, *la main sur le cœur.*

Ma gratitude... mon dévouement !...

#### POUSSAPOUF

Continuons maintenant notre promenade que favorise un temps magnifique.

#### PATCHOULI

Je m'y attendais pour mon compte, le soleil connaît tous les égards qu'il doit à Votre Hautesse.

#### POUSSAPOUF

A ma Hautesse et aux fleurs dont nous célébrons la fête en ce jour. C'est vraiment une chose charmante que ce caprice de Brahma... salue ! (*Patchouli obéit.*) mon ancêtre du côté des hommes... cette gracieuse fantaisie d'animer ainsi chaque année les fleurs de cette île, de les changer complètement en femmes; de leur donner la pensée, le mouvement...

#### PATCHOULI

La parole.

#### POUSSAPOUF

Cela va sans dire : si elles ne parlaient pas, elles ne seraient plus des femmes.

#### PATCHOULI

Il n'y a que votre royaume pour de tels phénomènes !

POUSSAPOUF

Pardon, Patchouli, on dit qu'en Europe on voit parler nombre d'animaux, notamment les biches et les pigeons, qui ne vont jamais l'un sans l'autre.

(Il rit.)

PATCHOULI, *à part.*

Le sultan vient de faire un mot,... rions! (*Il rit.*) plaisanterie charmante, ravissante !

POUSSAPOUF

Tu trouves ?

PATCHOULI

C'est mon opinion, la franchise avant tout... prenez ma tête.

POUSSAPOUF

Que veux-tu que j'en fasse ? Mais voici pour ta franchise.

(Il lui jette une bourse.)

PATCHOULI

Sublime Poussapouf, mon dévouement vous est acquis, continuez de le mettre à l'épreuve.

POUSSAPOUF, *regardant à droite.*

Oh !

PATCHOULI

Qu'est-ce ?

POUSSAPOUF

J'aperçois une de mes sujettes ! Oh ! vraiment délicieuse !...

PATCHOULI, *qui n'a pas vu.*

Délicieuse en effet, mais comment ne le serait-elle pas, dans un empire que gouverne un prince tel que vous, un prince que... un prince qui...

POUSSAPOUF

C'est bien... je n'ai plus de monnaie.

(Naïda paraît vers le fond, à droite, et se dirige vers sa chaumière.)

## SCÈNE IV

Les Mêmes, NAÏDA

POUSSAPOUF

Approche, jeune gazelle des montagnes. (*A part.*) Je vais lui faire de la poésie... les femmes s'y laissent toujours prendre. (*Haut.*) Jeune gazelle des montagnes... (*Se rapprochant de Naïda.*) c'est à toi que je m'adresse.

NAÏDA, *étonnée.*

Ah!

POUSSAPOUF

Jeune gazelle... ton aspect me récrée l'âme comme la brise du printemps récrée le bananier fleuri.

NAÏDA

Je ne connais pas.

POUSSAPOUF

Le bananier, c'est un arbre, simplette, un arbre du sud de cette contrée. Tu n'es donc jamais sortie de ta chaumière? Faut-il que tant d'attraits restent ignorés dans ces vertes campagnes... c'est le pays qui t'a donné le jour?

NAÏDA

Oui, seigneur, et je ne l'ai jamais quitté.

POUSSAPOUF

Tant pis!

PATCHOULI

Tant pis!

POUSSAPOUF

Quel dommage!

PATCHOULI

Quel dommage!

POUSSAPOUF

Je suis sûr que ta beauté serait remarquée à Mélinopoli, capitale de ce royaume, par tous les seigneurs de la cour, et même... par le grand sultan Poussapouf.

NAÏDA, *riant.*

Ah! le drôle de nom !

PATCHOULI, *qui est de l'autre côté du sultan, lui fait des signes.*

POUSSAPOUF

Comment, le drôle de nom?

NAÏDA, *riant.*

Ah ! Pouss... Poussapouf... Ah! ah! c'est à poussa... poussapouffer de rire... (*A Patchouli qui continue ses signes avec plus d'énergie.*) Oui, quand vous remueriez les bras jusqu'à demain...

POUSSAPOUF, *se méprenant.*

Moi, je ne remue pas les bras.

NAÏDA

C'est votre ami.

POUSSAPOUF, *à Patchouli.*

Tu remues les bras ?

PATCHOULI, *embarrassé.*

Moi... vous dites ?...

POUSSAPOUF

Non, c'est elle qui...

PATCHOULI, *à Naïda.*

C'est vous ? Pourquoi remuez-vous les bras ?...

NAÏDA

Mais faut-il vous répéter que c'est vous... là !

POUSSAPOUF

Si c'est lui, ne faites pas attention, c'est un ancien télégraphe. Ne nous occupons que de vous, ma charmante... Votre nom?

NAÏDA

Naïda...

POUSSAPOUF

Charmante Naïda... ta grâce printanière m'a subjugué, l'étincelle de ton regard a fondu la neige de mon cœur.

PATCHOULI

Très bien... quelle poésie!

POUSSAPOUF

Ta présence est pour moi comme la source désirée par le voyageur du désert quand le brûlant simoun...

PATCHOULI

Quelle poésie, mes enfants, quelle poésie! C'est à cent pics au-dessus du père Anacréon!

POUSSAPOUF

Viens, viens, viens dans mon palais.

NAÏDA

Votre palais!

POUSSAPOUF

Oui, Naïda... car, apprends tout : je le suis!

NAÏDA

Qui?...

POUSSAPOUF

Le sultan Poussapouf! Viens!

NAÏDA

Ah! non... jamais!

(Elle s'éloigne.)

TRIO

POUSSAPOUF

Pourquoi me fuir ainsi lorsque l'amour m'enflamme,
Vois ce tendre regard... écoute ce soupir!

(Il soupire.)

NAÏDA

Pourquoi gémir ainsi lorsque l'amour m'enflamme
Pour un autre, avec qui je dois bientôt m'unir?

POUSSAPOUF

O ciel! qu'entends-je!

PATCHOULI, *à Poussapouf*,

Vous refuser... Aveuglement étrange!

POUSSAPOUF

Quoi! j'aurais un rival!
Moi le roi de ces lieux, le sultan sans égal!

ENSEMBLE

POUSSAPOUF
Quoi, j'aurais un rival!

NAÏDA
Vous avez un rival.

PATCHOULI
Il aurait un rival!

POUSSAPOUF   Moi
NAÏDA        Vous   } Poussapouf, le sultan, sans égal!
PATCHOULI    Lui

POUSSAPOUF

Un rival!

PATCHOULI

Un rival!

NAÏDA

Un rival.

POUSSAPOUF

O charmant sylphe, ô mon doux ange,
O cher objet de mes amours,
Plus belle que les plus beaux jours,

(Geste d'impatience de Naïda.)

Sais-tu, dis-moi, petite buse,
Ce que pour lui ton cœur refuse!
Sur-le-champ, si tu m'écoutais,
    Je t'octroirais
    De beaux palais
    Et des laquais

Reliés en rouge livrée
Avec perruque bien poudrée,
Bref, les plaisirs, le luxe et la grandeur.

### NAÏDA

Non. Rien de tout cela ne serait le bonheur.

### POUSSAPOUF

Trois cents femmes des plus parfaites
Présideraient à tes toilettes ;
A toi satin, bijoux, tous mes trésors enfin !

### NAÏDA

Non, j'aime mieux la pauvreté d'Osmin.

### POUSSAPOUF

Me repousser, moi, quelle injure,
Moi le sultan de ce pays,
Ah ! je saurai bien, je le jure,
Punir cet insolent mépris.

### NAÏDA

Eh quoi ! je vous ferais injure
Parce que, dès longtemps épris
D'une tendresse vive et pure,
Mon cœur en espère le prix !

### POUSSAPOUF

Comment, ton humble esprit de raisonner s'avise !
Apprends que m'obéir doit être ta devise :
Dans mon palais il faut qu'on te conduise,
Rien de plus juste ici ne se peut accomplir ;
Et la meilleure preuve est que c'est mon désir.
A bientôt, tu verras si l'on doit m'obéir !

### ENSEMBLE

#### POUSSAPOUF

Me repousser, moi, quelle injure,
Le souverain de ce pays,
Etc., etc.

#### NAÏDA

Comment trouvez-vous une injure
A ce que, dès longtemps épris
Etc. etc.

PATCHOULI

Le refuser, lui, quelle injure!
Le souverain de ce pays
Oui, nous saurons bien, je le jure
Punir cet insolent mépris.

(*Passapouf et Patchouli sortent par la droite en menaçant.*

## SCÈNE V

NAÏDA, seule.

Que faire? Il faut que je parle tout de suite à Osmin. Il doit être près du parc de notre sultan... Oui, je l'apperçois... ses yeux se dirigent de ce côté. (*Elle fait un geste avec une écharpe pour l'appeler.*) Il a vu le signal, il accourt. Oh! qu'il arrive bientôt! car lui seul peut me protéger... (*Regardant les fleurs.*) Et vous aussi, mes chères fleurs, vous dont c'est aujourd'hui la fête et la métamorphose. N'ai-je pas toujours veillé sur vous, comme me l'avait prescrit ma pauvre mère?

### AIR

Vers la fin d'un beau jour,
Près de notre chaumière,
Il m'en souvient, ma mère
Me dit avec amour :
A ces fleurs je dispense
Mes soins les plus constants,
Et leur douce influence
Protège mes vieux ans,
Oh! ma fille, aux fleurs riantes
A ton tour veille après moi,
Et les fleurs reconnaissantes
Veilleront aussi sur toi.

## SCÈNE VI

### OSMIN, NAÏDA

NAÏDA

Osmin, un grand danger nous menace, le sultan veut me faire conduire en son palais.

OSMIN

Le sultan ?...

NAÏDA

Il l'a dit sur l'heure.

OSMIN

Oh! je saurai bien !...

NAÏDA

Lutte inégale dans laquelle vous succomberez. Il vaut mieux fuir... votre barque est-elle prête?

OSMIN

Hélas! mon frère, qui est en mer, ne doit la ramener que dans une heure.

NAÏDA

Funeste contretemps!

OSMIN

Oh! oui, bien funeste... les gardes du sultan vont venir, sans doute... Oh! qui donc nous sauvera?

(On entend des sons argentins accompagnés par une musique en sourdine. — Musique.)

NAÏDA

Qui?... peut-être nos chères amies les fleurs, dont la métamorphose va s'accomplir, car j'entends sonner l'heure magique.

(Les sons continuent.)

OSMIN, *écoutant*.

En effet.

### AIR

C'est l'instant où Brahma permet que chaque fleur,
Sentant un feu subtil dans sa fraîche corolle,
  Prenne la vie et la parole
Et du sort des mortels partage le bonheur.
Douces et chères Fleurs, délices de nos âmes,
 Que notre amour soit par vous protégé !
  Animez-vous, devenez femmes...
  A peine aurez-vous changé !

(A Naïda.)

Laissons, ma Naïda, s'accomplir le mystère,
Respectons le réveil de leur vie éphémère.
Je vais près du logis pour attendre mon frère ;
Puis sur son frêle esquif nous fuirons de ces lieux.

(Il se retire vers le fond, à droite. Naïda rentre dans sa chaumière. Musique de harpe. Coups de tam-tam. Les fleurs sortent de plusieurs touffes et viennent du dehors.)

## SCÈNE VII

LA ROSE, LA TULIPE, ETC.

#### BALLET DES PAPILLONS

(Pendant que les fleurs s'éveillent peu à peu, les papillons viennent voltiger autour d'elles et dansent en se livrant à mille câlineries. Un son argentin plus grave met fin au ballet et fait fuir les papillons.)

## SCÈNE VIII

LA ROSE, LA TULIPE, LE PAVOT, ET FLEURS
DIVERSES, puis LE BLUET

#### CHŒUR DES FLEURS

Douce clarté des cieux,
Vallons ombreux, mer éclatante,

A vous revoir notre âme renaissante
Goûte un charme délicieux.

LA ROSE, *au Pavot et à la Tulipe qui s'inclinent devant elle.*

Salut, grave Pavot, Tulipe veloutée.
De nos jardins hôtes charmants.

(Le Bluet et la Marguerite entrent par la gauche en se tenant la main et s'inclinant aussi.)

Bluet d'azur, Marguerite argentée,
Salut, mes chères sœurs des champs !

CHŒUR DES FLEURS

Gloire à notre reine !
Rendons hommage à sa grandeur,
Car sa douceur, sa bonté souveraine
De notre obéissance a fait notre bonheur.

LA MARGUERITE

C'est toi qui brille au gracieux visage
De jeune fille en ses rêves d'amour ;

LE BLUET

Toi qui parais aux franges du nuage,
Quand on voit naître et s'éteindre le jour.

LES FLEURS

Gloire à notre reine.
Etc.

LA TULIPE, *à la Marguerite et au Bluet, avec un air hautain qui lui est habituel.*

O fleurs des champs, pauvres abandonnées,
Qui des saisons subissez les rigueurs,
En comparant, hélas ! nos destinées,
Combien de fois se sont émus nos cœurs !

LE BLUET

C'est bien à vous, mais calmez vos alarmes,
Car, sachez-le, mes sœurs,
Chacun sur cette terre a ses petits bonheurs.

D'un palais de cristal nous n'avons pas les charmes,
Mais notre tige flotte à l'air libre des champs.

Si l'homme a peu de soins pour nous, Brâhma nous aime
Et ce dieu tout puissant, dans sa tendresse extrême,
D'une tiède chaleur nous récrée au printemps,
Puis, quand l'été rayonne, il nous donne en partage
Et le vent frais du soir, et l'ombre du nuage,
Et la douce rosée aux reflets scintillants ;
Enfin, contre l'hiver encore il nous protège
En étendant sur nous un grand manteau de neige...
                Vous le voyez, mes sœurs,
Chacun sur cette terre a ses petits bonheurs.

### ENSEMBLE

#### LA TULIPE, LE PAVOT

Pour vous les champs, mes sœurs,
Mais du jardin royal j'aime mieux les honneurs.

#### LA MARGUERITE, LE BLUET

Moins de fierté, mes sœurs,
Chacun sur cette terre a ses petits bonheurs.

#### REPRISE DU CHŒUR

Douce clarté des cieux !
Etc., etc.

#### LA ROSE

Bluet a raison. A peine commençons-nous à recouvrer la parole que déjà s'élèvent des discussions d'amour-propre. Ne trouvera-t-on jamais d'égalité au monde... même parmi les fleurs !

#### LA TULIPE

Vous êtes bien leur reine !

#### LA ROSE

On le dit ; mais toute mon ambition est de forcer mes sujets à m'aimer. (*Se tournant vers la gauche.*) Je veux l'être de tout le monde (*Naïda paraît.*) et surtout de notre fidèle amie Naïda qui nous entoure de soins si affectueux... et qui semble bien affligée. (*A Naïda.*) Chère Naïda, quel chagrin est donc venu assombrir ce charmant visage ?

NAÏDA

Le sultan veut m'enlever à l'amour d'Osmin, mon fiancé, et m'emmener dans son palais :

LA ROSE

Ciel !

NAÏDA, *regardant à droite.*

Et le danger est pressant, car j'aperçois le chef des gardes, le redoutable Giraffar, accompagné de son lieutenant.

LA TULIPE

Ils se dirigent de ce côté... Pauvre petite !... te voilà perdue.

LE BLUET, *d'un air guilleret.*

Pas encore. Laisse-moi avec la Marguerite. (*Naïda court se cacher vers le fond, à gauche.*) j'ai mon idée... (*A la Tulipe.*) Les fleurs des champs ont parfois des idées, il n'y a pas que les fleurs du grand monde...

(Giraffar et Berlindindin entrent par la droite pendant que les fleurs s'éloignent, à l'exception du Bluet et de la Marguerite.)

## SCÈNE IX

BERLINDINDIN, GIRAFFAR, BLUET, MARGUERITE

GIRAFFAR, *il porte d'énormes moustaches qu'il caresse souvent de la main.*

Une chaumière sous un catalpa... ce doit être par ici dubitablement. (*A Berlindindin qui va plus avant.*) Berlindindin ?

BERLINDINDIN

On a sonné ?

GIRAFFAR

Stop ! nous voici à l'endroit désigné pour trouver la

nommée Naïda dont à laquelle nous avons l'ordre de l'appréhender médiatement et n'importe ousque.

BERLINDINDIN

Giraffar, vous avez raison.

(Il s'éloigne en chantant.)

GIRAFFAR *jette un coup d'œil dans la chaumière.*

Personne dans la cambuse... Berlindindin ?

BERLINDINDIN

On a sonné ?

GIRAFFAR

Faudrait voir subséquemment à nous rémémorer le signalement de la susdite, à seule fin qu'il n'y ait point z...erreur dessus sa *dividualité*.

BERLINDINDIN

Giraffar... vous avez raison ; il n'y a qu'à lire le parchemin que le sultan vous a remis.

GIRAFFAR, *ouvrant le papier.*

Nous disons donc : (*Lisant.*) « J'invitons à ne pas laisser librement circuler la nommée Naïda : front joli, z'yeux jolis, bouche jolie, menton rond. » As-tu remarqué que dans tous les signalements on met menton rond ?... Cherche ! tayau ! tayau !

(Berlindindin furette partout.)

BLUET, *à Giraffar.*

Je sais qui vous voulez trouver...

GIRAFFAR

Ah ! parle, mon petit Bluet, je te promets une récompense honnête. Peux-tu me dire ?...

BLUET

Où elle est ? Très facilement : là-bas dans ce bois de citronniers.

(Elle montre la droite au fond.)

GIRAFFAR

Mais le sultan m'a dit au contraire que c'était par ici...

BLUET

Je vous assure qu'elle est dans ce bois... votre femme.

GIRAFFAR

Ma femme! Zobéide?

BLUET

Est-ce que ce n'est pas elle que vous cherchez?

GIRAFFAR, *troublé*.

Mais non... c'est-à-dire si... Elle était seule, n'est-ce pas?

BLUET

Entièrement seule... (*Soupirs de satisfaction de la part de Giraffar.*) avec le plus beau seigneur de la cour, le jeune Aboul-Kassis...

GIRAFFAR

Tonnerre!... nonobstant, mon étonnement ne dépasse pas ma surprise... je les ai remarqués nombre de fois qui se lançaient de l'un à l'autre des regards inflammatoires et subreptifs.

BLUET

Pas possible!

GIRAFFAR

Cependant elle m'aime, ma Zobéide. Elle ne cesse de me le dire tout le jour.

BLUET

On dit tant de choses... Mais voici la Marguerite que tu peux consulter sur ce point délicat.

GIRAFFAR

C'est juste. (*A Marguerite.*) Belle Marguerite, ma femme m'aime-t-elle... un peu? (*Signe négatif de Marguerite.*) Beaucoup? (*Même signe.*) Passionnément? (*Nouveau signe de dénégation.*) Pas du tout? (*Signe af-*

*firmatif.*) Pas du tout. Suis-je assez malheureux!... le suis-je?..

BLUET

Pas encore, peut-être.

LE CHEF

Tu as raison ; il n'y a pas une minute à perdre. (*Appelant.*) Berlindindin !

BERLINDINDIN, *accourant par la droite.*

On a sonné ?

GIRAFFAR

Ici ! et en chasse ! Cherche Zobéide.

BERLINDINDIN

Mais on nous a dit : Naïda.

GIRAFFAR

Pas d'observations ! Cherchons primitivement Zobéide, mon épouse, ainsi que mon rival, le susnommé Kassis...

BERLINDINDIN

Comment ! Zobéide amerait ce Kassis en même temps que vous !

GIRAFFAR

Hélas ! elle a toujours eu un faible pour le mêlé ! Par file à gauche ! arche !

(Sortie.)

## SCÈNE X

BLUET, MARGUERITE, NAÏDA, OSMIN,
LA ROSE, LA TULIPE, LE PAVOT

BLUET, *allant vers Naïda.*

Plus de danger ! ils se dirigent du côté du bois ; (*Regardant et riant.*) ils y courent à toutes jambes.

NAÏDA

Merci.

LA ROSE

Et maintenant, il faudra te hâter de fuir...

PAVOT, *avec une gravité somnolente.*

La fuite est le salut suprême : *Una Salus victis...* et quand la fatalité, l'inévitable fatalité...

LA ROSE

Oh! mon cher Pavot, n'allez donc pas nous endormir... les moments sont trop précieux.

NAÏDA

J'attends Osmin. Dès que son frère, le pêcheur, sera revenu, Osman prendra sa barque pour assurer ma fuite.

BLUET

Ah! prenez garde! Voici le sultan.

NAÏDA

Où me cacher!... dans ma chaumière; mais il va s'y rendre!...

LA ROSE

Un seul expédient est possible, placez-vous ici. (*Elle indique à Osman et à Naïda un endroit vers le second plan à gauche.*) Et nous, mes sœurs, formons un bouquet autour d'elle.

(Les fleurs entourent Naïda.)


## SCÈNE XI

Les Mêmes, POUSSAPOUF, PATCHOULI


POUSSAPOUF, *entrant par la gauche.*

Patchouli! Patchouli! l'impatience commence à me gagner. Que fait donc mon chef des gardes, l'invincible Giraffar?

PATCHOULI

Je l'ignore; certes, je ne voudrais pour rien au monde lui faire tort dans votre esprit, mais il vous sert bien mal, il est négligent, paresseux, flatteur, vénal...

POUSSAPOUF

Aurait-il laissé fuir Naïda? (*Après avoir pénétré dans la chaumière.*) Personne. (*Il regarde dans les bosquets.*) Rien... je ne vois que ce massif de fleurs dont la métamorphose s'est déjà accomplie. (*Quelques fleurs se penchent à droite pour l'empêcher de voir.*) Le vent du midi les agite.

(Chœur muet des Fleurs; Patchouli regarde de l'autre côté; elles s'inclinent en sens inverse.)

PATCHOULI

Le vent du midi... S'il m'était permis d'opiner, je croirais que c'est plutôt le vent du nord...

POUSSAPOUF, *avec impatience.*

Du midi, il vient de ce côté.

(Il indique la direction.)

PATCHOULI

Au contraire... mais puisque votre grandissime sérénité le veut ainsi, ce doit être nécessairement le vent du midi.

POUSSAPOUF, *se promenant avec dépit.*

Ah! mon chef des gardes! (*Il agite son sabre.*) je le ferai décapiter ce soir! cric!

PATCHOULI

Je comprends en effet que...

POUSSAPOUF

Et toi aussi.

PATCHOULI

Moi!

PASSAPOUF

Toi... je suis ennuyé, exaspéré... il me faut des distractions.

#### PATCHOULI

Comment ! il irait de ma tête !

#### POUSSAPOUF

Au contraire... c'est... t'empaler que je veux dire...

#### PATCHOULI

Ah ! mais c'est la même chose.

#### POUSSAPOUF

Si tu veux, tout dépend du point de vue où l'on se place.

#### PATCHOULI

Si...

#### POUSSAPOUF

Silence !

(Il agite son sabre dans son fourreau.)

#### PATCHOULI

Que Votre Majesté ne se mette pas en colère, mais plutôt qu'elle considère que je n'ai rien fait pour l'irriter, et que mon dévouement sans bornes...

#### POUSSAPOUF

Je t'ai déjà dit qu'il me fallait quelques petites distractions, et puisque tu parles toujours de ton dévouement sans bornes, voilà une excellente occasion de te dévouer. C'est l'instant, c'est le moment.

#### PATCHOULI

Mais...

#### POUSSAPOUF

Mais quoi ?... tu te permets des observations, à moi qui t'ai comblé de bienfaits... Tiens...

(Il lui donne un coup de pied.)

#### PATCHOULI

Auxquels bienfaits vous venez d'ajouter un auguste coup de pied... familiarité qui m'honore.

#### POUSSAPOUF

Très bien. Mais tiens-toi la chose pour dite, je suis

humain, doux, clément, je suis la bonté même... mais je ne souffre pas qu'on résiste à mes fantaisies, et il faut que mon humeur se passe. (*Il agite son sabre.*) Tu vas d'abord brûler la chaumière de Naïda et tout détruire dans ce jardin, à commencer par ces fleurs.

(On entend un gémissement plaintif poussé par les fleurs.)

LA ROSE, *s'approchant de Poussapouf.*

Pourquoi cette colère, grand Poussapouf! flambeau de l'Orient! quand un air de douceur sied si bien à ton noble et charmant visage?

(Poussapouf prend un air gracieux.)

PATCHOULI

Oui, votre noble et charmant... (*A part.*) Nous sommes deux.

(Il fait le geste d'encenser.)

LA ROSE, *au sultan qui sourit.*

A la bonne heure! la bonté est l'apanage des héros comme toi, car tu es un grand héros, ô Poussapouf! tu t'es couvert de gloire dans ta dernière victoire...

PATCHOULI, *à part.*

Je suis distancé. (*Au sultan.*) C'est vrai, entre tous les guerriers, vous avez cueilli le plus de lauriers.

POUSSAPOUF, *se rengorgeant.*

Oh! oh!

LA ROSE

Ta valeur...

PATCHOULI

Votre grand cœur...

ENSEMBLE

LA ROSE
Te fait bénir de toute l'île des fleurs, si heureuse de posséder un prince...

PATCHOULI
A fait de vous un des plus grands hommes du globe, jamais on ne vit un sultan...

POUSSAPOUF, *mettant la main à ses oreilles.*

Assez !

LA ROSE, *d'une voix caressante, et se penchant sur l'épaule de Poussapouf.*

Qu'il me soit permis, auguste monarque, de t'adresser une prière. Autrefois, après tes grands travaux, tu venais te distraire au jardin et promener au milieu de nous tes sublimes rêveries... on ne t'y voit plus aujourd'hui, et l'on s'en plaint... Pourquoi nous refuser cet honneur insigne ?

POUSSAPOUF

Les intérêts de l'État... ma dernière guerre...

LA ROSE, *soupirant.*

Ah ! que ta cour est donc heureuse de pouvoir jouir chaque jour des charmes de ton visage, de ton esprit...

PATCHOULI

Si vous disiez de son génie, ce serait plus exact.

LA ROSE

C'est ce que j'allais ajouter, mais je tenais à parler d'abord de cet esprit si piquant.

POUSSAPOUF

Pas si piquant que toi... la rose a des épines.

PATCHOULI, *à part.*

Encore un bon mot, n'oublions pas de rire, (*Il rit.*) hi... hi... très joli !... très joli !... (*A part, après avoir tendu la main.*) Pas un sequin ! je ne fais plus mes frais...

LA ROSE, *avec coquetterie.*

Vous me trouvez piquante ?...

PASSAPOUF

Plus que cela, adorable : Tige élégante, calice opulent, pétales enivrants... oui, je t'aimerais, si mon cœur n'était pas pris par Naïda, Naïda qu'il me faut aujourd'hui même... sinon je fais raser sa demeure et décapiter son Osmin (*Naïda fait entendre un cri plaintif.*) Qu'ai-je entendu? (*Regardant autour de lui.*) Elle doit être revenue; viens, Patchouli.

LA ROSE, *bas au Pavot.*

Pavot, toi seul peux la sauver; va causer avec eux.

(*Pavot va vers Poussapouf.*)

## SCÈNE XII

Les Mêmes, LE PAVOT, puis OSMIN

(*Musique lente et monotone, avec accompagnement imitant le bruit d'un berceau en mouvement.*)

Calmez-vous, sultan glorieux,
Rappelez-vous l'histoire ancienne,
Que l'exemple de vos aïeux
Dans votre fureur vous retienne :
Souvenez-vous d'Okamir trente-six,
Qui sur le trône s'est assis
En l'an mil deux cent trente-six,
Et vainquit le grand Osiris
Au combat de Persépolis...
Que la morale et la prudence
Guident toujours vos sentiments,
Songez aussi que la jurisprudence
Proscrit du cœur humain tous les déportements :

(*Il ouvre le grand livre qu'il porte sous le bras, la musique continue en sourdine.*)

Le droit romain est explicite sur ce point au 29ᵉ paragraphe du titre 55. (*Digestorum ceu Pandectorum Justiniani. Loi Julia martia Pomponia.*)

(*Poussapouf et Patchouli s'endorment.*)

Déjà je vois, au gré de mon envie,
S'abaisser par degrés leur paupière engourdie.

Faisons-leur respirer du suc de tragédie.

(Il leur fait sentir un flacon.)

Et pour rendre leurs sens encore plus obtus,
Couvrons-les d'un journal en feuille de lotus...

(Il étend sur eux un journal réputé ennuyeux à l'époque de la représentation. On les entend ronfler.)

Ils chantent mon triomphe! et l'œuvre est terminée.

AUX FLEURS

Approchez. Les sultans nous font subir leurs lois,
Mais le sommeil dompte les rois.

NAÏDA, *après avoir remonté la scène.*

Heureuse destinée!
Par mon fidèle Osmin la barque est amenée.

AUX FLEURS

A vous, mes chères fleurs, je rends grâce deux fois,
Je vous dois mon salut,

(Montrant Osmin.)

Mon bonheur qui commence.
Pour vos soins vigilants que de reconnaissance!

(La lune se lève. Osmin sort de la barque pour s'approcher de Naïda.)

OSMIN

Venez, ma Naïda; fuyons loin de ces lieux,
Tout convie au départ : les eaux sont apaisées,
La lune au front d'argent se lève dans les cieux,
Et paillette les flots de ses clartés brisées.

LES FLEURS

Allez, soyez heureux!
Osmin et Naïda,
Recevez nos adieux.

ENSEMBLE

Adieu!

(Osmin et Naïda montent dans la barque et s'éloignent.)

LA ROSE, LA TULIPE, LE PAVOT.

Séparons-nous, notre tâche est remplie,
Le frais du soir peut nous être fatal.

Séparons-nous, la brise est refroidie,
Retirons-nous au palais de cristal.

BLUET, *prenant la main de Marguerite.*
Et nous deux pour les champs, sans envie et sans plaintes,
Nous vous quittons, pensez à nous, mes sœurs.

(Au public.)
Et maintenant à vous je m'adresse avec crainte,
N'exercez pas sur nous trop de rigueurs :
Un parterre a toujours bien accueilli les fleurs.

ENSEMBLE
Séparons-nous, notre tâche est remplie.
Le frais du soir peut { vous / nous } être fatal.
Séparons-nous, la brise est refroidie
Retirons-nous / Rentrez, mes sœurs } au palais de cristal.

FIN

# 2ᴍᴇ CONFÉRENCE

PAR

M. SAINT-GERMAIN

(*Jus comicum.*)

# DEUXIÈME CONFÉRENCE[*]

---

*Un fauteuil, une table avec un verre d'eau sucrée et couverte d'un grand tapis qui retombe devant le trou du souffleur.*

Deux mots et je finis :

Le premier sera pour vous remercier de la bienveillance que vous m'avez témoignée à l'occasion d'une première conférence sur le droit usuel, bienveillance que je vous prie de vouloir bien me continuer pour celle-ci. Le second aura pour objet l'examen rapide de quelques questions d'intérêt plus général, qui se rattachent au droit administratif et au droit pénal.

En tête de l'Administration, nous trouvons le gouvernement. Le gouvernement, c'est... c'est une sorte de riche appartement composé de deux chambres et d'un cabinet. Ces pièces se commandent entre elles, ou plutôt les deux chambres commandent le cabinet. L'appartement en question donne sur la rue quand il est démocratique et sur la cour lorsqu'il est monarchique. Si c'est une monarchie, et que le souverain se sente menacé de perdre son trône, il use du droit de dissolution. Agissant

[*] Le grand succès obtenu par la première conférence décida Achille Eyraud à en écrire une seconde pour son ami Saint-Germain. Hélas! il ne devait pas lui être donné de voir la réussite de cette œuvre que l'habile artiste saura bien mettre en relief comme son aînée. — ALTAROCHE.

ainsi à l'inverse des simples particuliers, plus il est malade, moins il est disposé... à garder la chambre.

Chaque fois que le gouvernement change, le parti vainqueur, quel que soit le régime qui ait triomphé, en haut ou en bas, à droite ou à gauche, — ayant des élèves de toute nuance, je vous prie de croire que je suis absolument impartial, — le parti vainqueur, dis-je, s'empare des hautes positions... naturellement. La politique c'est les places des autres, et les victoires qu'on y remporte ressemblent assez aux victoires militaires. Par celles-ci, les chefs prennent les places fortes, par celles-là ils s'emparent des fortes places.

Le nouveau gouvernement constitue d'abord un ministère. Qu'est-ce qu'un ministère ? Nous en avons vu assez, Dieu merci, pour pouvoir répondre. C'est un assemblage de notabilités plus ou moins éclatantes ; c'est... comment dirai-je ? c'est comme un bouquet de fleurs... très peu vivaces... et à nuances panachées. On le met au frais dans de l'eau du Pactole, mais il se fane bien vite ; et alors le chef de l'État s'évertue à en cueillir un autre dans le jardin parlementaire, il se donne un mal énorme pour en assortir les couleurs, et lorsqu'il y est parvenu, il en orne la chambre, jusqu'à ce que le nouveau bouquet ait cessé de plaire à son tour ; ce qui ne tarde pas beaucoup.

Cette existence éphémère s'explique parfaitement : un ministre a contre lui tous ceux qui ne le sont pas, et surtout les hommes qui, l'ayant été, veulent le redevenir. Rien n'est douloureux, paraît-il, comme la nostalgie du pouvoir.

Le pouvoir, dit le poète :

> Le pouvoir est une île, où brillent les trésors,
> On brûle d'y rentrer, dès qu'on en est dehors.

— Chaque ministère compte un grand nombre d'employés.

— Qu'est-ce qu'un employé ? L'histoire naturelle nous répond que c'est un être à deux pieds — (*Faisant le geste d'écrire.*) mais non sans plume — ayant pour appendice autour de la tête, des lunettes et un abat-jour. Cet être s'attache à un rond de cuir, et vit dans une coquille verte qu'on appelle bureau. On le fait parquer pendant trente ans, puis on le livre au commerce de la vie sociale.

L'existence des employés est des plus modestes, et, à part quelques gros bonnets, ils sont très peu rétribués. Mon Dieu! pour trois mille francs par an, vous pouvez avoir un bon sous-chef avec son abat-jour.

Tels sont à Paris les auxiliaires des ministres.

En province, ces mêmes ministres sont représentés par les préfets et les sous-préfets. Naturellement ces fonctionnaires recevant d'eux tout leur prestige, partagent leur destinée précaire.

> Et comme ils ont l'éclat du ministère,
> Ils en ont aussi la fragilité!

Leurs fonctions n'en sont pas moins très recherchées. Comment y arriver ou, du moins, gravir le premier échelon, celui de sous-préfet? C'est là le problème que beaucoup de jeunes gens se posent aujourd'hui.

Faut-il des examens, des concours, des diplômes, un stage ? Nullement... C'est nécessaire quand on veut être avoué ou huissier, mais lorsqu'il ne s'agit que d'administrer le pays, on est moins exigeant. On n'exige même rien du tout. Comment donc s'y prendre? Voici, sauf meilleur avis, mon sentiment à ce sujet.

Vous attendez l'époque d'une élection, — elles sont assez fréquentes pour que vous n'ayez pas longtemps à patienter — vous flairez les chances respectives des candidats, et vous vous rangez hardiment du côté... de celui qui en présente le plus. — Tourner son aile au vent, c'est la politique du meunier, et celle qui aura toujours le plus de partisans. — Vous faites des pieds et des mains pour faire triompher votre homme, et, l'élection obtenue, vous lui présentez la note, qui est à peu près ainsi conçue :

(Il prend un bout de papier et lit.)

NOTE DES FOURNITURES POUR CHAUFFAGE

| | |
|---|---|
| Du 12 septembre dernier. Propagande dans les cantons œnophiles de l'arrondissement. Battues organisées pour la chasse à l'électeur, ci. | Une marque de reconnaissance. |
| Du 15. Discours dans un banquet. Éloge de M. X. Éreintement de son concurrent. Toast chaleureux, chansons assorties, ci. | Vive marque de reconnaissance. |
| Du 16. Organisation difficile d'une manifestation spontanée. Libations préparatoires. Manœuvres de la dernière heure, ci. | Marque de très vive reconnaissance. |
| Total des marques de reconnaissance. | Une place de sous-préfet. |

Le député s'acquitte, et vous fait obtenir votre nomination — dont quittance.

— Je vous devais ces conseils, Messieurs, car l'engouement des hommes politiques est la folie du jour. Il n'est pas un bourgeois, ayant fait fortune dans la cotonnade ou la bonneterie, qui n'y aspire. S'il échoue dans ses efforts, sa rage de paraître vise un autre objectif, et il cherche à devenir noble. Car, remarquez-le! nous vivons bien dans un siècle d'égalité — à ce que disent les frontons des monuments publics, — seulement, personne ne veut rester l'égal de son voisin.

— La noblesse, Messieurs, a cela de curieux qu'elle s'améliore avec le temps... comme le vin de Bordeaux. Une noblesse dont le fût remonte aux croisades a un bouquet inappréciable. Les anciens nobles se distinguaient par leurs blasons ornés d'emblèmes et de devises, ainsi, les financiers portaient un oiseau de proie aux ailes déployées, avec cette devise : *Au grand vol!* Les orateurs portaient de *gueules* sur *fond de sable;* les vieilles baronnes : une pie-grièche, le bec ouvert et montrant sa langue, avec cette devise : *A la langue on n'a jamais de rides.* Les nobles d'Auvergne avaient pour blason plusieurs seaux d'eau rangés autour d'un flambeau, avec cette inscription : *Les sots depuis Adam sont en majorité.*

Ces usages ont longtemps persisté. Dieu sait tout ce qu'on a fait de ducs, de comtes, de barons, etc. Aujourd'hui la fabrication est arrêtée. (*Se levant et avec chaleur.*) Oui, Messieurs, on a détruit pour jamais la noblesse et ses odieux privilèges. (*Se croisant les bras.*) Dire qu'autrefois tous les emplois publics étaient exclusivement dévolus aux gens de cette caste ! Grâce au ciel, depuis 89, il n'en est plus ainsi. Les nobles ne possèdent plus le monopole des places. (*Frappant sur la table.*) Non !... (*S'asseyant.*) ce sont les avocats.

— On a donc supprimé la noblesse, mais on n'a pas supprimé la vanité, ce qui fait que les vaniteux du jour se rejettent sur la simili-noblesse et s'attachent à allonger leurs noms. Observez, en effet, qu'en notre pays les noms ont d'autant plus de valeur qu'ils sont plus longs — absolument comme pour les asperges, les bougies et les parapluies. Ainsi appelez-vous Bernard tout court on vous saluera du bout des doigts : « — Bonjour, mon petit Bernard. » Mais achetez un étang et devenez M. Bernard de la Grenouillère !... oh ! alors, saluts jusqu'à terre ! Tous les salons s'ouvrent devant vous, les héritières vous pleuvent sur la tête ; en un mot, vous jouissez avec délices de tout le prestige que le préjugé public accorde aux particuliers ; — j'appelle *particuliers* les gens qui ont la particule.

— Seulement, il faut que les nobles de fraîche date se

surveillent attentivement, et se gardent bien de lapsus compromettants. (*Se levant.*) Ainsi, j'ai connu un estimable épicier, du nom de Pochet, qui, retiré de la mélasse et des raisins secs, était devenu M. Pochet de la Rémoulade. « Depuis cette métamorphose, sa femme crevait d'orgueil, et s'évertuait à prendre le genre Œil-de-bœuf. Un jour, comme un jeune homme lui disait avec passion : — Oh ! Madame, je vous en supplie, vous avez tout mon cœur, vous avez toute mon âme ; en revanche, oh ! donnez-moi votre affection ! » — « Et avec ça ? » répondit-elle étourdiment. Eh bien ! qu'est-ce que vous voulez ? ça manquait un peu… d'Œil-de-bœuf. (*Il s'assied.*)

— Je n'abuserai pas plus longtemps de votre bienveillante attention au sujet du droit administratif, et je terminerai par un mot sur le droit pénal. (*Il consulte ses notes qu'il approche très près de ses yeux — ne pouvant les lire, il remonte la lampe qui fait entendre un son aigre.*) Tiens !… qu'est-ce que cette lampe ? je l'ai achetée aujourd'hui. (*Il la remonte. Bruit.*) Sans doute que c'est la première fois…

— Certains publicistes, Messieurs, contestent à la société le droit de punir. Ils prétendent que le criminel trouve son châtiment dans sa conscience — ce juge inexorable qui ne pardonne rien ! je l'admets, la conscience est un juge inexorable, mais c'est aussi un juge qui a le mal de la profession, et qui s'endort souvent. Ces écrivains disent encore qu'on ne peut reprocher leurs crimes aux malfaiteurs ; attendu qu'ils y ont été fatalement entraînés par la conformation de leur cerveau, par une bosse de leur crâne. Soit ! mais alors, je répondrai que s'ils ont la bosse du crime, les autres hommes ont, de leur côté, la bosse de l'intimidation et du châtiment, laquelle les porte non moins fatalement à punir les criminels, et que par conséquent on n'a rien à leur reprocher non plus. Chacun poursuit ses desseins… (*Se touchant le crâne.*) d'après la bosse.

— La justice pénale a pour principal appareil la cour d'assises ; et voici, en général, comment les choses s'y passent. Tout d'abord, l'huissier annonce la Cour, et en même temps, vous voyez entrer par la coulisse du côté cour — et prendre place sur leurs sièges le président flanqué de ses deux juges, seul le président paraît s'occuper de l'affaire. Ses deux assesseurs ont l'air de se trouver là comme assortiment — de même qu'on place des candélabres aux côtés d'une pendule. Aussi le président se donne-t-il du mal pour quatre. Il commence par interroger l'accusé :

(Accent pédantesque.)

— Accusé, levez-vous ; vos noms et prénoms ?

(Voix éraillée et traînante.)

— Comment que je m'appelle ? mais vous le savez bien, puisque vous avez étudié l'affaire. Enfin, mon nomz-et prénoms c'est Polyte Tabaroux.

— Vous avez un surnom ?

— C'est vrai. Dans le monde, l'on m'appelle : Bibi-la-Bouffarde.

— Votre domicile ?

— (*Ne comprenant pas.*) Si ous plaît ?

— Où demeurez-vous ?

— A la Conciergerie !

— Mais auparavant ?

— A Mazas !

— Enfin !... Votre profession ?

— Ma profess... si ous plaît ?

— Quel est votre état ? quelle carrière suivez-vous ?

— Les carrières d'Amérique.

— Ça c'est un domicile, je vous demande votre profession, ce que vous faites pour vivre ?

— Marchand de mouron.

(Dédaigneusement et haussant les épaules.)

— Qu'est-ce que marchand de mouron ?

— C'est pour les petits oiseaux.

— Vous êtes signalé comme vous livrant à la débauche. Vous passez vos journées au cabaret, et quand vous rentrez, vous battez votre femme.

— Je la bats quand a mérite.

— Elle ne le mérite jamais. Plusieurs témoins attestent que c'est la crème des femmes.

— Précisément, la crème... ça demande à être battu.

— Vous êtes inculpé d'avoir le dimanche 17 juin, à Neuilly, à la suite d'une rixe, porté à votre ami Griboulard des coups qui ont occasionné la mort...

— Jamais de la vie! N'y a pas eu de *risque*. Innocent comme l'agneau.

— Nous entendrons les témoins.

— Les témoins!... Ah! ben! une fière idée!... si vous avez du temps à perdre...

— Taisez-vous.

— Faut ben que je parle puisque vous m'interrogez. Taisez-vous! Ah ben! elle est forte! V'là au moins quinze fois que je comparais de devant la justice; parole d'honneur, j'ai jamais été présidé comme ça.

— Accusé, vous tairez-vous enfin?

— Oui, président!...

— Que signifie!... Dites au moins monsieur le président.

— Pourquoi donc? Est-ce que vous me dites : Monsieur l'accusé?

— Asseyez-vous! Nous allons procéder à l'audition des témoins. Huissier, appelez M. le docteur Trocanter.

Le docteur Trocanter, tout de noir habillé, comme le sont la plupart des médecins, — sans doute pour porter le deuil de leurs malades — s'avance à la barre :

— Messieurs les jurés, dit doctoralement le docteur, appelé par la haute confiance de la magistrature, j'ai procédé aux constatations médicales sur le corps de l'infortuné Griboulard. L'aspect était inerte, le *facies* exsangue, aucun souffle respiratoire, aucune pulsation artérielle, aucun signe de vie... j'en ai conclu qu'il était mort. Procédant à l'autopsie du sujet, j'ai constaté que les lobes pulmonaires, le diaphragme, le parenchyme, les pharynges de l'épigastre... étaient parfaitement sains, seule la région lombaire présentait des phénomènes de traumatisme qui intéressaient jusqu'aux nerfs caverneux du grand sympathique. Rien d'anormal dans la dure-mère et dans la pie-mère de l'encéphale, mais des granulations filiformes dans les ventricules latéraux. Telles sont, messieurs les jurés, les constatations de la science!

Là-dessus, l'éminent docteur se retire, laissant messieurs les jurés complètement ahuris, et se regardant entre eux avec consternation.

On appelle ensuite les témoins du fait. M. Poirot, herboriste, est introduit :

— Levez la main droite, dit le président, et d'abord retirez votre gant.

— Pourquoi? reprend Poirot, il ne me gêne pas.

— N'importe. Vous devez jurer avec la main. Retirez votre gant !

(Pétillon se lève et reprend cette attitude chaque fois que parle le témoin. — Accent nasillard.)

— Mais, monsieur le président, je vous prie de croire qu'il y a une main dessous. (*Il retire son gant et montre la main qu'il lève.*) A preuve, voyez !...

— C'est bien; mais je devais m'en assurer. Dites-moi maintenant ce que vous savez de l'événement du 17 juin.

— Pour lors, c'était un dimanche, il faisait un temps superbe...

— Tournez-vous du côté de messieurs les jurés.

— Mais puisque c'est vous qui m'interrogez, il me semble... Alors, si par hasard ces messieurs m'adressent une question, c'est à vous que je devrai répondre... Très bien ! (*Se tournant à gauche.*) Pour lors, messieurs les jurés, il faisait un temps superbe... si beau que je dis à mon épouse : Dis donc, Phrasie... De son vrai nom, elle s'appelle Uphrasie ; mais dans l'intimité...

— Abrégez...

— J'abrège. Dis donc, Phrasie, c'est aujourd'hui la fête à Neuilly. Si nous allions nous promener de ce côté ? — Volontiers, me répond-elle. Est-ce que nous amènerons le petit ?...

— Abrégez...

— J'abrège. Certainement, que je lui dis. J'habille donc Coco. Nous appelons ainsi l'enfant. Son vrai nom, c'est Ugène ; mais dans l'intimité...

— Mon Dieu ! soyez donc plus court ! vous vous noyez dans les détails.

— (*Balbutiant.*) Alors donc... je... Dam, vous m'avez interloqué... Alors...

— Eh bien ? Débrouillez donc vos souvenirs.

— Alors... (*Changeant de ton.*) Monsieur le président, vous m'avez dit d'être court, je reste court.

— Voyons !... vous parliez de la toilette de votre enfant.

— Ah !... Coco... très bien ! J'habille donc Coco...

— Tournez-vous du côté de messieurs les jurés.

— (*Se retournant.*) J'habille donc Coco ; je lui mets son petit chapeau de paille, son petit veston, son petit pantalon blanc...

— Passez...

— Précisément... je passe... son pantalon blanc, et nous partons pour Neuilly.

— Enfin ! arrivez au fait.

— J'arrive au fait... ou plutôt à la fête. Il y avait un grand rassemblement sur la place...

— Le théâtre du crime, messieurs les jurés ! et là... — (*Avec émotion.*) Là... (*Simplement.*) Là, on nous dit que tout était fini depuis trois quarts d'heure.

— Allez vous asseoir.

Après les dépositions, on entend le réquisitoire du

ministère public suivi de la plaidoirie de l'avocat, et c'est alors que les pauvres témoins passent un assez vilain quart d'heure.

Etes-vous témoin à décharge, c'est-à-dire favorable à l'accusé? Voici comment vous traite le ministère public :

(Il se lève et parle d'un ton sévère.)

— Le crime est donc prouvé, clair comme l'évidence ! En vain quelques témoins à décharge ont-ils essayé d'égarer les investigations de la justice. « Parmi ces té-
» moins, les uns sont aveuglés par l'amitié qu'ils portent
» à l'accusé, les autres dominés par les obsessions de
» sa famille. Qui sait même s'ils n'ont pas été corrom-
» pus ? Bref, ils ne méritent aucune confiance et votre
» devoir est impérieusement tracé : — Vous condamne-
» rez l'accusé ! »

Si vous êtes témoin à charge, c'est alors le défenseur qui s'évertue à vous laver les oreilles.

— « On prétend, s'écrie-t-il, que le crime est prouvé,
» prouvé par des témoins. Ah ! ils sont jolis vos témoins !
» Des gens sans considération, qui depuis longtemps en
» veulent à l'accusé et qui obéissent à des sentiments
» de haine et de basse rancune ; des gens dont les di-
» verses déclarations sont un tissu d'incohérences, de
» contradictions et d'absurdités ! (*Ricanant et s'accou-
» dant des deux bras sur la table.*) Et voilà les individus
» qu'on nous oppose ! Ah ! messieurs les jurés ! vous re-
» pousserez, je n'en doute pas, de pareils témoignages ;
» vous aurez pour eux le profond dédain qu'ils méritent,
» (*Il frappe un coup de poing sur la table.*) vous accom-
» plirez votre devoir, vous acquitterez l'accusé ! »

(Nouveau coup de poing sur la table.)

Comme vous le voyez, Messieurs, que vous soyez témoin à charge ou témoin à décharge, vous êtes toujours sûrs d'avoir votre paquet.

Après les plaidoiries, viennent, vous le savez, le résumé plus ou moins impartial du président, le verdict du jury et l'arrêt de la cour qui termine l'audience. (*Jeu des notes et de la lampe.*) Encore.. Enfin!

Au nombre des actes réprimés par nos lois, se trouve le duel. Mais en France, Messieurs, les lois se divisent en deux grandes catégories : les lois qu'on observe et les lois qu'on n'exécute pas. Celles-ci sont les plus nombreuses... et la loi sur le duel en fait partie... Les duels, et surtout les projets de duel, sont très fréquents dans le monde des députés et des journalistes. Pourquoi? je l'ignore. Si, comme on l'a dit, la vérité jaillit du choc des opinions, ce n'est pas une raison pour qu'elle jaillisse du choc des épées.

Quelquefois, pour sauver les apparences de la légalité, les deux adversaires se transportent sur les confins de la Belgique. C'est égal, autrefois, on comprenait tout différemment le devoir d'aller se battre à la frontière.

Et puis, je vous le demande, dans quel but ces rencontres? On parle de réparation, mais qu'est-ce que ça répare! Comment! voilà, par exemple, un mari qu'on a fait... jaunir de chagrin; un jour... il surprend... son coadjuteur... en conversation... naturaliste; et celui-ci s'en croit quitte pour lui dire : — « Très bien! Monsieur; — je suis à vos ordres. » Ce qui signifie : j'ai cinq ans de salle d'armes. Quand il vous plaira que je vous transperce de quelques coups d'épée, ordonnez, vous serez servi. Et voilà! tout ce qu'il offre au pauvre mari outragé, — qui a besoin de réparations.... c'est de le démolir! Y a-t-il du bon sens?..

Heureusement que beaucoup de projets de duel n'aboutissent pas. Ce que j'en ai vu manquer dans le quartier latin est incroyable!

(Se levant.)

Un jour, j'ai dû être témoin pour un duel entre deux étudiants... deux de mes élèves... Anténor de Robichard et Arthur de Beauvers. Robichard était un vieil étudiant en droit qui avait passé quinze fois son premier examen, toujours refusé... grâce à mes répé... malgré mes répétitions. Ce Robichard avait un gros chien nommé Fox et une jeune maîtresse appelée Bobinette. C'était la fidélité même... Fox. Quant à Bobinette (*Geste négatif.*) elle accordait aussi ses fa... ses familiarités à un autre étudiant... Arthur de Beauvers, qui était ami de Robichard.

Or, il arriva qu'un certain soir, à la brasserie de la rue Serpente, Robichard vint à se disputer avec Bobinette au cours d'une partie de bésigue, si bien qu'elle le quitta brusquement et sortit courroucée de la brasserie. De là, au lieu de rentrer dans son domicile, elle se rend en catimini chez Arthur qui justement demeurait en face, à l'entresol. En arrivant auprès de lui, elle s'aperçoit que le chien.. de l'autre.. l'a suivie, et tous deux se décident à le garder dans la chambre. Cependant Robichard était resté à la brasserie, occupé à jouer au billard; vers minuit, il sort, ne songeant plus à la demoiselle de ses pensées, mais fort en peine de son chien qu'il ne trouve pas. Il siffle.. et l'appelle dans la rue déserte : « Fox ! Fox !.. — « Ouah ! Ouah !.. » des aboiements se font entendre tout à coup, dans la chambre d'Arthur. Les appels et les aboiements redoublent : Fox !.. Fox !.. — Ouah !.. Ouah !.. Alors Robichard, voyant d'où vient la... réponse... grimpe chez Arthur où il trouve Fox, comme il s'y attendait, et Bobinette comme il ne s'y attendait pas. (*Il rit.*) Vous jugez de la scène.

Un duel fut décidé pour le lendemain. Seulement, on n'avait pas d'armes; il fallait en acheter, et l'étudiant n'est pas riche... chacun sait ça ! Il touche bien sa pension le premier de chaque mois, mais pour lui le mois n'a que huit jours ! A partir du huit (*Frappant sur son genou.*) plus rien ! Or on se trouvait le 24. Ainsi, pas moyen de faire la somme. On ajourna donc au mois suivant; mais dans l'intervalle nos bouillants rivaux se calmèrent, d'autant plus qu'ils apprirent que Bobinette les trompait avec un et... même plusieurs autres. (*Il se rassied, jeu de la lampe.*) Ah çà ! mais ça continue toujours. J'ai acheté ce matin cette lampe au Boul. Mich. On appelle ainsi dans le quartier latin le Boulevard Saint-Michel. (*Même jeu.*) Ah ! j'y suis ! ça lui est probablement venu à force d'entendre passer le tramway.

Revenons au duel, et parlez-moi de ceux qui se dénouent de cette façon. Malheureusement, il n'en est pas toujours ainsi, on se provoque étourdiment pour un oui, ou pour un non, et ensuite il est bien difficile d'arriver à la conciliation, surtout si les témoins s'en mêlent.

(Se levant et prenant un ton déclamatoire.)

Ah ! jeunes gens qui m'écoutez, je vous en conjure en terminant, ne cédez jamais à ce préjugé féroce. C'est de l'insanité et de la barbarie... mes amis. Si l'on vous jette le gant, ne le ramassez pas... attendez la paire... ramassez alors — on n'en a jamais trop — mais ne vous battez pas. (*Levant les bras au ciel.*) Car ces rencontres funestes laissent souvent deux victimes !!!...

(En terminant sur un geste mélodramatique, Pétillon se laisse tomber sur son fauteuil, mais il manque le siège, glisse sous la table, et de là sans qu'on voie dans le trou du souffleur, si bien que lorsque les domestiques enlèvent la table, on n'aperçoit personne dessous.)

FIN

# TABLE

|  | Pages. |
|---|---|
| JEAN ET JEANNE.. | 1 |
| BRIN-D'AMOUR.. | 23 |
| LE RAT DE VILLE ET LE RAT DES CHAMPS. | 55 |
| L'ÉTERNELLE COMÉDIE.. | 83 |
| MADEMOISELLE PIVERT.. | 121 |
| CONFÉRENCE... | 189 |
| FRANCASTOR. | 205 |
| LA BOURSE ET LA MAISON. | 233 |
| LE CHASSEUR AUX SECRETS. | 286 |
| LE VEUF DU MALABAR.. | 341 |
| LA PROTÉGÉE DES FLEURS.. | 375 |
| DEUXIÈME CONFÉRENCE.. | 407 |

Imprimerie D. Bardin et Cie, à Saint-Germain. — 2555-83.

www.ingramcontent.com/pod-product-compliance
Lightning Source LLC
Chambersburg PA
CBHW070606230426
43670CB00010B/1425